온전히 평등하고

지극히 차별적인

온전히 평등하고 지극히 차별적인

김원영 지음

문학동네

표지 설명

이 책이 오디오북, 점자책 등으로 만들어지거나, 전자책으로 제작돼 TTS(Text To Speech) 기능을 이용할 독자들을 위해 간단한 표지 설명을 덧붙인다.

표지에는 3분의 2 높이의 띠지를 둘러, 띠지를 벗기지 않은 상태에서는 안쪽 표지에 쓰인 사진의 위쪽만 드러나 있다. 그곳에는 무대의 회색 바닥에 자리한 무용수의 몸통이 보인다. 검은 옷을 입고 맨발로 가부좌를 틀듯 앉은 그는 팔을 몸에서 45도 각도로 떼어 손으로 바닥을 짚는다. 그의 왼쪽에 '김원영 지음'이라고 쓰여 있다.
아래쪽 띠지의 정중앙에는 세로로 두 줄이 그어져 있는데, 그 줄을 타고 글자가 흐르듯 제목 '온전히 평등하고 지극히 차별적인'이 적혀 있다. 제목자가 자리한 세로줄을 중심으로 줄무늬가 대칭적으로 펼쳐지는데, 왼편 줄무늬에 제목보다 작은 글씨로 부제 '몸을 위한 변론'이 쓰여 있다. 띠지 하단에는 카피인 '『실격당한 자들을 위한 변론』의 김원영, 6년 만의 단독 신작'이 들어가 있고, 그 아래에는 두 작가의 추천사를 밝혀두었다. 추천사 문구는 다음과 같다. 김초엽, "동시대에 김원영이라는 작가가 있다는 사실이 놀라울 뿐이다!" 김하나, "김원영의 저작은 언제나 경이롭다. 이번에도 그는 멋지게 나의 세상을 넓혀놓는다".
띠지를 벗기면 드러나는 표지 위쪽에는 무용수의 몸통이 자리한다. 안쪽 표지의 하단에도 부제 '몸을 위한 변론'과 제목 '온전히 평등하고 지극히 차별적인'을 넣었는데 전자는 왼쪽, 후자는 오른쪽에 위치한다. 가장 하단에는 문학동네 출판사의 로고가 있다.

들어가며

동등한 힘과 차별적인 능력 사이에서

소리를 듣기 어려운 구성원이 소외되지 않도록 천천히 또박또박 말하기. 휠체어를 타는 구성원이 접근 가능한 경로로 이동하기. 엠티에서는 모두가 즐길 수 있는 놀이를 준비하기. 대학 시절 참여한 장애인권동아리에서 우리는 성별, 장애 유무, 전공이나 가정 형편에 관계없이 모두가 동등하게 참여 가능한 환경을 만들기 위해 노력했다.

나는 기초 생활 보장 대상자였고 서울에서 먼 지방 출신이었지만, 그 때문에 내가 친구들과 동등하지 않다고 생각지는 않았다. 그러나 '장애 없는 신체의 효율성'에는 감탄했다. 멀리서 불러도 듣고 빠르게 달려와 내 휠체어를 들어주고, 다시 청각장애가 있는 친구에게 내 말을 전달하러 달려가는 이들. 밤새 술을 마셔도 다음날 수업을 나가는 저들과 내가 어떻게 평등하다는 말인가? 효율적이고 빠르고 균형잡힌 몸은 아름다웠다. 평등에 관한 내 믿음은 이 몸의 '능력' 차이 앞에서 자주 길을 잃었다.

어느 날 장애인 무용수의 공연을 보았다. 처음 본 장애인 무용수의 움직임은 인상적이었으나 아름답지는 않았다. 이념만으로는 정당화할 수 없는 명백한 '능력'의 차이가 장애인 무용수와 비장애인 무용수 사이에, 나와 비장애인 친구들 사이에 존재했다. 춤 따위에 관심을 가지기보다는, 몸에 주의를 기울이기보다는, 언어와 규범의 세계에서 교양과 전문성으로 무장한 어른으로 살고자 애썼다.

삶은 예측할 수 없다. 그런 내가 이제는 휠체어도 없이 어슬렁어슬렁 기어서 무대에 오르고 내린다. 몸을 움츠려온 긴 시간을 깊이 후회한다. 몸을 움직이는 일은 꽤 즐거울 뿐 아니라, 예상보다 잘할 수도 있었다. K팝 댄스를 추거나 발레 무용수들처럼 움직일 수는 없다. 여전히 2000년대 중반 그 동아리방, 술자리, 캠퍼스 한가운데로 돌아간다면 나는 장애가 없는 친구들에 비해 '효율적으로' 어떤 일을 해낼 수는 없을 것이다. 우리에게는 각자의 한계가 있다. 그러나 춤추고 춤추는 몸을 가까이서 볼수록, 함께 춤을 출수록 (미약하게나마) 몸이 간직한 어떤 '힘'을 느낀다.

2007년 무렵 인터넷에서 나와 같은 장애가 있는 사람들의 온라인 커뮤니티를 찾았다. 회원들이 교유하도록 자기소개와 이메일 주소를 공유하는 게시판에서 '월드뱅크에서 일한 경력이 있는 예순 살의 전직 금융인'이라는 자기소개를 보고 메일을 보냈다. 영어와 프랑스어, 이탈리아어가 능숙한 독일인이었다. 그는 장애인이 아니었는데 어떤 계기로 나와 같은 질병이 있는 사람의 삶에 관심을 가지게 되었다고 했다. 나는 서울에 사는 대학생인데, 가정 형편이 넉넉지 않지만 외국에서 공부하고 싶다는 등의 이야기를 했다. 그는 친절하고 교양 있는 사람이었다. 메일을 주고받던 어느 날, 장애인도 동등한 권리와 삶의 가치를 지닌다는 점을 의심하지 않지만 내 신체는 도무지 마음에 들지 않는다는 고민을 그에게 털어놓았다. 그는 (내심 기대한) 국제인권기구 인턴십 기회를 소개하거나 모종의 후원을 약속하는 대신, 베토벤을 들어보라고 했다. 그 음악이 나를 강하게 만들 거라며.

(아마도) 백인 엘리트의 유럽 중심주의이자 문화적 낭만주의라는 생각에 반감이 들면서도, 곧 지휘자 카라얀이 연주한 베토벤 교향곡 시디를 사서 잠자기 전 한동안 들었다. 익숙한 〈9번 교향곡〉이나 당시 유행한 일본 드라마로 잘 알려진 7번도 듣기에 즐거웠고, 다른 곡도 웅장하고 힘이 있었다. 그러나 나의 깊은 곳에 와닿는다는 생각은 들지 않았다. 그 음악은 대학에서 읽고 새롭게 접한 많은 것들처럼 내 주위를 겉돌았다. 서울에서의 삶은 그런 것으로 가득했다. 서양의 고전주의 음악이나 미술, 춤(발레)뿐만이 아니다. 1960년대 유행한 반문화적인 팝음악이나 공연, 영화, 1990년대 학생운동이 남긴 민중가요에 이르기까지 그 무엇도 내 일부를 이루는 어떤 세계와 이어지는 것 같진 않았다.

나의 유소년기는 문화적으로 고립된 채 흘러갔다. 학교를 다니지 못했고, 강원도에서도 도시에서 멀리 떨어진 작은 시골에서 대부분을 보냈다. 그 시절 나는 어떤 종류의 지적, 문화적, 예술적 전통과 긴밀하게 연결된 적이 없었다. 수학이나 영어, 피아노나 바이올린, 태권도, 전시나 공연 관람도 내 삶과는 거리가 멀었다. 불안정하고 예측 불허한 스무 살에 '나'보다 더 크고 단단하고, 초월적인 어떤 세계에 접속하기를 바랐다.

초라하고 폐쇄적인 내 안에서 빠져나오지 못할 때면 쓸모없는 상상을 했다. 어린 시절부터 도시에서 공교육을 받았다면 다르지 않았을까? 방에서만 생활했더라도 우리 할아버지가, 이를테면 한문학자였다면? 그에게서 나는 어떤 종류의 문화적 전통을, 최소한 한자를 읽는 방법은 배웠을 테다. 그 작은 동네에 프랑스인 선교사가 방문해 우연히 마을에 사는 장애인 소년을 보고 프랑스어라도 가르쳐주었다면? 혹은 삼촌이 서울에서 대학을 다니며 학생운동에 참여하느라 다락방에 온갖 급진적이고 불온한 책들을 쌓아두기라도 했다면?

어린 시절을 지적, 문화적으로 풍요로운 환경에서 보내는 일은 중요하지만, 나의 불만은 '능력'에만 집중한 결과였다. 춤과 연극 공연을 하고, 워크숍에 참여해 몸을 쓰며 다른 몸을 만나는 일이 늘어갈수록 어린 시절부터 내 몸에 깃든 오랜 힘을 자각한다. 아픈 나를 어머니와 아버지, 할머니가 안아주고, 쓰다듬고, 업고 계단을 오르내릴 때마다, 그들은 내 안에 무엇인가를 남겨주었다. 베토벤을 즐겨 듣는 사람이 아니어도, 한문학자가 아니라도 돌보는 몸은 돌봄을 받는 몸에게 자기보다 더 큰 힘을 전해준다. 청소년기를 보낸 특수학교에서, 장애가 있는 우리는 원어민 선생님에게 외국어를 배우거나 미술관에서 그림을 본 적은 없어도 각자의 몸짓과 말하기 방식, 삶을 향한 독특하고 드문 태도를 나누었다. 계단과 언덕으로 가득한 고등학교 생활에서 내 휠체어를 밀어준 친구들의 몸은 내 몸의 한곳에 새겨졌다. 몸을 가지고 살아가는 이상 우리의 몸에는 늘 구체적인 타인이 깃든다.

이 힘이 그 어떤 규범적 논변이나 멋진 이념보다도 나를 인간의 평등에 관한 그럴듯한 믿음으로 이끈다. 이때 '힘'은 '능력'과 달리 구체적인 개인의 한계와 가능성에 닫혀 있지 않다. 힘은 보편적이고, 개개인보다 더 크다. 힘은 능력의 외부에 머물며 능력의 전제가 되거나, 능력에 관한 세상의 척도를 전복하거나 재구성한다.• 누군가의 능력 앞에서 우리는 종종 좌절하지만, 누군가의 힘을 목격하면 더 큰 세상에 접속하는 경이로운 체험을 하는 이유가 여기에 있다.

온전한 평등은 추상적 규범이나 이념으로서가 아니라 '능력'의 측면에서 지극히 차별적인 관계에 놓인 존재들이 상대의 '힘'을 존중하고 신뢰할 때 달성된다. 당신이 나를 배려해 내 앞에서 발레를 추지 않는다 하여 우리가 온전히 평등해지는 것은 아니다. 발레를 잘 추는 '능력'으로 당신은 내가 모르는 세계에 접속하는 다양한 방법을 나에게 제안할 수 있다. 내게도 춤출 '힘'이 있음을 깨달은 지금 나는 발레를 추는 당신의 능력이 나보다 뛰어나다는 데 좌절하지 않는다. 물론

• '힘'과 '능력'을 구별하고 미학적 평등으로부터 정치적 평등을 모색하는 사유에 관해서는 다음 책을 참고했다. 크리스토프 멘케, 『예술의 힘』, 신사빈 옮김, W미디어, 2015.

나에게도 당신보다 능력이 뛰어난 차원이 있을 테다. 그것은 발레와 다른 종류의 춤일 수도, 논픽션 글쓰기일 수도, 일반적으로는 매우 사소하다고 여겨지는 어떤 분야의 기술일 수도 있다. 그 능력이 무엇이든 나는 이 능력들로 당신과 차별적인 개인이 된다. 그리고 이를 통해 내가 잘하는 영역을 섬세하게 이해하면서, 한편으로는 당신의 '힘'을 믿으면서 나의 세계로 당신을 초대할 방법을 고안할 수 있다. 그때 우리는 '법 앞의 평등'에만 머물지 않을 것이다. 각각의 차별적인 능력을 지닌 개인들이 서로의 동등한 힘에 주의를 기울일 때, 우리는 고유한 개인이면서도 더 큰 세계의 일부가 된다.

이 책은 춤에 관한 개인적인 경험과 춤의 역사를 통해 '차별과 평등의 문제'를 다룬다. 제목인 '온전히 평등하고 지극히 차별적인' 개인으로 구성된 공동체가 무엇인지 나는 몇 문장으로 해명할 수 없다. 이것이 오늘날의 춤을 통해 그리고 춤의 역사를 통해 차별과 평등이라는, 어쩌면 한국 사회에서 어느새 진부하고 얄팍하게 통용되는 이 말을 다시 탐구하려는 이유다. 우리는 각자의 능력을 갈고닦으면서 타인과 차별화되기를 바란다. 이런 경향은 때로 맹목적인 비교와 경쟁으로 우리를 몰아치지만, 그런 의지가 전혀 없다면 우리 개개인은 고유한 존재가 될 수 없을 것이다. 모두가 좋은 소설을 쓰고 모두가 좋은 춤을 출 수 있다고 말할 수는 있지만, 그런 사회에서 실제 우리는 아무것도 아닌 무채색의 존재로 남을 것이다. 한편으로 우리는 모든 능력의 전제이자, 언제나 그 능력의 외부에서 능력에 관한 규정을 뒤바꾸는 힘을 지녔다는 점에서 평등한 존재다. 이 힘의 평등을 인정하지 않는 능력경쟁은 우리 공동체 전부를 유연성도 혁신도 없는 거대하고 촘촘한 관료 시스템으로 만들 것이다.

모든 인간의 보편적인 힘을 신뢰하면서도 자신만의 능력을 지극히 차별적으로 닦아나가는 개인들의 공동체란, 일견 상반된 두 개념 사이를 오가는 움직임의 기예art로만 달성될 수 있다. 달리 말해, 그것은 곧 춤출 수 있는 자들의 공동체인 셈이다. 모두에게 동등하게 작용하는 힘(중력)에 몸을 온전히 맡기면서도, 동시에 그 힘에 맞서는 각자의 몸의 기술(능력) 사이에서 움직이기. 그것이 내가 아는 좋은 춤, 잘 추는 춤이다. 따라서 좋은 춤, 잘 추는 춤을 향한 몸들의 역사를 살피는 것은 온전히 평등하고 지극히 차별적인 개인들로 이뤄진 공동체를 그려내는 한 가지 방법이다.

1부 「빛 속으로」에서는 장애를 가지고 태어나 고립된 유소년기를 거쳐, 장애인들의 공동체와 일반고등학교, 대학을 졸업하고 변호사가 될 때까지도 몸을 꼭꼭 숨긴 내가 무대에서 춤을 추게 되기까지 만난, 내 몸에 깃든 타인들의 이야기를 따라간다. 다른 한편 현대무용의 역사에 중요한 영향을 끼친 무용수들의 사례를 통해, 타인의 지배적인 시선에 맞서 자신만의 힘을 발견하고 기존의 '춤추는 능력'에 대한 규정을 전복한 이야기를 다룬다. 2부 「닫힌 세계를 열다」에서는 20세기 후반 등장한 장애인 무용수와 배우 들의 이야기를, 객석과 무대의 규칙과 조건을 재구성하는 동시대 공연 접근성에 관한 사례를 소개한다. 우리가 어떻게 차별적인 존재가 되기를 기꺼이 선택하면서도 평등한 공동체를 지향할 수 있는지에 관한 실례를 얼마간 확인할 수 있을 것이다. 3부 「무용수가 되다」에서는 1부에 이어 춤의 역사를 다시 살펴보면서, 정치공동체와 춤추는(움직이는) 몸의 관계에 주목한다. 지극히 차별적인 존재가 되고, 온전히 평등한 개인들로 구성된 공동체를 지향하려는 노력이 자칫 '우리'라는 집단 외부의 다른 존재들에게 폐쇄적일 위험은 없을까? 춤의 역사, 춤에 관한 다양한 실천의 사례를 살펴보면서, 나는 '장애가 있는 몸'이 지극히 차별적인 개인 또는 공동체가 되려는 과정에서 우리가 빠지기 쉬운 함정, 즉 타자에 대한 폭력을 견제하는 '닻'이 될 수 있음을 확인한다. 이 '닻'에 의지할 때 우리는 더 나은 춤을, 더 나은 공동체를 위해 필요한 움직임을 연마할 수 있다.

이 책을 쓰고 보니 내 몸에는 생각보다 더 넓은 세계가 깃들어 있었다. 전혀 관계없어 보이는 20세기 초 러시아의 천재 무용수부터, 1980년대 일본 교토에서 레오타드를 입고 온몸으로 기어 무대에 오른 재일조선인 공연예술가, 한국의 전통춤 대가에 이르기까지, 나를 돌본 사람들, 내가 만나고 나를 도와주고 나와 함께 배우고 무대에 오른 여러 개개인의 몸이 모두 연결되어 내 안에 있었다. 베토벤의 음악이나 1990년대 민중가요, 급진적인 한국정치사의 논쟁들이 내 주위를 겉돌던 시절 나를 평등에서 가장 멀어지게 만든다고 여긴 이 몸에, 진작 집중했다면 좋았을 테다. 지금이나마 이 평등하고 넓고 깊은 '힘'의 기원에 접촉할 수 있어서 다행이다.

2024년 6월

김원영

일러두기

1. 이 책에 실린 글 일부는 2020년 웹진 〈주간 문학동네〉에 공개한 '온전히 평등하면서 지극히 차별적인'의 연재 글을 수정한 것이다.
2. 저자의 회상에 등장하는 인물들은 모두 실존하지만 일부를 제외하면 모두 가명으로 표기했다. 가명을 쓴 경우는 인적 사항도 다소 바꾸었다. 1부 네번째에 등장하는 저자의 고교 시절 이야기는 사실에 기반하나 사건 순서 등 일부는 소설적으로 재구성했다.
3. 이 책에서 '무용'과 '춤'이라는 말은 특별히 구별하지 않고 혼용했다. '움직임 movement'이라는 표현은 춤/무용뿐 아니라 다양한 신체적 창작 또는 일반적인 훈련 활동을 뜻할 때 썼다. 한편 현대 공연 예술에서 장르 간 구별은 명확하지 않기에, 무용이나 연극 두 가지 모두에 해당하는 작품은 '공연'으로 포괄하여 지칭했다.
4. 이 책에 인용된 작품 가운데 저작권이 있는 작품은 대부분 사용 허가를 받았다. 다만 저작권자와 연락이 닿지 않아 허가를 얻지 못한 일부 작품은 저작권자를 확인하는 대로 허가 절차를 밟을 예정이다.
5. 단행본은 『 』로, 기사나 단편은 「 」로, 공연이나 노래 제목 등은 〈 〉로 표기했다.
6. 인명, 지명 등 외래어는 국립국어원 외래어표기법을 따랐으나 일반적으로 통용되는 표기가 있을 경우 이를 따랐다.

차례

1부

빛 속으로

외줄 위에서

첫 번째

불거지지 마라

2021년 가을 한국예술종합학교(한예종) 무용원 대학원 과정에 지원했다. 그간 몇 번의 공연을 하고 워크숍에 참여하며 내 몸을 훈련했지만, 여전히 부족했다. 일단 두 발로 걷지 못한다. 유튜브에서 무용과 입시 관련 자료를 찾았는데 영상 속 무용 선생님이 조언했다. "여학생의 경우 165센티미터가 안 된다면 현실적으로 서울권 학교 지원은 어려울 수 있어요. 160센티미터가 안 되면, 저는 솔직히 무용을 꼭 할 것인지 다시 생각해보라고 말해요." 입시의 세계란 엄혹했다. 어떤 고교생이 예술대학 입학을 꿈꾸며 "제가 다리 한쪽이 없는데 무용과 입시가 가능할까요?"라고 묻는 경우는 아마 없을 테다. 아예 걷지 못하는 나는 더욱 터무니없는 시도일 테지만, 10대 수험생의 처지는 아니므로 두렵지는 않았다.

아침 8시 서울 예술의전당 바로 옆 수험장에 입실했고, 두 시간을 기다린 끝에 간단한 구술면접을 보았다. 면접관인 교수가 "입학하면 다른 학생들과 함께 작품을 만들어야 하는데 그걸 어떻게 할지 고민해봐야 한다"고 말했다. 그 외에 내가 제출한 자기소개서나 작업 포트폴리오에 대한 질문은 따로 없었다. 이후 건물 1층에 커다란 전면 거울과 발레 연습 바가 있는 장소로 46명의 지원자가 4개 조로 나뉘어 들어갔다. 각자 번호표를 배에 붙이고 면접위원인 무용과 교수들 앞에서 준비해온 춤을 발표하기 위해 대기했다. 휠체어를 탄 사람은 나 혼자였다. 나이도 가장 많았을 것이다. 키는 제일 작았고, 목이 가장 짧고, 팔은 가장 굵고, 다리는 제일 가느다란 사람이었다(머리도 제일 컸던 것 같다). 구석자리로 가서 외투를 바에 걸고 휠체어 브레이크를 고정한 후 바닥에 내려와 앉았다. 지원자들이 면접을 보기 위해 겉옷을 벗고 춤을 추기 편한 옷으로 갈아입었다. 바닥에 앉은 내 모습과 일어서서 몸을 풀고 리허설을 하는 다른 지원자의 모습이 맞은편 커다란 거울에 함께 비쳤다. 발끝을 세우고, 양팔을 부드럽게 머리 위로 올리고, 똑바로 선 상태에서 허리를 뒤로 젖히며 바닥에 뒤통수가 닿을 때까지 내려갔다가 그대로 튕겨올라오고, 공중으로 점프해서 두 바퀴를 돈 후 착지했다. 내가 무용원 입시를 고민하자 무용을 전공한 한 지인이 용기를 주며 말했다. "(실기과가 아닌) 무용원 창작과는 다양성이 높은 편이에요. 꼭 대학에서 무용 전공한 사람만 가는 것도 아니고, 연극하는 사람이나 영화 공부한 사람도 있고 나이도 다양해요. 시대도 변하는 중이니 원영씨도 도전해봐요."

뭐라고? 도대체 뭐가 다양하다는 말이냐.

입시를 앞두고 약간 들떠 있었다. '장애를 가지고서 한예종 무용과 입시에 도전한다'라는 생각 자체가 꽤 마음에 들었음을 고백한다. 어떤 삶의 영역에서 소수자의 지위에 해당하는 사람이라면 소수자라서 겪은 기회의 상실이나 박탈감 가운데 간혹 찾아오는, 인생에 '극적 효과'를 부여할 크고 작은 실천의 매력을 이해하리라고 생각한다(게다가 논픽션 책이라도 한 권쯤 낸 사람이라면 당장 이런 마음이 든다. '이건 책에 쓰기 좋은 경험이군!'). 나는 좋은 무용수가 되고 싶었고 안무와 공연연출에 관한 지식과 경험을 체계적으로 쌓고 싶었지만, 그 욕구가 한예종에 지원한 진짜 이유일까? 내 인생에서 꽤 오래 부재했던 모종의 극적인 순간을 그저 찾아헤매는 과정은 아니었을까? 오전 시간 교수들과 대화를 나누고 수험생들의 면면에 익숙해질수록 불안과 수치심이 점점 커졌다. 동시에 그와 같은 현장에 내던져진 '특별한 소수자'로서의 '나'가 주는 기묘한 만족감도 느꼈다.

그러나 커다란 전면 거울을 앞에 둔 채 휠체어에서 내려앉아서, 가벼운 옷을 입은 저 건강하고, 장애가 없고, 아름답고, 대칭적이고, 높은 근력과 민첩함과 유연성으로 다져진 무용수 수험생들 사이에서 차례를 기다리자니 현기증이 몰려왔다. 어떤 감상적인 말이나 거창한 의미 부여 따위로는 도무지 방어할 수 없는 몸과 마음의 상태에 돌입했다. 전면 거울이 바닥을 향해 열린 구렁텅이처럼 보였고 수십 층 높이의 건물 사이로 이어진 외줄을 타는 기분이었다. 저 수험생들은 지금 나를 어떻게 볼까. 면접장에서 내 몸과 춤을 보게 될 교수들은 나를 어떻게 생각할까. 구체적인 상상을 시작하면 거침없이 외줄 아래로, 저 깊은 굴욕의 구렁텅이로 고꾸라질 것 같았다. 도대체 왜 안전한 이불 속에서 늦잠이나 자지 않고 이런 곳에 온 건가. 소수자의 경험이고 뭐고 평범하고 안전한 다수자이고 싶다!

내 가슴은 오래된 PC의 모니터를 집어넣은 듯 튀어나와 있다. 어린 시절 할머니는 어린 내 흉곽을 손으로 쓸어내리며 말하고는 했다. "불거지지 마라. 가슴아 불거지지 마라(튀어나오지 마라)." 그래도 나는 가슴을 한껏 내밀고 놀았다. 직사각형의 큰 방 안에서 구르고, 펄쩍펄쩍 뛰고, 빙그르르 돌았다. 넘치는 에너지를 주체하지 못할 때는 한쪽에 걸린 농구 골대에 '슬램덩크'를 내리꽂았다(나는 강백호였고, 윤대협이었다). 골대는 다섯 칸짜리 서랍장의 네번째에 걸어둔 플라스틱 농구대였다. 2002년 한일 월드컵을 몇 년 앞둔 그때 나는 사람들로 가득한 스타디움을 가로지르는 최전방 공격수이기도 했다. 축구경기에서 슛을 날리는 신체 부위는 다리가 아니라 왼손 손바닥이나 팔목이었다. 내 춤과 스포츠를 보고 열광하는 관객들은 모두 나의 상상력이 만든 증강현실 속 이미지였다.

어쨌든 나는 '실제로' 움직였다. 번개처럼 손과 무릎으로 바닥을 기어 스타디움의 한쪽 끝에서 반대쪽 끝까지 달렸다. 머릿속 관객이라고 가만히 있는 내게 열광하지는 않았다. 내가 두 팔로 발레리노처럼 가볍게, 그러나 완벽하게 회전할 때에만 그들은 환호를 보냈다.

증강현실 속 무대는 취약해서 마당의 강아지들이 짖는 소리가 들리면 신속히 로그아웃되었다. 어느 날 오전 강아지들이 소란한 가운데 누군가 내 이름을 불렀다. 가상의 무대에서 내려와 미닫이문을 여니 햇살이 쏟아져들어왔다. 햇빛이 증강한 (진짜) 현실이 방안으로 육박해서 눈을 뜨기 어려웠다. 시력을 찾고 보니 빛 가운데 마르고 팔다리가 긴 또래의 아이가 서 있었다. 열 살이 넘은 후로는 간단한 인사도 나눌 일이 없던 희정이었다.

"너희 할머니 계시니?" 희정은 나보다 한 살이 많았으니 아마 열두 살이었을 것이다. 어깨에 살짝 못 미친 길이의 단발, 남자아이들 사이에서 나의 라이벌로 불리던(혼자 그렇게 생각한) 기현이보다 약간 작은 키, 긴 목, 금세라도 튀어나갈 듯한 다리가 몸을 지탱하고 있었다. 같은 장소와 시간에서 성장했지만 완전히 다른 모습의 한 인간이 서 있는 현실이 눈부셔서 말문이 막혔다.

"할머니? 어…… 잠깐……" "우리 할머니가 너희 할머니 점심때 우리집으로 오시래." 희정은 내 말이 끝나기 전에 자기가 할말을 마쳤고 곧 스프링처럼 되돌아갔다.

현실은 눈이 부셨고, 빛 속에서 누군가를 보는 것도 내가 환하게 드러나는 것도 두려웠다. 나는 가상과 현실을 구별할 줄 알았으므로(현실의 내가 키 188센티미터에 운동 천재인 빨강 머리 고교생이 아님을 잘 알았다) 하루 중 적지 않은 시간 미닫이문을 열어두고 바깥 세계를 바라보았다. 하지만 중학생이 된 친구들이 학교를 마치고 동네에 도착하는 시간은 피했다. 등에 가방을 메거나 한쪽 어깨에 건 가방끈을 손으로 잡고, 흰색과 푸른색 셔츠와 블라우스를 입은 아이들이 성큼성큼 동네 다리를 건너오는 모습은 반갑지 않았다. 그 모습을 보고 나면 신속히 내가 구축한 가상의 세계에 접속했다.

기어다니지 마라

1974년 미국 뉴욕의 세계무역센터 타워(일명 '쌍둥이 빌딩') 두 동 사이를 외줄타기로 건넌 프랑스 출신의 곡예사 필리프 프티Philippe Petit는, 초고층 건물 사이에서 외줄을 탈 때 가장 중요한 태도란 망설이지 않는 것이라고, 단 한 순간도 추락에 대해 생각하지 않는 것이라고 강조했다.[1] 바람이 조금이라도 세게 분다면, 옥상으로 쫓아온 경찰이 소리를 지른다면, 어젯밤 모기에게 물린 자리가 간지럽다면, 도무지 예측할 수 없는 상황에 조금이라도 실수하게 되면 곧 생명이 끝난다. 추락에 대한 두려움은 아주 작은 단서로부터, 이를테면 호텔 앞을 산책하다 들은 작은 모깃소리처럼 사소한 생각에서 시작되어 걷잡을 수 없이 커진다. 그러므로 첫발을 내딛기로 하고 줄 앞에 섰다면 오로지 저 건너편을 향해 걸어가는 일만을 생각한다. 머리끝부터 발가락 끝까지 하나의 목표로 가득 채운 채, 거침없이 발을 내딛는다.

외줄을 타기 직전의 순간, 능숙하고 훈련된 곡예사는 자신의 모든 주의를 한 점으로 잘 '모으는' 걸까? 오히려 뛰어난 곡예사의 주의는 어느새 '모아질' 것이다. 일상에서 가끔 마주하는 영웅적 순간도 그렇게 작동한다. 2007년 1월 뉴욕의 지하철역에서 한 젊은 남성이 심한 경직 상태에 빠졌다. 누군가의 도움을 받아 일어섰지만 다시 비틀거리며 걷다가 결국 선로 아래로 떨어졌다. 열차가 승강장으로 진입하고 있었다. 사람들이 비명을 지르는 가운데 한 남성이 번개처럼 선로 아래로 뛰어내려갔고, 쓰러진 남성을 온몸으로 감싸고 선로 옆 공간으로 굴러들어갔다. 전동차의 바퀴가 두 사람의 옷깃 옆을 아슬아슬 지나쳤다. 두 사람은 기적처럼 살아남았다. 전동차가 지나간 직후 뛰어내려갔던 남성이 선로 아래서 소리쳤다. "여기 우리는 괜찮아요. 그런데 위에 제 딸아이 둘이 있어요. 애들한테 아빠가 괜찮다고 해주세요!" 승강장에서 탄성과 박수가 쏟아졌다. 번개처럼 달려가 위기에 처한 사람을 구한 쉰 살의 건설노동자 웨슬리 오트리Wesley Autrey는 어떻게 그렇게 할 수 있었느냐는 기자의 질문에 "대단한 일을 했다고는 생각하지 않아요. 단지 도움이 필요한 사람을 보았을 뿐입니다"라고 답했다. 두 딸을 옆에 두고도 다른 사람을 구하기 위해 위험을 감수한 이 영웅적인 인물은 심지어 겸손했다. 하지만 이 말은 그저 겸손이 아니라 진실에 가깝다. 드물지만 영웅적인 행위를 한 인물들은 "스스로를 그런 행동의 원천으로 생각하지 않"는다.[2] 그 행동은 우리말로는 조금 어색해도 수동형으로만 적절히 표현할 수 있다. 오트리는 그 순간 '선로로 뛰어내려가졌다'.

초인적인 사례를 예로 들었으니 조금 더 상상 가능한 경우를 보자. 밤샘 근무로 완전히 기진맥진한 새벽, 손가락 하나 들어올릴 힘도 없이 집에 돌아왔을 때 아이의 몸이 40도 넘는 열로 펄펄 끓는다면, 부모는 눈 깜짝할 사이 총알처럼 병원으로 아이를 안고 달려갈 것이다. 며칠 동안 한 글자도 나오지 않던 학기말 리포트는 마감을 두 시간 앞두자 거짓말처럼 열 쪽이 채워진다. 남의 시선을 잔뜩 의식하는 소심한 소년이 휠체어를 타고 대학 캠퍼스 한가운데에 혼자 남겨진다면 평소의 열 배쯤 되는 힘으로 언덕을 두 팔로 밀어오르면서도 꼿꼿한 자세를 유지할 것이다. 일상에서 어찌하기 어려운 막다른 골목에 몰리면 의식할 틈도 없이 온몸의 근육과 세포 하나하나가 모조리 동원되어 평소라면 불가능했을 일을 해내기도 한다. 이런 행위의 공통점은 '내가 행동한 것처럼 보이지 않는다'는 것이다. 정신을 차리면 두세 시간이 이미 지나 있고, 온몸이 쑤시고 피로가 몰려온다. 그럼에도 머리를 흔들어 털며 그 순간을 돌아볼 때 어느 때보다 선명한 '나'가 존재했다는 기분이 든다. 내가 내 행동의 원천이 아니라고 생각된 그 시간 동안, 나는 가장 나로서 존재했다는 느낌. 그 정체는 대체 무엇일까.

아득한 위화감. 거대한 거울 앞에 펼쳐지는 아름답고 자유로운 인간들의 춤 연습. 건물 밖으로 뛰쳐나갈 수도, 무엇인가를 연습할 수도 없던 나는 좌절한 나머지 드러누워 천장의 무늬를 바라보다가, 다시 일어나 앉았다. 어차피 도망갈 수도 없으니 후퇴가 불가능한 외줄 위에 선 것이 아닌가? 연습했던 동작을 조금씩 시도해보았다. 거울은 보지 않기로 하고, 그냥 손끝과 팔꿈치와 발가락 끝이 바닥에 닿는 순서와 느낌만 생각했다. 바닥을 두 팔로 짚고 다리를 들어올린다. 공중에서 다리를 휘저으면서 빈 공간을 찾는다. 그리고 네발로 천천히, 거울이 있는 정면을 향해 기어가기 시작했다. 올곧은 몸들이 두 다리를 공중에서 앞뒤로 쭉 펼치며 멀리 점프하는 가운데서 바닥을 기었다.

휠체어에서 내려 바닥을 기는 움직임은 전혀 어렵지 않다. 그건 내 몸이 한 지점에서 다른 지점으로 이동하는 기본적이고 일상적인 동작이다. 하지만 '기어간다는 것'에는 간단치 않은 의미가 달라붙어 있다. 대략 대여섯 살 때의 기억이다. 집에 손님이 와 있었다. 친구와 둘이 거실 겸 안방 역할을 하던 그 '직사각형' 방 한쪽 끝에서 블록을 조립하고 있었고, 어머니는 손님과 대화를 나누는 중이었다. 갑자기 어머니에게 가고 싶었다. 가지고 놀던 장난감을 바닥에 놓고 나는 쪼르르 기어서 손님과 차를 마시며 환담을 나누던 어머니의 무릎에 안겼고, 잠시 뒤 친구에게 돌아왔다. 손님이 가신 후 어머니가 내게 말했다. "원영아. 엄마가 손님이랑 있을 때 그렇게 기어서 오면 손님들이 너 왜 못 걷는지 물어보잖아. 엄마는 네가 아파서 못 걷는 거 창피하지 않아. 그래도 굳이 다시 연락하지도 않을 손님 앞에서 구구절절 설명할 필요는 없잖아?" 어머니는 조심스럽고 친절한 표정으로 말했으며 나는 상황을 이해할 수 있었다. 직립보행이 가능한 나이의 아이가 바닥을 긴다는 건 설명이 필요한 일이다.

불거지지 말 것. 기어다니지 말 것. 이 요청은 우리 사회가 인간-아이의 신체에 요구하는 일반적인 명령이다. 이 명령에 맞서기에 우리 할머니와 어머니는 너무 평범하고 약한 이들이었다. 가슴이 나오지 않도록 하려면, 바닥을 기지 않고 움직이려면 어떻게 해야 할까? 호흡을 빼고 횡격막을 복근 쪽으로 잡아당겨 최대한 가슴을 안으로 붙잡기. 엉덩이를 한 점에서 떼고 다른 점으로 옮기는 거리를 최소화하기. 좌식생활을 할 때 우리는, 대략 엎드린 자세로 팔을 뻗어 닿을 수 있는 거리라면 굳이 일어서서 이동하지 않기도 한다. 그냥 무릎과 두 팔로 바닥을 몇 번 짚고 물건을 가져오거나 엉덩이를 바닥에서 끌며 조금쯤 이동해도 '정상범주'의 움직임에 속한다(다만 한국식 좌식생활을 하지 않는 곳에서는 이마저도 곤란해진다. 소파에 앉아 있다면?).

친척들이 와글대는 명절이라면 화장실에 가는 횟수를 줄일 것. 바닥에 엉덩이를 붙인 상태에서 팔이 닿는 범위 안에 생활에 필요한 물건을 둘 것. 그보다 먼 공간에 놓인 물건, 사람, 사건에 관심을 덜 가질 것. 이런 몸의 경험은 특별하지 않다. 당신이 이동하는 데 신체적 어려움이 없는 사람이라면, 휠체어를 탔거나 나이가 지긋해서 오래 걷는 게 불편한 사람과 여행을 떠나보라. 당신은 움직이는 데 시간이 걸리는 동행자를 위해 먼저 저쪽으로 달려가 풍경을 확인한 뒤 다시 돌아와 말해준다. "와, 저쪽 앞으로 가서 보면 성산일출봉이 한눈에 들어오네!" 동행자가 호기심 넘치는 열정가가 아니라면 십중팔구 이렇게 답할 것이다. "아냐 괜찮아. 여기서도 잘 보여. 굳이 거기까지 뭐하러?" 이는 자신의 몸이 힘들어서 혹은 자신을 도와야 하는 당신이 힘들까 배려해서 하는 말일 수도 있지만, 때로는 정말로 거기까지 갈 마음이 들지 않아서일 수도 있다. 어떤 공간 속에서 어떻게 움직이고, 움직이고 싶고, 어디까지 움직일 수 있을지에 대한 확신은 각자의 신체에 각인된 오랜 경험과 관련이 깊다.

소녀처럼 던지기

정치철학자 아이리스 매리언 영Iris Marion Young은 1980년 「소녀처럼 던지기Throwing Like a Girl」라는 글에서 묻는다.• 왜 소년들은 몸 전체의 근력을 동원해 꽤 능숙하게 공을 던지는 반면, 소녀들은 공을 잡은 팔에만 주로 힘을 집중할까? 영은 여성과 남성의 평균적인 근력 차이를 인정하지만, 힘을 조율해 특정한 과제를 수행하는 행동을 관찰해보면 여성과 남성의 차이는 힘 자체보다 몸을 사용하는 방식에 기인한다고 지적한다. 예를 들어 여성은 물건을 비틀 때 어깨를 사용하지 않고 손과 손목에 주로 힘을 집중하거나 무거운 물건을 들어올릴 때 허벅지에 무게를 단단히 싣지 못하고 팔과 어깨에 힘을 쓰는 등 힘을 쓸 대상에 직접 연결된 신체 부위에만 집중하는 경향이 있다는 것이다. 또한 여성은 자신의 의도를 실현하기 위해 필요한 만큼 몸을 쭉 펼치고 늘이고 뻗기를 주저하는 반면, 남성은 허세에 가까울 만큼 과감하다(덕분에 남성은 사고에도 더 자주 노출된다). 왜 그런가?••

일부 학자들은 그 원인을 남녀의 해부학적 차이로 돌리거나 신비하고 불분명한 '여성성'에서 찾았다. 영은 이런 의견을 모두 비판하며 이 차이는 생물학적인 것도 '여성성'이라는

• Iris Marion Young, "Throwing Like a Girl: A Phenomenology of Feminine Body Comportment Motility and Spatiality", *Human Studies* 3, 1980, pp.137~156. 이 글에는 일부 오자가 포함되어, 이후 출간된 단행본의 같은 글도 참고했다.

신화적이고 모호한 요소 때문도 아니라고 주장한다. 영은 여학생들에게 소극적으로 행해지는 체육교육이나 여성스러운 걷기·말하기처럼 특정 행동거지를 소녀들에게만 강조하는 훈육의 효과도 지적하지만, 근본적인 몸의 경험에 더 주목한다. 여성이 자신의 몸을 세상 속에서 자기 의도를 실현하고 가능성을 열어젖히는 행위의 주체로서가 아니라, 이 세계, 이 공간 안에 포함된(내재한) 사물/대상object으로서 더 강하게 인식하는 경향이 있다는 것이다. 영에 따르면 여성의 신체적 실존이란 자신의 몸을 "집어들어 이동시켜야 하는 취약한 사물로, 보이는 것으로, 행위의 대상이 되는 사물로서 경험한다는 사실"에서 비롯한다.••• 적극적으로 온몸의 운동성을 끌어내 자신의 의도를 실현하기보다는 억제하는 경향, 몸을 주체이기보다는 세상 속의 사물, 대상, 타자로서 더 강하게 인식하는 태도의 기저에서 아이리스 영은 현대사회의 성차별적 억압을 본다.

우리는 모두 자기 몸을 이중적으로 인식한다. 몸은 나

•• 영이 이 글에서 언급하는 이른바 '여성적 움직임'은 시대와 공간을 막론하고 모든 여성에게 공통된 움직임이라는 뜻이 아니다. 영은 글의 초반 자신이 말하는 여성적 움직임이란 현대의 도시화된 공간에 사는 (특별히 체육활동 등을 하지 않는) 여성들이 대체로 공유하는 특성으로 조심스럽게 정의한다. 영은 프랑스의 철학자 메를로퐁티의 이론과 몇 가지 과학실험, 자신과 주위 여성의 경험을 종합해 여성적 신체와 운동, 공간성의 관계에 관한 현상학적 분석을 시도한다. 전반적으로 '여성적 움직임'이라고 규정한 것이 여전히 과도한 일반화가 아닌가 의심이 있다. 그럼에도 이 글은 우리가 몸을 사용하는 일이란 단지 일정한 훈육의 결과나 생물학적·해부학적 구조의 문제만이 아닌, 이 세계 속에 위치하는 자기 몸을 어떻게 스스로 인식하는지의 문제일 수 있다는 통찰을 제공한다.

라는 존재가 삶을 전개하며 '사용하는' 대상(수단)이면서 곧 그 삶을 전개하는 주체인 '나' 자신이다. 눈을 감고 자기 왼손으로 오른쪽 팔목 부위를 살며시 쥐어보라. 왼팔에 주의를 집중하면, 내 왼팔을 통해 감각되는 오른팔은 조금 따듯한 물건처럼 느껴진다. 그러다가 주의를 오른팔로 옮기면 이제 감각의 주체는 오른팔이 되고, 팔목에 붙어 있는 내 왼팔이 두꺼운 손목 보호대처럼 경험된다. 물론 내 다른 쪽 팔의 감각도 여전히 작동하므로 주의를 옮기는 것으로 한쪽 팔이 완전히 사물(대상)로 느껴질 수는 없다. 그것은 언제나 동시에 감각의 주체이자 대상으로 존재한다.

각자가 처한 사회적·개인적 상황에 따라 내 몸을 곧 나/주체로 인식하는 감각보다는 외부 세상에 존재하는 하나의 대상으로 인식하는 정도가 훨씬 클 수도 있다. 아이리스 매리언 영은 이 점을 지적하는 것이다. 여성의 신체는 타인의 시

••• "물론 모든 살아 있는 신체는 물질적인 동시에 초월적인 주체다. 그러나 여성적 신체의 실존existence은 세상에 존재하는 그런 사물과는 또다른 사물로서 몸을 경험한다. 여성으로서의 실존이 사물로서의 몸(육신)으로 살아가는 것인 만큼 그녀는 세계에 내재한 존재로 남을 것이며, 그만큼 억제될 것이고, 초월적인 움직임으로서의 신체, 세상의 가능성에 개입하는 신체와는 거리를 둔 채로 남을 것이다."(Young, p.148) 여기서 '초월적'이라는 말은 이 세상의 질서나 체계의 바깥에서 그 질서나 체계를 구성하거나 토대를 이룬다는 의미다. 우리의 몸은 분명 이 자연계의 일부이지만 한편으로 이 자연계를 특정하게 형성해나가는 주체이기도 하다(정말로 우리 몸이 그럴 수 있는지는 철학적으로 논쟁적인 주제다). 아이리스 영은 여성이 자기 신체를 초월적 주체, 즉 세상에 무엇인가를 일으키고 만들어내고 변화시키는 주인공으로 경험하기보다는 이 세상 안에 있는, 이 세상의 질서 안에서 만들어지고 다뤄지고 움직여지는, 세상에 '내재한' 대상으로 인식하는 경향이 강하다고 지적한다.

선 속에서 남성 신체보다 더 자주 대상화되고, 몸을 규제하는 사회적 규칙도 더 많다. 그럼 장애가 있는 신체는 어떨까? 우리가 컴퓨터게임이나 흥미진진한 넷플릭스 드라마를 볼 때 말고, 온몸으로 즐거운 경험에 완전히 빠졌을 때를 상상해보자. 암벽에 오르거나 제주 해안가를 자전거를 타고 바람을 가르며 달릴 때, 정신을 놓을 만큼 푹 빠져 축구를 할 때, 사랑하는 사람과 섹스를 할 때 등등. 이런 경험 안에서 보통 내 몸과 나라는 존재는 거의 일치한다. 내 몸은 복잡한 운동기능을 알아서 수행하고, 이전에 내가 알았던 것보다 더 유연하고 적극적으로 외부의 사건과 사물, 타인에게 반응한다. 나라는 존재는 곧 나의 온몸으로서, 말 그대로 활짝 열린 채 세상을 느끼는 주체가 된다. 하지만 어떤 사람들은 삶의 거의 모든 순간, 심지어 맑은 봄날 제주의 해변을 자전거로 달리거나 사랑하는 사람과 섹스를 하는 순간조차 자신의 몸이 어떻게 보일지, 다치지는 않을지, 사회적 규범을 위반하지 않는지 살펴야 한다. 이때 내 몸은 곧 주체가 아니라 '나'라는 의식을 통해 관찰되고 관리되어야 하는 대상으로 계속 존재한다.

몸 자체로 세상을 느끼고 경험하지 못한 채 이 몸을 어떻게든 남의 시선이나 폭력, 물리적인 사고로부터 보호하고 지키고 감추려고 의식적인 노력을 계속하다보면, 자신이 처한 상황 안에서 내 몸(=나)에 잠재된 역량의 한계 지점까지 나아가기가 어려울 것이다. 팔과 다리를 쭉 뻗어 공을 따라 도약하고, 가슴을 활짝 내민 채 달리고, 바닥에서 엉덩이를 떼고서 저 먼 곳까지 네발로 질주하고, 두려움 없이 암벽을 오르고,

사람들 사이에서 있는 힘껏 온몸을 흔들어볼 때, 비로소 내 몸(=나)이 어디까지 뻗어갈 수 있고 얼마나 강하고 (어쩌면) 특유하게 아름답거나 자유로운지도 깨달을 수 있다. 내가 내 몸이 작동하는 '원천'임을 잊는 단계까지 나아가보는 것. '나'를 잃을 수 있을 때 '몸'이 곧 가장 생생한 내가 되는 경험. 가슴이 불거지고 바닥에서 잘 기지만 걷지는 못하는 소년은 자신의 몸이 어디까지 움직일 수 있는지 가늠하지 못한다. 나는 내 몸이 무엇을 할 수 있고 할 수 없는지 모른다.

한예종 대기실 바닥을 나는 외줄을 타듯 천천히 기어보았고, 휠체어에 앉아서도 이런저런 동작을 연습했다. 44번째 내 순서가 왔을 때 미리 준비해 간 퍼포먼스를 3분간 시연했고 당일 제시된 주제어에 맞춰 현장에서 안무한 동작을 다시 3분간 보여줬다. 무용원 교수들이 10명쯤 심사위원으로 앉아 있었던 것 같고, 카메라 한 대가 스튜디오 한쪽 구석에서 나를 촬영했다. 그렇게 무엇인가를 했고, 시험이 끝났다. 수험장 문이 열리자 밖에는 수험생의 가족들이 수고했다며 자녀들을 안아주고 있었다(대학원 입학시험에서 이런 광경은 어색했다). 저녁 6시였다. 종일 삶은 달걀 두 개와 쿠크다스 두 조각, 두유 하나를 먹은 게 고작이라 예술의전당 앞 한식집에서 따듯한 국물이 있는 저녁을 먹고 집에 돌아왔다. 샤워를 하고 방에 누워 이불을 덮었는데 그제야 정신이 들었다. 무슨 짓을 한 거지? 그때 나는 내 몸을 보호하고 감추고 보살피는 대상으로만 여기지 않는 데 거의 성공한 것 같았다. 몸을 소유하고 책임지는 '나'가 잠시 사라지고 몸 그 자체가 움직임의 원천이 되었는지도 모른다. 그래서일까 기분이 좋았고 마음이 편안했다. 두렵고 불안하고 수치스러운 가운데서도 소수자로서 이런 시험에 응시했다는 기묘한 쾌감 따위와는 전혀 다른 만족감이었다.

그리고 불합격했다. 삶은 드라마와 다르다.

그렇다고 고양이를 먹으면 안 된다

1919년생으로 어떤 교육도 받지 못한 채 평생을 동해와 가까운 골짜기 마을에서 방앗간을 운영하고 농사를 짓던 할머니에게 장애가 있는 손자의 출생은 이해하기 어려운 사건이었다. 삼대독자가 불구라니! 누구보다 나를 사랑한 할머니는 당시로는 엄청나게 큰돈을 들여 무당을 불렀고, 당신이 가장 아끼는 햇곡식을 모조리 굿상에 제물로 올렸다. 우리집 마당에서 무속인의 퍼포먼스가 펼쳐졌다. 너무 어릴 때라 기억이 없지만 무당은 아마도 동해안 지역에서 우환이 있을 때 행하는 어떤 종류의 전통 무속춤을 추었을 것이다. 어머니는 퍼포먼스가 끝난 후 애지중지 마련한 햇곡식을 무속인이 한 톨도 남기지 않고 모조리 챙겨가는 모습에 무척 화가 났다고 했다. 삶에는 종교적이고 영적인 처방이 필요할지도 모른다. 하지만 10대 중반이 된 나는 이 '영적인' 세계의 허상을 조금씩 감지하고 있었다.

동네 사람들은 할머니에게 이러쿵저러쿵 말을 보탰다. 우리집이 산에서 이어지는 커다란 바위 위에 지어져 바위를 짓누르는 형상이므로 내 다리도 짓눌려 걷지 못한다는 괴상한 해석이 있었다. 또 '서울에서 시집온' 엄마가 임신중에 양약(이 표현은 전통의학/한약과 구별되는 모든 종류의 의약품을 의미했다)을 지어 먹어 병이 생겼다는 가설도 있었다. 처방은 다양했다. 고양이를 달여 먹으면 관절염이 낫는다면서 같은 원리가 내게도 적용될 수 있다는 의학적(?) 견해가 있었고, 충청도 어디에 있는 유명한 기도원에서 100일 동안 기도를 드리면 치료된다는 신학적 처방도 제시되었다. 그나마 가장 '근대적인' 의견은 강릉에 한 곳뿐이었던 발달장애인을 위한 특수학교에 나를 입학시켜야 한다는 것이었다. 할머니는 이 모든 견해에 귀를 기울였으나 엄마는 경험적 근거가 없는 의학적 처방을 거부했고 신학적 처방은 당신이 생각하는 기독교적 믿음에 비추어 의심했다. 마지막 처방에 대해서는 진지하게 생각했던 것 같지만, 지체장애가 있는 아이를 둔 부모들이 흔히 그렇듯, '지성이 결여된' 장애와 신체장애를 구별하는 명백히 차별적인 견해에 근거하여 따르지 않았다.

그동안 나는 문 닫힌 직사각형 방안에 가상으로 구축한 세계 속에서 10대가 되었다. 내가 서태웅이나 윤대협이 되고, 2002년 월드컵 결승에서 역전골을 넣고, 수많은 관객 앞에서 우아하고 환상적인 춤을 추더라도 그것은 오직 나의 주관적인 세계일 뿐이었다. 같은 시간 문밖에서 기현이와 희정이는 키가 나날이 커졌고, 머릿속에 영어와 수학에 대한 기초지식이 쌓였고, 진짜 축구장에서 땀을 흘리며 뛰고 경쟁했다. 객관적인 빛을 내 삶에 비춘다면 나는 가슴이 불거지고 바닥을 기어다니는 볼품없는 10대 소년이었고 그 나이까지 제대로 배운 것이라고는 없었으며, 커다란 바위가 이 집에 깔려 있으니 이사를 하라고, 고양이를 먹으라고 조언하는 사람들로 둘러싸인 세계에 고립되어 있을 따름이었다. 고양이를 먹고 걸을 수 있다고 믿는 것은 내가 윤대협이라고 상상하며 10대의 봄날을 방구석에서 보내는 일과 얼마나 다르단 말인가.

이것을 깨달은 기억 가운데 강렬한 순간은 엉뚱하게도 마이클 잭슨과 관련이 있다. 1995년 당대 최고의 팝스타였던 마이클 잭슨은 〈유 아 낫 얼론You Are Not Alone〉이라는 발라드곡을 발표해 세계적으로 큰 성공을 거둔다. 그 무렵 그 동네에 살던 내게도 이 노래가 도착했다. 사춘기여서인지 가사의 의미도 잘 모르는 채 방에서 이 음악을 계속 크게 들었다. 그러면서 마음에 담아둔 어떤 여자아이와 사랑하는 순간을 상상했다. 아주 유치했다. 영화처럼 만든 뮤직비디오가 유행하기 시작한 때라 머릿속에서 〈유 아 낫 얼론〉의 뮤비 주인공처럼 그 친구와 내가 등장했다. 친구가 나를 업고 동네 어딘가로 함께 가는데, 사람들이 이상하게 쳐다보자 나를 너무 사랑한 나머지 그들과 맞서 싸워주고, 대신 울어주고, 그러다 키스를 하고 이런 식이었다(1990년대 감수성을 가진 열세 살쯤의 청소년이었으니 이해를 부탁드린다). 하루는 그런 상상이 음악 속에서 어느 때보다 구체화되었고, 마음 깊은 곳에서 올라오는 어떤 감각을 마주하고서 나는 울고 말았다. 아름답고 황홀한 감정이 들었다. 음악과 강렬한 상상 한가운데서, 진실하고 선명하게 존재하는 것 같았다. 잠시 뒤 음악이 끝났고 눈물을 조금 닦고 나니 밭에 나간 할머니가 돌아올 시간이었다. 문 닫힌 방안에서 나는 희미하게나마 깨달았다. 방금 나를 사로잡은 이 생생한 체험과 쾌감은 그 느낌과 달리 전혀 진실하지 않으며, 현실을 바꾸지도 못한다는 사실을.

필요한 건 〈유 아 낫 얼론〉도 고양이 요리도 백일기도도 커다란 바위를 피해 이사를 가는 것도 아니다. 공부다. 세상에 나가 살아남아야 하니까. 눈을 감고 혼자 도취한 채로 삶을 살아서는, 몸을 움직여서는, 춤을 추어서는 안 된다. 내면에서 올라오는 울컥한 진실은 우리를 기만한다. 눈을 뜨고 문을 열고 바깥에서 비추는 저 빛 속으로 나아가야 한다. 그곳에서 내 몸은 차별과 비하와 멸시의 대상이 될 것이다. 그렇다면 최대한 숨기고, 덜 움직이고, 잘 통제하는 기술을 익혀야 한다. 문화적 교양을 쌓고, 세련된 말솜씨를 구사하고, 수학과 영어를 알고, 역사와 사회제도에 관한 지식을 습득해서 생존에 필요한 무기를 갖춰야 한다.

그때는 훨씬 거칠고 어설프고 모호한 생각이었을 것이다. 다만 집을 떠나 세상으로 나가야 한다, 나 혼자만의 생각에 도취하면 안 된다, 객관적 세계와 연결되고 다른 사람들에게 그 가치를 동등하게 인정받는 지식을 공부해야 한다, 장애로 변형된 몸을 최대한 위장해야 한다는 정도의 삶의 원칙을 세웠던 것은 분명하다.

"필리프 프티는 외줄을 탈 때
가장 중요한 태도란 망설이지 않는 것이라고,
단 한 순간도 추락에 대해 생각하지 않는 것이라고 강조했다.

일단 첫발을 내딛기로 하고 줄 앞에 섰다면
오로지 저 건너편을 향해 걸어가는 일만을 생각한다.
머리끝부터 발가락 끝까지 하나의 목표로 가득 채운 채,
거침없이 발을 내딛는다."

필리프 프티, 미국 뉴욕 세계무역센터 타워에서의 외줄타기, 1974

프릭쇼

Freak show

두 번째

절반의 아킬레우스

다행히 고양이를 먹지 않고서 나는 한반도 동쪽 구석의 마을을 떠났고, 난생처음 중학교 1학년으로 학교생활을 시작했다. 거기서 최치현을 만났다. 그는 두 개의 삼각형으로 이뤄진 사람이었다. 첫번째 삼각형은 그의 휠체어가 만들었다. 정면에서 보면 그가 탄 농구용 휠체어는 양 바퀴가 수직축에서 15도 옆으로 벌어져 있어 바닥을 밑변으로 삼각형을 이뤘다. 두번째는 그의 상반신이었다. 아기 때 소아마비 후유증으로 하반신이 손상된 그는 어린 시절부터 휠체어 농구와 테니스 선수로 활약하면서 상반신 근육을 탄탄하게 키워 완벽한 역삼각형의 몸을 만들었다. 세련된 티타늄제 삼각형 휠체어와 근육질의 역삼각형 상체가 만나 그의 몸이 되었다. 그가 상반신을 탈의하고 수건을 한쪽 어깨에 건 채 기숙사 샤워장으로 휠체어를 밀고 갈 때의 뒷모습은 〈트로이〉에서 브래드 피트가 연기한 아킬레우스 같았다. 그를 처음 보았을 때 나는 아킬레우스에게 "당신은 정말 죽지 않나요?"라고 질문하는 영화 속 심부름꾼 꼬마가 된 심정이었다. 물론 상반신만 아킬레우스였으니, 그를 절반의 브래드 피트라고 부르도록 하자(사실 뒷모습만 아킬레우스였으므로 4분의 1……). 티타늄 합금의 하체와 역삼각형의 상체를 지닌 인간을 바라보고 있으면 '걸을 수는 없지만 죽지는 않는' 기이한 존재가 떠올랐다.

장애학생을 위한 특수학교를 다니며 만난 사람 가운데는 2분의 1 브래드 피트 말고도 놀라운 몸이 여럿 있었다. 뇌성마비•를 지닌 김태훈도 그중 하나였다. 김태훈은 상체가 강직되어 오른 주먹을 꽉 쥔 채 팔꿈치를 옆구리에 석고로 바른 듯 붙이고 생활했다. 왼팔은 조금 자유로웠지만 손가락과 어깨관절을 편하게 사용했을 뿐 팔꿈치는 마음대로 되지 않았다. 다리를 편하게 움직였으나 균형잡기가 어려워 걷지는 못했다. 대신 휠체어에 앉아 다리로 바닥을 밀면서 이동했다. 앞으로 갈 때는 천천히 움직였고 뒤로 갈 때는 속도가 빨랐다. 전진할 때는 다리와 발목으로 바닥을 끌어당기듯 나아가고 후진할 때는 다리로 바닥을 밀어냈다. 김태훈은 코가 높고 얼굴 윤곽이 분명한 미남이었고 머리카락은 1990년대 후반 유행했던 검은색 직모였다. K팝 1세대 보이그룹 H.O.T.를 떠올리게 하는 스타일이었다(으악). 빨리 이동하고 싶을 때면 주차권을 입에 문 채로 뒤를 바라보며 우아하게 후진하는 운전자처럼, 그는 두 발로 바닥을 번갈아 박차며 돌진하다가 목적지에 도달해서는 한 발로 바닥을 탁 짚으며 순식간에 휠체어를 180도 돌려 멈춰세웠다. 처음 김태훈이 이런 식으로 내게 다

• 뇌성마비는 뇌에 발생한 손상의 결과(병변) 운동기능 등에 장애가 생기는 질환을 지칭한다. 한국의 장애인복지법은 뇌성마비와 뇌졸중 등 뇌의 기질적 병변으로 인해 일상생활에 지장이 있는 사람을 통칭하여 뇌병변장애인이라고 정의하며(장애인복지법 시행령 별표1) 일상적으로도 뇌성마비라는 용어는 이제 잘 쓰이지 않는다. 그러나 뇌졸중 등과 달리, 주로 출생 시점에 입은 손상으로 어린 시절부터 장애가 있는 '뇌성마비' 장애인의 몸 경험을 강조할 필요가 있고, 그러한 사람들을 지칭하는 말로서 또 당사자 집단 역시 뇌성마비라는 말을 자신의 몸을 규정하는 언어로 사용해왔기에 나도 '뇌성마비'라는 용어를 그대로 쓸 것이다. 다만 뇌성마비와 뇌졸중 등 더 넓은 범주의 뇌손상-병변에 따른 운동/인지장애를 총칭하는 경우 '뇌병변장애(인)'라고 쓴다.

가오자 나는 '야만적인' 문명의 침입을 받은 듯했지만, 곧 김태훈의 높은 코와 검은색 직모, 발 구르기로 휠체어를 통제하는 모습 앞에서 예상 밖의 선진 문물을 만난 그리스인처럼 흥분했다.

휠체어를 타고 빠르게 달리는 것은 제법 재밌었다. 열다섯 살의 나는 사춘기를 맞아 한껏 상체 근육이 발달하던 참이었다. 휠체어 사용자들의 이 '새로운 문명'에서 나는 꽤 높은 신분을 획득할 자질을 가진 셈이었다. 절반의 브래드 피트 역시 내가 자신과 유사한 신분의 인간이 될 수 있음을 은근히 내비쳤다. 기숙사 전체의 지배자가 약간 무서웠으나 그가 먼저 말을 걸고 간혹 오락실에서 무단 외박을 하며 밤을 새우자고 제안하면 제국 시민에게 인정받은 식민지 거주민처럼 기뻤다.

휠체어에 익숙해지자 몸을 휠체어 위에서나마 잘 위장하고 조금이라도 매력적으로 꾸밀 방법을 탐구했다. 두꺼운 책을 도서관에서 빌려 깔고 앉아 키를 높였고, 빈약하고 짧은 다리에 걸칠 휘장을 발명했다. 신발을 제대로 신지 않고 신발 뒷부분에 발바닥을 살짝 올려두고, 긴 바지로 신발을 덮어 신발이 바닥으로 떨어지지 않을 정도만 잡아두는 방법을 착안했다. 이렇게 하면 신발 높이만큼 다리가 길어지는 셈이었다. 종아리가 늘어난 반면 허벅지는 그대로여서 다리 각 부위가 표준적인 비례에 맞지 않는다는 점은 문제였다. 고민은 그리 오래가지 않았다. 햇볕이 잘 드는 건조대에서 빨래를 걷다가 바지가 빳빳하게 마른 직후에는 모양을 그대로 유지한다는 사실을 발견했다. 내 다리보다 훨씬 길고 통은 아주 넓은 바지를 샀고, 세탁을 한 후 햇볕이 가장 잘 드는 건조대에 널었다. 하루가 지나면 바지가 석고처럼 굳었고 이 바지로 다리를 '조각'했다. 휠체어에 앉은 자세에서 무릎 부분을 최대한 둥그런 모양으로 만들어 볼록하게 세우고 종아리 부분을 주름 없이 매끈하게 펴자 굵고 긴 다리가 조형되었다. '핏'이 오래가지는 않았지만 적어도 아침 시간에는 2분의 1 브래드 피트의 절반 정도는 따라갈 수 있다고 믿었다. 휠체어, 두꺼운 책, 신발, 길고 큰 빳빳한 바지를 휘장처럼 걸치고 아침 햇살이 가득한 교실에 등장할 때 나는 약간 자부심을 느꼈다.

바닥을 기는 일은 이제 불가능했다. 휠체어에서 내려와 전광석화처럼 움직일 수 있었지만 내가 조각한 다리 모양을 유지한 채, 강력한 어깨로 휠체어를 밀며 아킬레우스처럼 당당하기 위해 그밖의 속도와 힘, 충동을 포기했다. 어두컴컴하고 '야만적인' 바닥 생활을 청산한다면 새로운 문명 속에서 조금은 아름다울지도 모를 일이었다. 엉덩이에 깔고 앉은 백과사전 두 권과 빳빳하게 조각한 바지를 걸치고 흐트러짐 없이 자세를 유지하려니 '휘장' 안쪽의 척추에 큰 부담이 갔다.

100여 년 전 활약했던 현대무용의 개척자 로이 풀러Loïe Fuller, 1862~1928는 미국에서 평범한 공연자로 살던 중 자신만의 춤을 발명하고, 서른 무렵 당대 예술의 중심지 파리로 건너가 유럽 관객들을 흥분시켰다. 로이의 춤은 거대한 휘장을 옷처럼 두르고 그 위에 조명을 쏘아 형형색색의 이미지를 연출하는 것이었다.• 로이는 양팔로 막대기를 들고 팔을 쭉 뻗은 채로 거대한 휘장을 뒤집어썼다. 그 상태로 화려한 빛 속에서 막대기를 든 팔을 휘두르며 휘장을 펄럭였다. 엄청난 체력이 필요했고 공연이 끝나면 팔에 심한 고통이 따랐다고 한다. 변방에서 온 주제에 세상의 중심에서 멋진 공연자가 되려면 그 정도 노력이 필요한 법이지만, 나는 로이 풀러의 발가락 끝에도 못 미치는 사람이었으므로 작은 휘장을 두르고도 춤을 추기는커녕 조각상처럼 앉아 있는 것만으로 지쳐버렸다.

겨울을 앞둔 어느 날이었다. 김태훈과 나는 가장 구석진 남자 기숙사 307호에서 철없는 아이들이 힘자랑하듯 투덕거리며 장난을 쳤다. 그러다 김태훈이 휠체어를 버리고 바닥으로 쿵 하고 내려왔다. 양팔을 쓰지 않는 김태훈이 의자에서 바닥으로 내려오려면 몸의 중심을 한 번에 떨어뜨리는 방법밖에 없다. 그는 무릎으로 바닥을 쾅 찧고, 다음으로 엉덩

• 로이 풀러는 1862년 미국 시카고에서 태어났다. 체계적인 무용교육을 받은 바 없지만 독창적인 퍼포먼스와 조명기술에 대한 깊은 이해로 현대무용의 새로운 시대를 열었다. 그는 1892년 파리로 건너가 큰 성공을 거두었다. 40여 명의 조수와 함께 일하며 당대의 최신 과학기술과 발명품들을 접했고 주위의 과학자 친구들에게서 도움을 얻었다. 토머스 에디슨의 연구실을 드나들며 공연에 활용할 기술을 찾고 배웠다. 프랑스에서는 SF 소설가로도 유명했던 천문학자 카미유 플라마리옹과 어울리며 빛과 우주에 관한 지식과 상상력을 쌓았다. 로이는 플라마리옹이 설립한 프랑스 천문학회의 회원이기도 했다. 당대 최고의 화학자이자 물리학자 마리 퀴리와도 교유했는데, 그에게 빛을 내는 원소 라듐에 대해 조언을 구하고 라듐을 이용한 의상을 입고 추는 춤을 개발했다. 여기에 '라듐댄스'라는 이름을 붙여 마리 퀴리에게 헌정했다고 알려져 있다. 로이의 춤과 무용사의 관계에 관해서는 이 책을 참조할 것. 월터 소렐, 『서양무용사상사』, 신길수 옮김, 예전사, 1999, 311~315쪽.

이를 바닥에 쿵 떨어뜨리는 식으로 충격을 분산했다. 바닥으로 내려온 김태훈은 벌러덩 드러눕더니 골반을 들어 두 다리를 힘껏 위로 치켜올렸고, 그 상태로 강하게 휘저으면서 브레이크댄서처럼 움직이기 시작했다. "어디 한번 와봐라!" 김태훈이 킥킥댔다. 뭘 하자는 거지? 잠시 당황했지만 나도 휠체어를 버리고 바닥으로 내려갔다. 두 팔로 바닥을 견고하게 짚고, 나머지 몸을 휠체어에서 살짝 들어올린 후 스르륵 내려왔다.

김태훈이 등을 바닥에 붙인 채 양다리를 쉴 틈 없이 휘둘렀다. 나는 김태훈의 다리 사이로 파고들어 두 팔로 김태훈을 붙잡으려 애썼다. 온몸에 땀이 흐르고 긴장감이 솟아올랐다. 초겨울 주말 오후의 긴 햇살이 307호의 창문을 직선으로 통과해 들어오는데, 토성의 고리처럼 빛나는 먼지를 김태훈의 다리가 가로질렀다. 그사이로 비집고 들어가려는 나의 손바닥 스텝이 리듬을 탔다. 김태훈의 발이 큰 호를 그리면 잠시 빈 공간이 생기고, 나는 재빨리 손으로 바닥을 타다닥 짚으며 김태훈에게 접근한다. 김태훈은 얼른 다른 쪽 발로 짧게 내 몸을 밀어낸다. 우리는 정신없이 웃고, 그러다 한 대 제대로 얻어맞으면 "아 진짜 아프잖아!"라며 짜증을 내기도 하면서 아무도 없는 5인실 기숙사 공간을 누볐다. 오랜만에 휠체어를 버리고 바닥에 온몸을 맡긴 채 움직였다. 우리 두 사람의 머릿속에서 307호 바닥은 그저 구석진 기숙사의 좁은 방이 아니었다. 관중으로 가득한 이종격투기 경기장 또는 거대한 공연무대였다. 함성 속에서 다시 김태훈의 다리가 지나갔고, 궤적을 따라 큰 공간이 생겨났다. 내가 재빨리 그 틈새로

움직이려는 순간이었다.

"너네 뭐하냐?"

티타늄 휠체어 위에서 최치현이 우리 두 사람을 내려다보고 있었다. 그 옆에는 아이들의 신체 재활을 담당하는 젊은 물리치료사 선생님이 걱정스러운 얼굴로 서 있었다.

"그러다 다치면 어쩌려고 그러니."

나는 김태훈을 보았다. 땀과 먼지로 젖은 검은색 직모가 이마에 잔뜩 달라붙었고 오후의 햇살이 그 위를 비추었다. 관객으로 가득찬 공연장과 조명은 사라지고, 내 옆에는 땀범벅이 된 채 오그라든 오른팔과 굳은 왼팔로 몸을 일으키려 안간힘을 쓰는 김태훈이 있었다. 나를 보았다. 빳빳했던 바지는 다리의 모양을 잃어버린 채 흐물거렸고, 땀에 절어 튀어나온 흉곽에 달라붙은 셔츠를 입은 내가 있었다.

불거지지 마라. 불거지지 마라고 좀.

영혼의 춤, 결격사유 유의

로이 풀러와 함께, 서양 춤 예술의 새로운 시대를 연 선구자로 평가받는 또다른 인물은 이사도라 덩컨Isadora Duncan, 1877~1927이다. 이사도라는 로이보다 15년 늦게 미국 샌프란시스코 해안가 마을에서 태어나 자랐다. 이사도라가 태어났을 때 금융업자였던 아버지는 파산한 뒤 어디론가 사라지고 없었고 오빠 둘과 언니, 어머니로 구성된 가족은 경제적으로 어려웠다. 이들은 모두 예술을 사랑하는 자유분방한 가족이어서 가난했어도 어머니는 늘 피아노를 연주했고 아이들은 춤을 추었다. 샌프란시스코는 유럽에서 이주한 사람들이 세운 젊은 나라 미국에서도 가장 젊은 서부의 해안가였다. 지중해의 그리스를 닮은 햇살과 바람, 파도로 가득한 그곳에서는 당대 여성의 삶과 몸을 통제했던 강력한 가부장적 권력, 즉 아버지-국가-문화의 전통과 형식의 힘이 상대적으로 미약했다. 일찍부터 예술가의 기질을 드러낸 어린 이사도라는 거칠 것이 없었다. 자신의 춤을 인정해주는 관객을 찾아 이사도라는 가족과 함께 1895년 샌프란시스코를 떠나 뉴욕을 거쳐 유럽으로 갔고, 런던을 경유한 뒤 1900년 로이 풀러가 활약하던 파리에 도착했다. 얼마 지나지 않아 서유럽은 물론이고 베를린과 상트페테르부르크를 비롯해 유럽 전역의 관객을 사로잡는 무용수로 크게 성공한다.

19세기까지 유럽을 중심으로 한 서양에서 진정한 예술춤은 발레였다. 이사도라가 성인이 되던 19세기 말 그 인기와 지위는 예전보다 못했지만, 여전히 발레는 춤의 이상理想이었고 발레리나의 몸은 아름다운 인간 신체의 상징이었다. 춤을 좋아한 이사도라도 어린 시절 발레를 배웠으나 적응하지 못해 곧 그만두었다. 자유롭게 뛰어노는 동물을 가두고 사육하듯 발레교육이 무용수의 신체를 옭아맨다고 느꼈다. 어린 시절부터 자연 속에서 춤을 춘 이사도라는 파도, 바람, 땅에 저마다 움직임이 있듯 인간을 포함해 동물과 식물, 지구 위 모든 존재는 그 자체로 깊은 곳에서 흘러나오는 순수하고 자연스러운 움직임이 있으며, 이것이야말로 가장 아름다운 춤이라고 주장했다.

> 나는 빛의 떨림이 몸속으로 흘러오는 영적인 표현의 원천, 즉 영혼의 모습을 보여주는 원심력을 찾으려고 노력했다. (……) 나는 무용학교의 학생들에게 이렇게 말했었다. "음악을 마음으로 들으세요. 자, 듣고 있으면 자기 스스로의 마음 깊은 곳에 있는 또하나의 자신이 잠을 깨어 눈을 뜨는 것 같지 않나요? 머리가 들려지고, 팔이 들려지고, 천천히 빛을 향하여 걸어나가고 싶지 않아요? 그것이 자기 속에 있는 마음의 힘이에요."[1]

이사도라에게 "춤은 신체의 훈련을 기반으로 한 움직임이기 전에 내부 에너지의 발산이며 이미 짜인 이야기의 전달이기보다는 외부의 대상에 대한 영혼과 정신의 반응"[2]이었다. 춤은 한 사람의 개인으로서 온전한 존재가 되는 일이었고, 그러기 위해 영혼은 자연의 법칙과 순수하게 합일해야 했다. 바로 그 순간 "빛과 순백의 섬세한 번역"으로서 춤이 탄생했다.[3] 반면 14세기 무렵 이탈리아에서 시작되어 16세기부터 프랑스를 중심으로 발전, 계승되어온 발레에는 움직임의 규칙과 질서, 체계적인 훈련법이 있고 유명한 이야기로 구성된 춤의 레퍼토리가 있다. 발레를 잘 추고 싶다면 자기 영혼이나 순수한 자연과 만나기를 바라며 자유롭게 움직이기보다는 먼저 정해진 기본동작과 자세를 성실하게 배워야 한다. 개인으로서의 고유한 특징이나 내면의 폭풍은 잠재우고 발레라는 외부 세계의 기술과 질서에 몸을 던지는 것이다. 공연에 출연하고 싶다면 〈지젤〉을 비롯해 대표적인 발레 작품의 이야기를 이해하고 공연에 필요한 기술과 동작을 집중적으로 훈련해야 한다. 이사도라는 좋은 춤을 추기 위해 확고한 전통과 질서를 익히라는 무용예술의 권위 앞에 반기를 든 것이다. 이를 상징하듯 이사도라는 맨살이 비치는 얇은 천 하나만을 걸치고 신발도 신지 않은 채, 자신이 좋아하는 클래식 음악이 나오는 가운데 자유롭게 춤췄다. 유명한 별명 '맨발의 이사도라'는 그렇게 탄생했다.

춤에 관한 이사도라의 사상은 삶에서도 드러났다. 자기 앞에 버티고 있던 당대 여성에 대한 억압적인 성도덕을 비웃으며 끌리는 아름다운 남자에게 언제든 다가갔다. 극작가 버나드 쇼에게 이사도라가 "우리가 아이를 낳으면 당신의 지성과 나의 신체를 닮은 아이가 태어날 것"이라며 당당히 섹스를 요구한 이야기는 잘 알려져 있다.[4] 사랑하는 사람과 아이를 낳고도 결혼은 끝까지 거부했다. 이사도라에게 반한 미국이나 유럽의 부유한 남성 누구도 이사도라를 결코 결혼이라는 제도로 묶어둘 수 없었다. 이사도라는 지배적인 질서와 규범에서 자유로운 개인으로 살기 위해 분투했고 그의 예술은 외부의 전통적이고 강고한 질서에 대항하며 발전했다.

그날 307호에서 김태훈과 나는 자유롭게 움직였다. 이사도라 덩컨식으로 말한다면 우리는 포획당했다 마침내 풀

려난 동물처럼 순수하게 춤추었다. "자유로운 동물과 새들의 움직임은 언제나 그 본성에, 필요와 욕망에 부합하고, 지구의 본성에 부합한다."[5] 하지만 100년 전으로 돌아가 이사도라에게 우리의 움직임에 대해 언급한대도 긍정적인 이야기는 듣지 못할 것이다.

이사도라 덩컨에게는 오빠 둘과 언니 엘리자베스 덩컨이 있었고, 엘리자베스는 어린 시절부터 이사도라와 함께 무용 교실을 운영한 무용수였다. 엘리자베스는 어린 시절 사고로 한쪽 다리를 약간 절었지만 가족 무용 공연에서 안무자로서 중요한 역할을 했으며 이후에도 무용 교실을 계속 운영했다. 유럽에서 부와 명성을 쌓은 이사도라가 전 재산을 탕진했을 때는 무용을 가르쳐 번 돈으로 이사도라와 어머니를 부양했다. 평생 춤을 교육하며 가족의 생계를 지원했던 엘리자베스는 이사도라처럼 무용수로 살지 못했으며 동생에게 열등감을 품었다.[6] 이사도라 역시 어린 시절을 제외하면 언니와 함께 무대에 오르지 않았다. 경미한 수준이라도 장애는 여전히 무용수에게 치명적인 결격사유였다. 이는 단지 시대적 편견에 이사도라가 굴복했기 때문이 아니다. 이사도라 덩컨은 자연과 조화되는 순수한 인간의 형상을 가장 잘 구현한 존재로서 고대 그리스인을 찬양했다. 그리스인의 예술작품이 인류 보편의 아름다움을 담았다고 생각했다. 그리스 작품 속 신들과 신들의 형상을 한 인간이 취하는 "그리스의 자세가 대지의 유일한 자세"라고까지 말한다. 이러한 자세를 가장 잘 표현한 인간 신체의 움직임이 최고의 무용예술이라면 어떤 몸이 '그리스적'

인가?

> 무용가가 가진 예술의 도구는 몸 자체이기 때문에 무용가야말로 이 진실을 절대 잊지 말아야 한다. 아름다움에 관한 최초의 개념은 인체의 형태와 대칭에서 비롯했다. 무용의 새로움은 인체의 형태와 조화를 이루고 이것을 발전시키는 동작에서 시작해야 한다.[7]

이사도라 덩컨에게 춤은 영혼의 표현이었으며 바로 그것을 위해 인체의 형태와 대칭이 중요했다. "아이들의 춤이 아이의 영혼을 표현하게 하라. 처음에는 자신을 의식하지 않고 아름다움으로 표현하게 하라. 그뒤에는 아이답게, 그리고 사춘기에 어울리는 표현을 하게 하라"고 예술교육자들에게 주문한 이유는 그 아이들의 신체가 문명의 힘과 억지스러운 교육으로 변형되지 않은 '원시성'을 품고 있기 때문이다. "우아하게 균형잡힌 머리, 완만한 곡선을 이루는 어깨, 단단하고 둥근 가슴, 풍만한 허리, 엉덩이에서 무릎과 발까지 이어지는 자유로운 곡선"을 가진 성인으로 아이들이 자라도록 놔두어야 한다.[8]

김태훈과 나는 307호에서 어느 때보다 자유로웠고 누군가를 의식하지도 않았다. 우리는 발레는커녕 신체 움직임에 대한 어떤 종류의 교육도 받은 바가 없었다. '자연스러운' 김태훈과 내 몸은 우아한 균형이나 완만한 곡선과는 정반대였다. 우리가 제아무리 '영혼'을 표현하고자 시도하더라도, 또한 어쩌다가 그 영혼이 아름답다고 하더라도(우리 두 사람의 영혼 따위가 아름다울 리 없었지만) 우리 신체는 그 영혼을 결코 표현할 수 없다. 바닥을 기어가고 누워서 두 다리를 공중에 내젓는 10대 소년들의 모습은 그리스적인 원시성primitivity과는 거리가 멀었다. 우리의 몸과 움직임은 야만성savageness에 가까운 것이었다.•

비정상의 스펙터클

이사도라가 살던 시대에 파리를 비롯해 유럽의 대도시로 몰려드는 사람들은 미국에서 새로운 춤을 가지고 유럽으로 건너온 로이 풀러나 이사도라 덩컨 같은 예술가들만이 아니었다. 지리적·문화적으로 한참 먼 곳에서, 그리고 무엇보다 겉모습이 유럽의 백인들과는 크게 다른 저 먼 세계 사람들도 이 '세상의 중심'으로 몰려들었다. 그중 일부는 이사도라처럼 더 나은 삶을 찾아 자발적으로 유럽에 오기도 했겠지만, 많

• 20세기 초 프랑스에서는 '야만적'이라는 말과 '원시적'이라는 말이 다르게 사용되었다. '야만스러운'은 주로 아프리카 흑인의 행동과 삶을 묘사하는 데 사용되었는데, 같은 아프리카 지역이라도 프랑스 식민지 출신 흑인이나 미국에서 온 흑인 무용가, 음악가들에 대해서는 '원시적'이라는 묘사가 자주 쓰였다. 원시적이라는 말은 "문명화되지는 않았으나 문명화에 요구되는 능력과 도덕성을 갖춘 사람들"을 뜻했다. Beriliner, B., *Ambivalent Desire: The Exotic Black Other in Jazz-Age France*, Amherst: University of Massachusetts Press, 2002, p.7; 안드레 레페키, 『코레오그래피란 무엇인가』, 문지윤 옮김, 현실문화, 2014, 254쪽에서 재인용.

은 이들은 식민지에서 노예로서 혹은 일종의 문화상품으로서 끌려왔다. 1800년대 과학기술이 발전하고 산업자본주의가 발달하면서 세계 곳곳이 촘촘한 통신·운송망으로 연결되었다. 그 시기 내내 영국, 프랑스, 미국 등을 비롯해 러시아와 일본까지 제국이 된 나라들은 지구상에서 그 나름 고유한 문화와 역사를 가지고 지속하던 지역과 문화권을 장악했다. 제국의 중심부에 사는 사람들은 지구 변방의 이국적인 문명과 사람, 동물, 식물에 호기심을 품었고 이런 호기심에 부응하기 위해 '변방'에 살던 사람들과 동식물이 신속히 배달되었다. 이것들은 학문과 예술의 탐구 대상이자 엔터테인먼트 상품으로서(최근 표현을 빌리자면 '문화 콘텐츠'로서) 인기를 끈다. 세계의 거점 도시들에는 거미줄처럼 이어진 철도와 선박 운송망을 통해 실어 온 물건, 동물, 사람이 가득했다.

런던이나 파리 등 유럽의 유명 박물관들에는 당대에 수집된 수많은 사물과 동식물이 전시되었는데, 그중 파리 오르세박물관이 2002년까지 보관한 '전시품'은 19세기를 증언하는 유명한 존재다. 현재 남아프리카공화국에 해당하는 지역에서 태어난 사라 바트먼Sara Saartjie Baartman, 1789~1815의 신체 표본이 그것이다. 바트먼은 10대 후반이던 1810년 영국인 의사 윌리엄 던롭에게 돈을 벌게 해준다는 제안을 받고 영국으로 건너왔다. 바트먼의 일자리는 런던 피커딜리에 설치된 60센티미터 높이의 무대였다. 바트먼이 속한 부족 사람들은 유럽인에 비해 엉덩이와 골반 부분에 지방이 다량 축적되는 체질이었고 성기의 소음순이 유럽인에 비해 컸다. 사라 바트먼의 몸은 이런 특징이 더 두드러졌기에 윌리엄 던롭의 주목을 받은 것이었다. 런던의 관객은 바트먼의 튀어나온 엉덩이가 근육인지 지방덩어리인지 궁금해서 손으로 찔러보기도 했고, 그가 절대로 보여주지 않는 성기의 모양을 보고 싶어서 구두끈을 묶는 척 자세를 낮추고 어떻게든 들여다보려 애썼다. 그는 피부색과 동일한 몸에 딱 달라붙는 옷을 입고 목에는 구슬을 차고 허리에는 깃털을 둘렀다. 이런 차림으로 조련사 역할을 하는 인물이 명령하는 대로 걷고, 서고, 앉았다. 관객들은 그를 인간이 아닌 야생동물에 가까운 존재로 여겼다.[9] 영국 각지와 프랑스 파리에서 전시되던 바트먼은 1815년 파리에서 사망했고, 프랑스의 동물학자 조르주 퀴비에는 바트먼의 몸을 해부하고 성기와 신체 일부를 포르말린 병에 보관했다. 몸은 밀랍을 채워 표본을 떴다. 넬슨 만델라 대통령이 바트먼의 유해를 돌려줄 것을 프랑스에 요청하고 인권단체들이 오랜 시위를 한 끝에, 바트먼의 이 '몸들'은 2002년 8월 고향 남아프리카공화국으로 돌아갔다.

런던에서는 바트먼 외에도 오늘날 질병이나 장애로 분류되는 '특이한' 몸을 가진 이들이 대중의 관심을 받았다. 키가 60센티미터 정도였던 영국 여성, 백반증이 있는 카리브해 소년 등이 인기를 끌었다.[10] 소위 인간기형human oddities 혹은 괴기스러운 몸monstrous body에 대한 서구인의 관심은 대륙 너머로 유럽이 팽창하며 더욱 깊어졌다. 17세기에 이미 유럽 전역의 박람회나 커피하우스, 선술집 등에서 특이한 몸을 가진 사람을 전시하는 쇼가 존재했다. 뿔 달린 남자, 거인, 난쟁이, 털이 많은 여자, 두 개의 몸(오늘날 '샴쌍둥이'로 알려진) 등으로 불리는 사람들이 그 주인공이었다. 19세기 대륙들을 잇는 운송망이 급격히 발달하자 유럽 외의 지역에서도 장애로 변형된 몸, 인종적으로 유럽인과 크게 다른 몸들을 조달할 수 있게 됐다. '기이한 몸'을 전시하는 쇼는 유럽과 미국 전역에 걸친 대규모 산업으로 발전한다.[11]

이런 '콘텐츠'들은 진실과 거리가 있었으며 대중의 관심에 맞춰 잘 기획된 상품에 가까웠다. 바트먼의 전시로 돈을 벌고자 하는 이들은 피부색과 신체의 해부학적 특성을 부각해 바트먼의 몸을 인간보다는 동물에 가깝고, 성적으로 매우 왕성한 야만성의 화신처럼 홍보했다. 대중은 영국의 '교양 있고 정숙한 백인 여성' 이미지와는 정반대에 놓인 존재 바트먼에게 호기심을 품었다. 그러나 바트먼은 유럽인과 다른 자연적·사회적 배경에서 살아온 사람들의 후손일 뿐이었으며 오히려 네덜란드어와 영어, 프랑스어를 얼마간 할 줄 아는 '유럽화된' 식민지인이었다. 바트먼을 유럽인과 진화적으로 먼 존재로 여기고 싶은 마음은 바트먼이 사망한 후에도 억지스러운 과학적 탐구심을 자극했다. 뇌에서 언어를 담당하는 '브로카 영역'을 발견한 공로로 잘 알려진 신경생리학자 폴 브로카는 1862년 자신의 인종 구별 기준을 확립하기 위해 바트먼의 골격 표본에서 팔뼈 길이를 쟀다. 그의 이론에 따르면 팔꿈치를 기준으로 위팔뼈 대비 아래팔뼈의 비율이 높을수록, 즉 아래팔뼈가 상대적으로 길수록 인간보다 원숭이에 가까운 인종이었다(흑인의 비율이 백인보다 높았다). 막상 측정해보니 바트먼의 비율은 0.703으로 유럽의 백인 평균(0.739)보다 낮았다. 그러자 브로카는 유럽인이 바트먼보다 더 '원숭이'에 가깝다고 결론 내리는 대신 자신의 인종 구별 기준을 포기했다.[12]

박물관이나 거리에서 특이한 동물이나 오래전 인류의 화석을 보는 체험과 유사했던 '야만성' 전시 이벤트는 화려하고 다양한 볼거리를 동반하는 버라이어티쇼로 발전한다. 19세기 내내 그리고 20세기 초까지 유럽과 미국 전역을 뜨겁게 달궜던 이 엔터테인먼트를 사람들은 프릭쇼freak show라고 부른다.•

프릭freak은 주로 비유럽계 이민자들, (오늘날 기준에서) 장애인들, 보통이 아닌extraordinary 몸을 가졌다고 여겨지는 사람들을 통칭했다. 프릭이 자기 몸을 전시하고 그 몸으로 곡예나 해학적 연기, 춤을 선보이는 프릭쇼는 소수가 즐기는 천박한 관심사나 특이한 서브컬처가 아니었다. 19세기 중반 영국에서 프릭쇼는 건전하고 교육적인 대중의 여흥이었다. 쇼 대행사들은 교사들을 상대로 프릭쇼의 교육적 성격을 광고했고 당시 영국에서 새로운 소비 주체로 떠오르던 중산층 여성 관객을 잡기 위해 다양한 공연장 시설과 정책을 마련했다. 남

• 오늘날의 장애인처럼 신체가 손상되거나 태어날 때부터 몸의 특정 부위가 없거나 변형된 사람들의 쇼와 인종적 타자를 전시하는 쇼를 구별하는 견해도 있다. 하지만 이들이 모두 '표준에서 벗어난' 몸으로서 전시되었고, 자신들의 '기이함'을 무대 위에서 더 극적으로 연기했다는 점에서 이 공연들은 본질적으로 다르지 않았다. Sadiah Qureshi, "Displaying Sara Baartman, the 'Hottentot Venus'", *History of Science*, no. 42(2), 2004, p.238을 참조할 것. 이 책에서도 별도의 구별 없이 '프릭쇼'로 이 전시/공연을 통칭할 것이다.

성 관객의 추근거림에 시달리지 않고 안전한 곳에서 아이들과 함께 관람할 수 있는 여성 전용석이 도입된 것이 한 예다.[13]

위대한 쇼맨

뮤지컬 영화 〈위대한 쇼맨〉은 19세기 미국 프릭쇼 산업의 풍경을 왜곡된 방식으로나마 보여준다. 배우 휴 잭맨이 연기한 천재적인 공연기획자 피니어스 T. 바넘은 우연히 마주친 기이한 몸, 피부가 검고 얼굴이 아주 작고 다소 변형된 여성, 키가 1미터도 되지 않는 청년 등을 섭외해 박물관 사업을 시작하고 이후 극장을 세워 바넘 서커스를 일으킨다. 영화 속에서 바넘이 처음으로 쇼 섭외에 성공하는 키 작은 소년은 실제 '엄지장군 톰'으로 불린 찰스 스트래튼이 그 모델로서, 작은 몸에 나폴레옹 같은 복장을 하고 근엄한 척 무대 위에서 장군 연기를 펼치며 인기를 끌었다. 영화에서 바넘이 찰스의 집을 찾아가 출연을 제안하자 찰스가 대꾸한다. "사람들의 비웃음거리가 필요한 거겠죠." 이 말을 들은 바넘이 답한다. "이왕 비웃음당하는 거 돈을 받고 당하는 게 좋지 않아? 사람들은 너를 보고 분명 놀라게 될 거야."•

바넘의 박물관에는 샴쌍둥이와 얼굴에 털이 난 여성, 흑인 서커스 단원 등이 찾아와 뒤섞인다. 각기 배경과 특성이 다른 사람들이 평균, 보통, 정상과 대비되는 '타자'라는 용광로 안에 뒤섞였다. 이 무대에 열광하든 아니든 프릭쇼는 이

민자들의 나라인 미국의 중산층(그들 자신이 얼마 전까지 유럽의 '타자'였다)들이 안정적이고 통일된 자기 정체성을 수립하는 계기로 작동했다. 장애학 연구자 로즈메리 갈런드 톰슨은 미국의 프릭쇼가 '정상적' 미국인의 자아 정체성에 미친 영향에 관해 이렇게 말한다.

> 미국인은 이성적이고 통제된 반면에 프릭은 육체적이고 우발적이다. 이런 환상 속에서 프릭의 몸이 그의 자아 상태를 결정하는 것과 똑같이 미국인의 자아가 그의 몸 상태를 결정하였다. 이 체화의 법칙이 미국인을 정상으로, 프릭을 비정상으로 만든 것이다.••

미국 프릭쇼의 역사를 연구한 로버트 보그단은 프릭쇼

• 현실은 다르다. 바넘은 박물관을 개설하면서 희귀한 사람들을 찾았고 코네티컷주에 살던 찰스 스트래튼의 집을 방문했다. 그때 스트래튼의 나이는 겨우 다섯 살이었다. 바넘은 부모를 설득해 어린 찰스를 뉴욕으로 데려왔고 열한 살이 된 런던 출신의 신비한 아이로 홍보했다. Robert Bogdan, *Freakshow: Presenting Human Oddities for Amusement and Profit*, Chicago: University of Chicago Press; Reprint edition, 1990, p.149.

•• 로즈메리 갈런드 톰슨, 『보통이 아닌 몸』, 손홍일 옮김, 그린비, 2015, 124쪽(출간된 번역본 일부를 수정했다). 영국의 경우도 마찬가지였다. 역사학자 나자 더바치는 영국 빅토리아시대와 에드워드 시대의 프릭쇼가 인기를 끈 것은 "단순히 그로테스크를 엿볼 수 있는 관음적인 장소"였기 때문이 아니라, "몸에 새겨진 계급, 젠더, 성별, 인종, 민족적 차이를 탐구함으로써 타자성에 부여된 문화적 의미를 명확하게 표현하는 데 도움을 주었고, 따라서 영국인이 된다는 것이 무엇을 의미하는지 명료하게" 해주었기 때문이라고 지적한다. Nadja Durbach, *Spectacle of Deformity: Freak Shows and Modern British Culture*, Berkeley: University of California Press, 2010, p.32.

를 크게 두 유형으로 분류한다. 하나는 이국형exotic pattern으로서, 서양인의 몸이나 서양의 문화와 완전히 구별되는, 잘 알려지지 않은 곳에서 온 '생명체'(보통 동물의 야만성을 상징하는 몸과 문화적 배경을 가진 사람들)를 전시하는 쇼다.[14] 1854년 뉴욕에서 무대에 오른 멕시코 원주민 출신 여성 훌리아 파스트라나는 "곰과 오랑우탄의 용모와 흡사한" 반쪽 인간으로 알려졌다. 파스트라나는 다모증多毛症 때문에 얼굴과 온몸에 털이 있었고 공연기획자들은 동물과 인간의 중간적 존재로 그를 홍보했다. 사라 바트먼의 경우처럼 이 역시 실제 파스트라나의 삶과는 거리가 멀었다. 다만 파스트라나는 이런 기획 의도와 홍보 전략을 스스로 적극 이용한 공연자였다. 그는 스페인어와 영어로 된 노래를 부르거나 몸을 격렬히 움직이는 춤을 췄고, 공연이 끝나면 관객에게로 나와 대화를 나누고 질문도 받았다.[15]

두번째 유형은 과장형aggrandized pattern으로서, 주로 현대적인 의미에서 장애인에 해당하는 사람을 대단히 특별한 인물로 묘사하거나, 장애에도 불구하고 '정상인'과 다르지 않은 모습을 보임으로써 대중의 정서를 자극하는 공연이었다.[16] 두 팔이 없이 태어난 사람들은 프릭쇼 세계에서 '팔 없는 불가사의armless wonder'로 불렸는데, 발로 그림을 그리거나 뜨개질을 하고, 차를 마시거나 종이를 자르고 글씨를 썼다. 1839년 미국 조지아에서 두 팔이 없이 태어난 앤 톰슨은 종교적이고 경건한 태도로 역경을 극복한 인물로 알려지며 특별한 명성을 얻었다. 십자가 장식 자수가 덮인 상자 위에 앉아서 아들, 남편과 함께 사진을 촬영했고 사진에 "나태함과 편리함은 정신을 녹슬게 합니다" "주님 내 발에 등불을 비추소서" 따위의 문구를 적어주고 돈을 받았다.[17] 두 다리가 없는 사람들은 자신만의 아크로바틱한 움직임을 연마해 무대에 섰다. '다리 없는 불가사의legless wonder'로 불린 엘리 보언은 1844년 미국 오하이오에서 선천적으로 발과 골반을 이어주는 다리 부분이 거의 없이 태어났다. 어린 시절부터 나무토막을 두 손으로 잡고 이동했고 두 팔로 몸을 쭉 들어올려 팔 사이에서 몸통을 흔들 수 있었다. 민첩하고 강철 같은 어깨를 가진 보언은 일상의 움직임을 두 팔로 거의 수행할 수 있었고 열세 살부터는 미국 중서부 지역을 순회하는 서커스단에서 공연했다. 1870년대에는 바넘의 공연팀에 합류해 유럽투어에도 참여할 만큼 성공적인 공연자가 된다.•

뛰어난 영상미와 아름다운 음악이 가득함에도 영화 〈위대한 쇼맨〉은 피니어스 T. 바넘이라는 인물과 프릭쇼의 현실을 지나치게 미화했다는 비판을 받았다.[18] 실제로 바넘은 문화산업의 기획자로서 프릭쇼의 진실을 과장하는 수준을 넘어 사기를 쳤고, 공연자들을 대등한 파트너로 여기지 않았다는 증거들이 있다.•• '위대한 쇼맨'이 정말로 위대하지는 않았듯 프릭쇼 역사에 등장하는 공연자들도 저마다의 사정에 따라 다양한 처지에서 무대에 올랐다. '프릭'의 몸을 가진 사람

• 영화 〈위대한 쇼맨〉의 주인공 피니어스 T. 바넘과 제임스 앤서니 베일리는 1871년 바넘&베일리 서커스를 창단한다. 엘리 보언이 합류한 공연팀이 이곳이다. 보언의 이야기는 다음을 볼 것. Robert Bogdan, ibid., pp.212~215.

중 특히 발달장애가 있거나 영어를 잘하지 못하는 이주민들이 강제로 끌려와 불분명한 계약 조건하에서 착취당하는 사례가 빈번했다. 공연자들이 자신의 의지로 무대에 올랐다고 답하는 경우더라도 이들이 당시 다른 직업을 구하기가 불가능했다는 점을 고려해야 한다.[19]

프릭쇼에 참여한 모든 이를 일방적으로 속아서, 또는 생존을 위해 어쩔 수 없이 내몰린 피해자로 단정할 것도 아니다. 한 연구에서 인터뷰에 참여한 프릭쇼 공연자는 자신의 "모습 그대로를 받아들이는 공동체에 속하기 위해" 그 일을 선택했다고 말했다.[20] 몸의 차이 때문에 다수자의 세계에서는 이상한 존재로 취급받던 이들이 프릭쇼 업계에서는 받아들여졌고 어느 정도 인정도 받았다. 로버트 보그단은 프릭쇼 참가자들이 동정이나 혐오의 대상이기에 앞서 이 쇼를 지배했고, 뻔한 진실을 속이는데도 열광하며 돈을 내는 관객을 '시골뜨기'로 취급했으며, 돈을 벌기 위한 직업적 역할로서의 '프릭'과 자신을 명확히 구별했다고 강조한다.[21] 우리는 프릭쇼가 장애인을 비하한 역사라고 생각하지만(분명 그런 면이 있다) 사실 '프릭'은 주로 지체장애가 있는 사람을 지칭하던 불구cripple와 구별되는 존재였다. 프릭이 일종의 직업으로 여겨졌다면 불구는 일할 수 없는 사람을 의미했다. 프릭쇼 출연자는 자신을 '불

•• 바넘은 나이든 흑인 여성 조이스 헤스의 몸을 전시할 때 그녀가 161세의 '조지 워싱턴의 유모'라고 홍보했다. 1836년 헤스가 사망한 후에는 그녀의 신체를 뉴욕의 한 의사에게 부검용으로 넘겼고 그 의사는 언론인과 의사, 의대생 들 앞에서 헤스의 몸을 부검했다. 로즈메리 갈런드 톰슨, 같은 책, 116쪽.

구'와 차별화했다. 프릭은 불구를 동정했고 공연을 보러 온 불구들에게 공연비를 받지 않는 등 자선을 베푼 사례도 있다.[22]

그러니까 프릭쇼는 이주민과 (현재의 용법으로) 장애인에 대한 인종적, 장애차별적 역사를 가진 폭력과 착취의 현장이면서 다른 한편 사회에서 배제된 몸들이 직업적으로 활약하고 대중에게 영향을 미치는 기회였다. 프릭이 된다는 건 한 시대의 욕망과 배제가 모두 포함된 용광로로 뛰어드는 일이었다. 〈위대한 쇼맨〉 속 프릭은 바넘에게 "당신이 우리를 세상으로 끌어내주었다"고 말하는데, 이는 바넘을 비롯한 프릭쇼 제작자들을 미화하고 당대의 폭력을 외면하는 재현이다. 하지만 프릭쇼가 놀림받고 배척당하는 몸들이 '빛 속으로' 나오는 계기가 되었다는 점도 사실이다.

1895 프릭 소년

내가 1995년 한반도의 동해안이 아닌, 100년의 시간과 태평양만큼의 거리를 가로질러 1895년 미국 서해안에서 어린 시절을 보낸다고 상상해본다. 바다를 몇 킬로미터 앞에 둔 거대한 산맥의 골짜기에 자리잡은 마을에 부모님과 할머니 할아버지와 같이 산다. 그들은 특별한 교육을 받지 못했으며 미국 서부 광산 개발과 철도 공사를 따라 이주해 온 노동자들의 후손이다. 1882년 태어난 나는 10대 청소년이 되었는데, 혼자서는 집밖으로 나가지 못한다. 신문과 책을 통해 세계에서 벌어지는 소식을 접할 뿐이다. 어린 시절 아버지와 함께 가본 샌프란시스코 해안에는 거대한 바다가 펼쳐져 있었고(아쉽게도 금문교는 40여 년 후에야 건설된다), 그 바다 건너 동양에 일본이라는 나라가 있다는 이야기도 들어서 안다. 몸을 돌려 바다 반대편을 향해 끝없이 나아가면 미대륙을 가로지르게 되고 그곳에서 다시 먼바다를 건너면 화려하고 멋진 사람들이 모두 모여 있다는 파리가 있다(거기에는 내 몸을 닮은 유명한 화가가 산다는 소문이 있다. 정말일까?). 세계에서 가장 큰 런던의 항구는 어떤 모습일까? 1895년 샌프란시스코 일대에서는 이사도라 덩컨의 가족들이 만든 무용단이 순회공연을 하고 있다. 시내에 나가 공연을 우연히 보았다는 동네 친구 녀석은 이사도라 가족이 모두 그리스인처럼 아름답다며 허풍을 떤다. 이사도라의 가족은 곧 뉴욕으로 떠나서 나는 그들의 공연을 볼 기회를 놓친다.

덕분에 나는 춤에, 공연에 호기심이 생긴다. 동네에서도 파티가 열리면 어른들이 술에 취해 마음대로 몸을 흔들고, 샌프란시스코를 오가며 장사를 하는 젊은 형과 누나들은 동양에서 시작되었다는 '밸리댄스'라는 신비한 춤에 대해 말해주기도 한다. 나는 궁금한 것이 많지만 가족들은 내가 나이들수록 밖에 데리고 다니기 부담스러워한다. 덩치가 커진 친구들은 농장에서 일하거나 돈을 벌기 위해 샌프란시스코로, 시카고로 떠난다. 나는 점점 고립된다. 어느 날 뉴욕에서 커다란 극장을 운영한다는 사람이 휴가차 서부를 여행하다 우리 동네에 오고, 내 소문을 듣는다. 집 중앙 탁자 앞에 앉아 신문을 넘기던 나는 낯선 사람의 방문을 받는다. 그는 한참 동안 이리저리 관찰하더니 묻는다. "너 팔이 아주 강해 보이는구나. 평소에는 어떻게 생활하니? 바닥에서 두 팔로 움직이니? 기어서?" 나는 그렇다고 말하고 쭈뼛거리며 그 앞에서 내가 어떻게 생활하는지 보여준다. 평생 친구도 없이 집안에 박혀 살게 될 아들이 안타까운 부모님은 조심스러워하면서도 그 남자에게 기대를 걸고 내게 말할 것이다. "네가 할 수 있는 걸 보여드리렴." 나는 두 팔로 몸 전체를 들어올려 그대로 팔굽혀펴기를 시도하고, 바닥을 구르고, 벽난로가 놓인 한쪽 끝에서 침대가 있는 반대쪽 끝까지 펄쩍펄쩍 뛰듯이 (기어서) 질주한다. 남자는 만족스러운 표정을 짓고는 내가 글자도 읽을 줄 알며 세상일에 이런저런 관심을 가진 똘똘한 소년이라면서 자신이 뉴욕으로 데려가 큰 성공을 거둘 수 있게 도와주겠다고 말한다. 어떤 종류의 일인지 묻자 그는 커다란 극장에서 관객들 앞에 서는 일이라고 말해준다. 나는 어리둥절한 채 묻는다 "사람들이 비웃으면 어쩌죠?" 그가 답할 것이다. "이왕이면 돈을 받고 비웃음당하는 게 좋지 않겠어? 사람들은 분명 너를 보고 놀라게 될 거야."

퀴어queer는 과거 성소수자를 비하하는 표현이었지만 시민권 운동과 성소수자 해방운동을 거치며 이제는 당사자들의 자긍심을 표현하는 용어가 되었다. 어떤 이들은 강력한 낙인이 찍힌 말이나 역사적 사건의 의미를 주도적으로 전복함으로써 새로운 역사를 쓰고, 자기 정체성과 자긍심의 토대를 세운다. 프릭은 어떤가? 프릭쇼의 역사는 나를 포함해 '기이한 몸들'이 움직임의 기원을 찾아 탐험할 가치가 있는 역사일 수 있을까?

성소수자이면서 뇌성마비를 가진 작가 일라이 클레어는 퀴어와는 달리 프릭이라는 용어를 자긍심의 원천으로 삼기란 조심스럽다고 털어놓는다. 프릭이라는 말에는 장애뿐 아니라 인종차별과 식민주의의 역사가 복잡하게 얽혀 있다. '성공한' 장애인 프릭은 식민지에서 끌려온 소수인종을 무대에 세우는 제작자이기도 했다. 다른 한편, 장애가 있는 개개인은 여전히 일상에서 '프릭쇼'를 경험하고 있지 않은가? 장애가 있는 아이들의 몸을 드러낸 모금 포스터, 정치인을 비롯해 유명 인사들이 장애인 거주시설에 방문해 하루 봉사활동을 하며 찍는 사진들에서 일라이 클레어는 프릭쇼를 본다. 어린 시절 병원의 의사들 앞에 발가벗겨진 채로 치료와 관찰이라는 명목하에 몸을 내보였던 순간을 생생하게 떠올린다. 장애인의 몸에 대한 통제력을 침해하고 대중의 관심과 욕망에 부응하도록 몰아가는 모든 종류의 문화적 현상에는 프릭쇼의 관음증적 욕망이 그 형식만 뒤바꾼 채 도사리고 있다.[23]

일라이 클레어의 의견에 동의한다. '프릭'이라는 말을 나 역시 자긍심을 담은 용어로 사용할 생각은 없다. 그럼에도 나는 그 시절 프릭쇼 무대에 오르기로 한 사람들에 대해 구체적으로 상상할수록 그들에게서 현실의 한복판에 뛰어드는 용기를 본다. 그중 적지 않은 사람들에게는 생존을 위한 불가피한 선택이었지만, 19세기 말 미국에서 그들은 구걸을 하거나 종교시설에서 목숨을 부지할 수도 있었다. 프릭쇼 무대에서 펼쳐지는 문화 '콘텐츠'는 허위로 가득했지만, 그들의 몸을 프릭으로 분류해 비웃고 배제하고 냉대하면서도 관음하는 욕망이 당시의 현실이었다는 점에 주목해보자. 1895년 샌프란시스코에 살던 '프릭' 소년은 운이 좋다면 경건하고 신실한 기독교인 가족들 사이에서 평생 밥을 굶지는 않고 살 수 있었을 것이다. 그는 지중해를 닮은 온화한 날씨와 평화로운 농장에서 19세기 말 미국의 경건주의 기독교 사상에 푹 빠져서, 또는 헨리 데이비드 소로의 『월든』을 읽고 문명과 세속의 덧없음을 (경험하지도 않고서)• 일찍 깨달은 양(혹은 고양이를 먹으면 걸을 수도 있다는 조언을 따라 일주일에 한 번씩 고양이 수프를 먹으며) 당대 한 인간으로서 욕망과 사랑과 분노가 들끓는 '현실'을 외면할 수도 있었다. 그러나 어떤 이들은 '기이한' 몸을 움직여 도시로 나갔으며, 일부는 프릭쇼라는 무대에 섰다.

1995년의 나도 가상의 구원이나 만족에서 벗어나 세상 밖으로 나가기로 결심했다. 이후부터 장애로 변형된 몸을 위

• 『월든』은 미국의 초월주의, 생태주의 사상을 담은 핸리 데이비드 소로의 에세이다. 초월주의transcendentalism는 19세기 소로를 비롯해 시인 랠프 월도 에머슨과 월트 휘트먼 등 미국문학의 주인공들, 시적 화자들이 이끈 사상적·문화적 흐름이었다. 이들은 자연을 정복하고 개선하며 인류의 진보를 꿈꾸는 유럽의 계몽주의적인 지적·문화적 흐름을 비판하면서 자연과 만나는 '미국만의 새로운' 길을 탐구했다. "문명으로 왜곡되지 않은 자연 상태로 돌아갈 때 인간은 순화된 지성을 간직할 수 있다"고 믿었고 구세계와 깊이 이어진 "역사와 문명을 넘어서려는 초월적 욕구"를 품었다. 미국 초월주의 작가들에 대한 논의는 이 논문을 참고할 것. 신정현, 「Walt Whitman 초월주의 신학」, 『인문논총』 제40집, 서울대학교 인문학연구원, 1998, 103~136쪽.

장하고 지식과 교양으로 무장해 사람들 앞에 서려고 노력했다. 100년 전 샌프란시스코에서 태어나 뉴욕으로 간 '프릭' 소년의 마음도 크게 다르지 않을 것이다. 다만 내가 장애를 가리는 문화적·지적 휘장을 두르고 최대한 '정상적이고 평범한 시민의 한 명'으로 위장할 방법을 모색했다면, 1895년의 프릭 소년에게는 그런 선택지가 없었다. 오히려 그는 현실을 살아내기 위해 자신의 변형된 몸을 정면으로 응시하고서, 괴물과 야만, 신비와 기이함을 극대화하는 길로 나아간다. 이는 장애를 감추는 것보다 훨씬 더 용기가 필요한 일일 것이다. 자신에 대한 대중의 노골적인 시선을 돋보기로 태양열을 모으듯 강렬하게 끌어당기는 길을 나는 상상도 못한다.

물론 어떤 의미에서는, 프릭쇼 출연이 대중의 욕망에 맞춰 자기 몸을 판 것에 불과하다고 볼 수도 있다. 현실적이고 세속적인 삶을 향한 열망에 사로잡힌 프릭 소년은 자기 존엄을 프릭쇼 무대 위에서 내다던진 걸까? 이에 관해 도덕적 판단을 할 자격이 내게는 없다. 다만 우리는 모욕당하면서도 수치심에 빠지지는 않을 수 있음을 강조하고 싶다. 만약 당신이 절도나 성폭행 범죄를 저질렀다는 누명을 쓰고 대중의 비난을 받는 연예인이라면 외출할 때마다 심한 모욕감을 느낄 것이다. 하지만 정말로 그런 짓을 저지르지 않았다면 부끄러운 자기혐오에서 허우적대지 않을 수 있고, 그래도 괜찮다. 나는 프릭쇼의 주인공들이 종종 모욕감에 잠을 설쳤으리라 생각한다. 자기 몸을 향해 관객이 보내는 조롱과 멸시는 익숙해지기 어려울 것이다. 괴물이라고, 죽어버리라고 욕지거리하는 취객에게 받은 돈으로 빵을 살 때는 굴욕감이 온몸을 휘감았을 테다. 그럼에도 그는 수치스럽지 않았을 수 있다. 자신의 몸이 진짜 '괴물'이 아니며, 자신이 이 세상의 멸시와 배제를 예상하고도 세상 밖으로 나와 당당히 무대에 섰다고 믿었다면 그는 스스로 깊은 존중감을 포기하지 않은 것이다.• 그렇다고 프릭쇼가 '좋은' 공연이 된다는 뜻은 아니다. 이 문제는 복잡하며 이 책의 9장에서 조금 더 살펴볼 것이다. 다만 나는 이 용기를, 쉽지 않은 현실 한가운데에서 자기존중을 포기하지 않은 공연자의 긍지를 기억하고자 한다.

일라이 클레어가 지적하듯 프릭쇼를 둘러싼 복잡다단한 역사에는 당연히 주의를 기울여야 한다. 1895년의 프릭 소년 중 누군가는 자기존중을 포기하지 않고 현실로 나아가 무대에서 춤을 추었겠지만, 누군가는 정신적 장애나 극도의 빈곤, 누군가의 강제 때문에 프릭쇼 무대로 떠밀려 올라갔으며, 그곳은 흥미롭고 생생한 현실이 아니라 또다른 (착취적) 가상에 불과했을 것이다. 19세기 말에서 20세기가 시작되던 무렵

• 여기서 나는 수치심shameness의 핵심을 스스로에 대한 자기평가가 수반된 감정으로 전제한다. 이것을 모욕humiliation과 구별하는 견해가 있다. 철학자 단 자하비Dan Zahavi는 모욕을 겪는 당사자가 자신을 굴욕적으로 만든 그 기준에 동의하지 않고 평가하는 자를 경시한다면 수치심을 느끼지 않을 것이라고 말한다. 그러나 우리는 강하고 지속적으로 굴욕적 상황에 노출되는 가운데서 근본적인 정체성이 오염되었다고 느끼며, 그 결과 자기를 수치스럽게 여기는 상태에 이를 수도 있다. 예를 들어 성적 학대의 피해자는 자신이 겪은 부당한 폭력의 기준에 동의하지 않고 가해자의 행위를 조금도 이해할 마음이 없음에도, 자신이 더럽혀졌다는 생각으로 수치심을 느낄 수 있다. 단 자하비, 『자기와 타자』, 강병화 옮김, 글항아리, 2019, 407~409쪽.

세계는 이렇듯 프릭을 포함해 '타자'라고 불린 다양한 존재들을 세상의 중심으로 호출했고, 그 안에서 누군가는 해방과 전복을, 누군가는 억압과 착취를, 혹은 둘 모두를 겪었다. 무용수는 온몸으로 대중 앞에 섰기에 타자를 둘러싼 욕망과 배제의 힘 한가운데서 특히 두드러지는 존재였다.

“프릭쇼는 이주민과 장애인에 대한

인종적, 장애차별적 역사를 가진

폭력과 착취의 현장이면서

다른 한편 사회에서 배제된 몸들이 직업적으로 활약하고

대중에게 영향을 미치는 기회였다.”

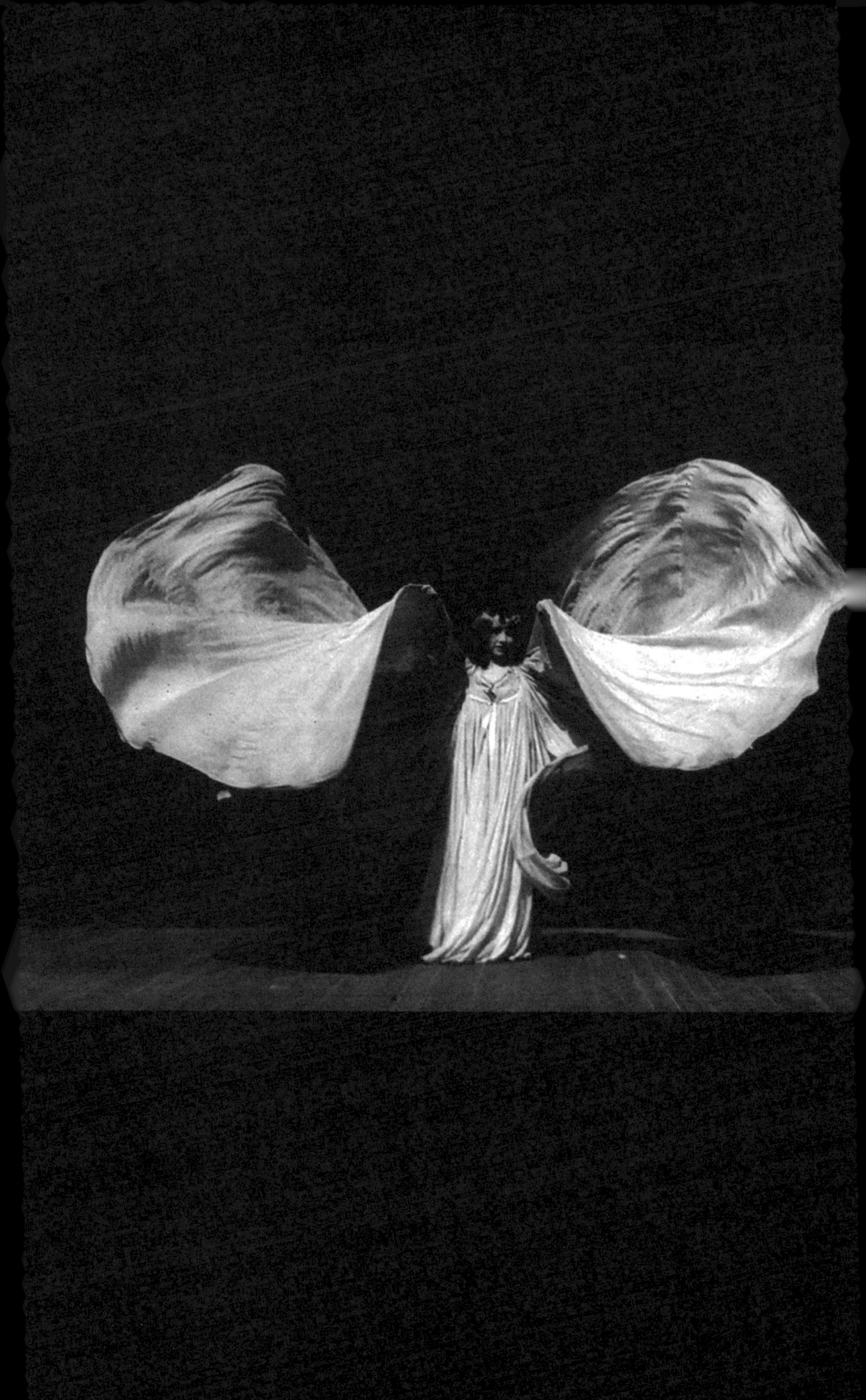

로이 풀러의 무대, 1902

"로이 풀러는 양팔로 막대기를 들고
팔을 쭉 뻗은 채로 거대한 휘장을 뒤집어썼다.
그 상태로 화려한 빛 속에서
막대기를 든 팔을 휘두르며 휘장을 펄럭였다."

"서양의 문명 수준을 상징하는
전기와 빛을 다루는 전문가면서
동시에 '아르누보'로 불린
신비하고 동양적인 미적 감성을 무대에서
탁월하게 연출하는 무용수였다.
그는 서양의 기술적 '빛'과
동양에서 비추는 예술적 '빛'을 모두 품은 존재였다."

시선의 안과 밖

세 번째

꽃핀 아이들의 그늘에서

4층 교실 창문 너머로 목을 내밀면 체육복을 입은 아이들이 본관 건물 앞을 지나다니는 모습이 보였다. 좁은 길 양옆을 벚꽃이 뒤덮은 날이라, 분홍색 꽃 틈으로 아이들의 검은 정수리가 나타났다가 사라졌다. 고개를 들어 조금 멀리 바라보면 운동장을 뛰어다니는 아이들이 눈에 들어왔다. 창문 안쪽의 텅 빈 교실은 그만큼 더 어둡고 조용했다. 체육선생님은 내가 운동장에 나오기를 바랐지만 딱히 다른 수업 방식을 준비한 것도 아니었다. 나는 교실에 남기를 원했다. 운동장에서 우두커니 뭘 하라는 말인가. 아무도 없는 한낮의 공백이 좋았다.

가끔은 배가 아프다며 수업중 교실 문을 열고 뛰어들어오는 아이들이 있었다. 땀냄새나는 불그스름한 얼굴로 숨을 몰아쉬며 아이는 털썩 의자에 앉았다. 대개는 휴대폰을 만지작거렸을 뿐 배를 만지지는 않았다. 한 명이라도 교실에 있으면 평온이 유지되지 못했다. 다행히 그날은 아무도 들어오지 않았다. 오후 1시에 시작한 체육수업이 거의 끝날 때까지는.

수업종이 울리기까지 십 분가량 남았을 때 이신형이 작고 검은 가방을 메고 체육복이 아닌 교복을 입은 채 교실로 들어왔다. 이제 막 등교한 것이었다. 1학년 1학기가 시작한 지 한 달이 훨씬 지났지만 같은 반인 우리는 말을 나눈 적이 없었다. 개학 첫날부터 나는 이신형이 나와는 다른 종의 인간임을 간파했다. 이신형은 머리카락, 목, 팔, 다리가 모두 길었다.

교복은 몸에 딱 맞게 수선해 입었고 허리에 닿을 듯한 머리칼은 햇빛을 반사할 것 같은 검은색이었다. 수업시간에는 거의 잠을 잤던 것 같다.

반면 나는 교실 가장 끝줄에, 뒷문 바로 옆 구석자리에 앉았다. 수업시간에는 대체로 집중했고 내용도 잘 이해했지만, 쉬는 시간이 되면 엎드려 잠을 자거나 몇몇 조용한 남자 아이들과만 대화를 나누었다. 그 외에는 주로 다른 아이들을 이런저런 눈으로 바라봤다. 고등학교 1학년 4월, 내게는 아이들의 모습과 교실 풍경이 모두 새로운 문명이었다.

"지금 체육인가요?"

공부하는 척 수학 문제집을 펼쳤다가 예상치 못한 질문을 받고 나는 이신형을 올려다보았다. 체육시간임을 모를 리 없다. 칠판 오른쪽에 커다란 시간표가 붙어 있고, 학기가 시작한 지 이미 한 달이 훨씬 지났으니까. 스스로 충분히 알 것을 물었다는 건 시간이 궁금해서가 아니라는 뜻이었다. 나는 시간표를 잠시 응시하고서 답했다.

"어, 그러네."

"오빠는 이 시간에 매번 이렇게 혼자 있어?"

동기들보다 두 살이 많아 몇몇 가까워진 아이들이 나를 형이나 오빠라고 부르긴 했지만, 이신형이 내 나이를 안다는 사실에 조금 당황했다.

"어…… 그런데 뭐 좋아. 잠자고 공부하고. 맨날 체육이면 좋겠어."

나는 있는 힘껏 목을 쭉 빼며 말했다.

"부럽네. 나도 체육시간에 안 나가고 싶어."

자주색으로 빛나는 작고 네모난 가방에서 필통과 잡동사니를 꺼내며 이신형이 다시 물었다.

"공부 재밌어요? 공부 잘한다고 하던데."

"재미는 없지만, 그냥 하는 거지."

"좋겠다. 내가 오빠처럼 머리가 좀 좋았어도."

'뭐라고? 너는 걸어다니는 그리스 조각상 같은데……'라고 나는 마음속으로 생각했다. 이신형과 내가 체육시간에 운동장이 아닌 교실에 있는 것이 어쩐지 신기하게 느껴졌다. '망가진' 몸과 '조각상 같은' 몸이, 이 엄청나게 아름다운 날씨에 왜 같이 그늘에 남아 있는 걸까.

"좋겠다. 내가 너처럼 손만 잘 썼어도."

김태훈은 말했다. 내가 특수학교를 떠나 일반고등학교에 진학한다고 알렸을 때였다.

"형은 다리가 엄청 튼튼하잖아"라고 대꾸했지만 그때 특수학교 아이들은 온전히 걷지 못할 바에는 손을 사용하는 데 제약이 없는 편이 '일반의' 세계로 나가기 더 유리하다고 믿었다. 장애인은 어떻게 '(일반) 학생'이 되는가? "걸을 수 없지만, 앞을 보지 못하지만, 소리를 듣지 못하지만 똑같은 학생이다"라고 설득하는 가장 유효한 방법은 뭘까.

21세기가 막 시작했고 우여곡절 끝에 나는 '특수'에서 '일반'의 세계로 진출했다. 그곳은 커다란 극장 같았다. 어디에서나 내 몸이 전시된다고 느꼈다. 식당에 가도, 교실에 앉아 있어도, 화장실에 가기 위해 복도로 나와도, 교복을 입고 큰 키와 곧은 팔다리로 달려가는 10대 천 명의 시선 앞에 노출되어 있었다. 돌아보면 '프릭쇼'에 무력하게 내던져진 그런 기분이었다. 아무도 나를 닮지 않은 10대 관객들 앞에서 나는 특수학교에 있던 시절보다 더 정교하게 몸을 다듬었다. 휠체어 바닥에 깔고 앉던 백과사전을 더 두껍고 전체 표면적은 작은 스티로폼 방석으로 대체했다. 높고 좁은 곳에 앉을수록 척추가 꼿꼿해진다. 엉덩이의 한 점(푸앵트pointe)으로 체중을 지탱하는 기술. 팔과 다리는 더 길어 보이게. 중력에 맞서는 문명인 되기 프로젝트.

"오빠는 사고를 당한 건가요?"

체육수업이 끝났는지 아이들이 운동장에서 교실로 오는 시끌벅적한 소리가 바깥에서 들릴 때 이신형이 물었다.

"태어날 때부터 그랬어."

약간 불쾌했지만 아무렇지 않은 척 표정을 통제하며 답했다. 뒷문 옆 구석자리에 앉아 있는 내게 그 아이가 왜 관심을 가지는지 여전히 신기했다. 곧 남자아이들이 욕설 섞인 장난을 하며 뛰어오는 소리가 들렸다.

"우리 둘 다 체육 싫어하니까 다음에 또 이야기해요."

그날, 아이들 사이에서 전시당하는 존재가 나만은 아닐지도 모른다는 생각이 들었다. 나는 이신형을 늘 바라보았으면서도 정작 그 앞에서 아무런 할말이 떠오르지 않았다. 왜였을까. 학교라는 박물관에서 타인의 몸을 그저 응시한 쪽은 누구였을까.

동양에서 온 무용수

11년마다 한 번씩 개최되는 파리만국박람회가 1900년 봄 그 어느 때보다 큰 규모로 개장했다. 박람회장은 센강 양안의 넓은 장소에 걸쳐 설치되었다. 1889년 박람회를 기념하여 건립된 에펠탑이 위용을 뽐내고 있었고, 땅 아래로는 파리 지하철 1호선이 운행을 시작했다. 관람객의 편의를 위해 3킬로미터에 달하는 전동무빙워크가 전시 공간 주위를 따라 움직였다. 106미터 높이, 1600명을 태울 수 있는 관람차 파리 그랑 루Grande Roue de Paris가 솟아올랐고 화려한 전기조명과 조명 위로 솟구치는 분수대로 유명한 그랑팔레도 개장했다. 관람객은 이 드넓은 장소에서 각종 전시관, 정원, 식당, 극장 등을 둘러볼 수 있었다.[1] 유럽의 식민지를 포함해 세계 각 지역에서, 여러 국가들이 자신들의 문화와 기술을 알리는 전시관을 열었다. 새로운 기술과 이국적인 문화가 가득했고, 19세기를 이끌었고 20세기를 열게 될 예술가들이 박람회장에 모여들었다. 스페인 출신의 열아홉 살 청년이 박람회에서 전시 기회를 얻었는데, 이름은 파블로 피카소였다. 예순 살을 맞은 조각가 오귀스트 로댕은 자신의 조각품을 전시하는 〈로댕관〉을 박람회장 정문 바로 앞에 열었다. 파리에 막 도착한 스물세 살의 이사도라 덩컨은 매일같이 박람회장을 찾았다.[2]

박람회장은 서구 문명의 찬란함을 증명하는 에펠탑과 그랑팔레의 높고 영롱한 조명기술, 화학자 마리 퀴리를 통해 그 실체가 드러나기 시작한 방사능(방사성 에너지)에 대한 기대가 가득했다. 과학이 아닌 예술 분야에서는 그 '빛'의 상당 부분이 비유럽, 특히 동쪽에서 왔다. 박람회 영문 안내서는 "동양의 하렘, 시리아의 무희, 태국의 마술사, 디오라마, 원형 극장" 등을 소개하느라 분주했다.[3] 미국에서 건너와 조명과 휘장으로 파리의 관객을 매료한 무용수 로이 풀러는 1900년 박람회에서도 가장 주목받는 인물이었다. 서양의 문명 수준을 상징하는 전기와 빛을 다루는 전문가면서 동시에 '아르누보'로 불린 신비하고 동양적인 미적 감성을 무대에서 탁월하게 연출하는 무용수였기 때문이다. 로이는 서양의 기술적 '빛'과 동양에서 비추는 예술적 '빛'을 모두 품은 존재였다. 그 상징성을 입증하듯 로이는 프랑스 출신이 아닌 예술가로서 유일하게 자기 이름을 건 전용극장을 박람회장 정문 가까이에 설치할 수 있었다.

로이의 전용극장은 큰 인기를 끌었고 그중에서도 일본에서 온 가와카미 극단의 공연이 관람객을 사로잡았다. 특히 여성배우이자 무용수 사다야코가 보여주는 연기와 춤에 유럽 예술가들이 빠져들었다. 사다야코는 사랑하는 사람의 배신으로 질투와 분노에 휩싸여 춤을 추다가 사랑하는 사람의 연인을 죽이고 자신도 죽음을 맞이하는 게이샤나, 불륜을 저지른 남성의 칼에 스스로 희생되는 비극적인 여성을 연기했다. 이사도라 덩컨은 박람회에서 가장 강렬한 인상을 받은 작품으로 로댕의 조각과 함께 사다야코의 춤을 꼽았다.[4] 열아홉 살의 피카소는 사다야코의 춤에 반해 그녀의 초상화를 그렸다.

로이 풀러보다 아홉 살이 어리고 이사도라 덩컨보다는

여섯 살 많은 가와카미 사다야코川上貞奴, 1871~1946는 도쿄에서 태어나 어린 시절 게이샤의 집에 입양되었고 열두 살 때 다른 게이샤들과 함께 무대에 섰다.[5] 스물세 살에 도쿄에서 일본 신파극의 대표주자 가와카미 오토지로의 공연을 보곤 게이샤 경력을 포기하고 오토지로와 결혼했다. 오토지로는 규슈 출신으로 자신의 정치적 이념이나 현대적인 주제를 일본의 전통 공연예술인 가부키에 담아내는 극을 추구했다.

가와카미 오토지로의 작품은 일본에서 대중적으로 성공을 거두었고, 미국 순회공연 기회를 얻은 그의 극단은 1899년 5월 태평양을 건너 샌프란시스코에 도착한다. 사다야코도 함께였는데 배우로서가 아닌 오토지로의 아내로서 그를 돕기 위해 온 것이었다. 일본의 전통극 가부키에는 여자배우가 등장하지 않았으며 남자배우가 여자 역할을 맡았다. 공연팀은 미국 서부 해안가를 따라 북쪽으로 이동하며 순회공연을 이어갔다. 순회공연을 막 시작한 무렵 사다야코는 호텔에 들어가다 자신의 사진이 곳곳에 붙어 있는 것을 발견한다.

> 제가 기획자한테 저게 도대체 뭘 의미하는 거냐고 물었더니 저한테 한다는 대답이 "이 나라에서는 여성이 연기해야만 합니다"라는 겁니다. 그거야말로 크게 실수하는 거라고 제가 그랬죠. 저는 여기 공연하러 온 사람이 아니고, 무대에 설 사람은 가와카미 〔오토지로〕 씨라고도 전했어요. 그리고 〈일청전쟁〉이 공연될 거라고도 알려줬어요. 그랬더니 그쪽에서 이럽디다. "안 됩니다. 그렇게 될 수는 없어요. 미국 사

람들은 일본과 중국의 차이를 알지 못해요. 그냥 다 같은 나라일 뿐인 거죠. 만약 당신들이 그런 작품을 공연한다면 아무도 보러 오지 않을 겁니다. 그러니 당신이 여배우가 돼야만 해요."[6]

사다야코는 예정에 없이 무대에 올라 춤을 추고 연기를 했고, 가와카미 오토지로는 일본의 가부키를 혼합해 서양인들의 관심을 끌 만한 극으로 재구성했다. 〈게이샤와 무사〉 〈케샤〉 같은 작품이 그렇게 탄생했다. 극단은 꽤 성공을 거두어 영국에서 공연할 기회도 얻게 된다. 1900년 봄까지 시카고, 보스턴, 워싱턴, 뉴욕에서 공연을 마치고 5월 8일 영국으로 건너가 런던에서 관객을 만났다. 그때 유럽에서 가장 유명한 무용수 중 한 사람이었던 로이 풀러가 찾아와 파리만국박람회에 설치된 자신의 공연장에서 공연을 해달라고 요청했다. 사다야코는 그렇게 파리 무대에 선 것이다.

영국 공연은 반응이 나쁘지 않았지만 일부 언론과 비평가들은 긍정적이지 않은 의견을 내놓았다. 절박한 사랑이나 죽음 앞에 놓인 인간의 본능적인 모습을 사실적으로 표현한 공연이라고 칭찬하면서도 "정확하긴 하지만 불쾌한" 사실주의 공연이라고 평가했고, 가와카미 극단에 대해서는 "똑똑하고 잘 훈련된 어린아이들처럼 연기하는 공연팀"이라고, 사다야코의 연기는 지나치게 "동물적"이고 감정 묘사는 "원시적이고 단순하다"고 했다. 얼굴을 새하얗게 칠하는 가부키 분장을 하고 나무토막이나 인형처럼 기이하게 움직이다가 죽음의 순간을 맞는 사다야코의 춤과 연기에는 "번뜩이는 수사적 책략이나 깊이 있는 내적 독백이 부재한" 직설적이고 즉물적인 표현만이 보인다고 평했다.•

프랑스에서는 달랐다. 이사도라 덩컨, 파블로 피카소를 비롯해 파리만국박람회를 찾은 많은 예술가의 마음을 사로잡았을 뿐 아니라 평론가들의 반응도 긍정적이었다. 흥미로운 점은 이들 역시 사다야코의 움직임에서 '원시성'을 보았다는 것이다. 가와카미 오토지로는 일본의 전통예술을 현대적으로 극화해서 서양 관객들을 공략할 수 있다고 믿었지만, 서양 관객들은 일본의 원시적인 모습에 이끌렸다. 프랑스 저널리스트이자 극작가 앙리 푸키에는 영국 비평가들이 부정적으로 평가한 바로 그 요소, '내적인 성찰이나 수사적인 책략' 없이 강렬하고 단순한 감정들만으로 복잡한 심리적 통찰을 드러내는 데 주목했다. 그는 사다야코가 표현하는 일본이 현대의 일본이 아니라 기쁘다면서 "박람회장의 일본은 지난날의 오래된 아름다움을 지닌, 여전히 봉건적이고 소박하며 폭력적인 곳이며, 무사와 성스러운 창녀가 살고 있고, 명예를 위해 스스로 배를 가르는" 장소라고 묘사했다.[7]

• 당대 영국에서 영향력 있는 평론가였던 윌리엄 아처Willam Archer 등이 이렇게 생각했다. Yoko Kawaguchi, *Butterfly's Sisters: the Geisha in Western Culture*, New Haven: Yale University Press, 2010, pp.177~179. 이런 평론들은 파리 방문 전이었던 1900년 첫번째 영국 공연 때 제기된 것이 아니라, 파리 공연을 마치고 1900년 11월 일본으로 돌아간 가와카미 극단이 1901년 초여름 유럽투어를 위해 두번째로 영국을 방문해 진행한 1901년 6월 공연에 관해 나온 것이다.

청일전쟁에서 승리하며 무시할 수 없는 근대국가로 세계 무대에 등장한 일본에서 온 가와카미 오토지로는, 당대 일본의 현대성과 전통을 조화시킨 가부키를 공연하기 원했지만 서양 관객들은 '오래된 일본'의 원시성에만 관심을 드러낸 것이다. 앙리 푸키에가 위에서 묘사한 공연은 〈케샤〉였는데, 오토지로가 개작한 이 극에는 원래 할복 장면이 없었다. 〈케샤〉에서 강도들에게 납치된 주인공 케샤를 사무라이 엔도가 구해주면서 두 사람은 사랑에 빠진다. 엔도가 긴 여행을 떠난 사이 케샤는 와타나베와 결혼하고, 여행에서 돌아와 이 사실을 알게 된 엔도는 분노한다. 케샤는 엔도에게 자신들의 사랑을 위해 남편을 죽이라고 제안하며 남편 와타나베가 잠자는 시간과 장소를 알려주고는, 자신이 대신 그곳에서 잠을 자다가 엔도의 칼에 죽는다. 엔도와 와타나베 모두 죄책감과 상실감에 승려로 귀의한다. 이 공연을 두고 로이 풀러는 파리 시민들이 수십 년 전부터 일본인의 할복을 궁금해했다면서 인물들이 할복하는 장면을 넣으라고 요청했다. 또 죄 없는 여인 케샤를 죽인 엔도가 아무 처벌도 받지 않고 승려가 되는 결론이 부당하다고 주장했다. 오토지로는 죄악을 저지른 인물이 종교적인 존재로 변화하는 지점이 이 이야기의 핵심이라고 강조했지만 이해받지 못했다. 오토지로와 로이의 의견 차이가 하도 심해서 프랑스 주재 일본 공사가 중재에 나섰을 정도였다. 결국 오토지로는 로이의 의견을 받아들여 할복 장면을 포함시켰다. 로이는 자신의 극장에서 펼쳐질 공연을 이렇게 홍보했다. "오늘 저녁 오토지로와 사다야코가 무대 위에서 할복 퍼포먼스를 할 예정!"[8]

사다야코에 대한 열광은 새로운 현상이라기보다 19세기 중반부터 형성된 동양에 대한 유럽인들의 환상에 기반한 것이었다. 동양은 서양에 성적 환상과 원시적인 열정을, 계몽주의적 이성과 과학정신 외부에 남겨진 낭만적인 순박함을 상기시키는 한줄기 빛이었다. 서양(남성)에서 이 빛을 형상화하기 가장 좋은 매체는 여성 무용수의 신체였다. 일본의 민화 우키요에의 모델인 게이샤들, 이집트의 밸리댄서들, 발리와 태국의 무용수들은 유럽인들에게 아름다움과 방탕함이 뒤섞인 감각을 불러일으켰다. 호화롭고 이국적인 움직임은 환영받았고 동시에 그들은 매매가 가능한 성적인 상품으로 인식되었다.[9]

서양의 관객은 타자의 이야기, 타자의 춤을 원했으나 그것은 자신들이 보고 싶은 타자의 모습이었다. 타자를 진정으로 이해하려는 마음은 크지 않았다. 자신 역시 이주민 여성으로서 파리의 '타자'였던 로이 풀러도 다르지 않았다. 로이는 가와카미 극단의 기획자가 되어서 유럽투어를 후원했는데, 자서전에서 사다야코를 극찬하면서도 먼 나라 다른 문화권에서 온 극단원들의 문화를 존중하기보다는 다소 조롱하는 태도를 보인다. 일본에서 온 서른 명의 단원은 어디를 가든 쌀과 소금에 절인 생선, 버섯 등 일본식 식재료가 필요했고, 이 식재료를 담은 짐을 기차에 실을 때마다 자신이 역무원에게 사정사정했으며, 결국에는 투자 비용도 회수하지 못했다고 투덜댄다.[10] 우리는 가와카미 극단을 이해할 수 있다. 어떻게 빵조각과 기름진 고기만 먹으며(김치도 없다) 유럽에서 공연을 하라는 말인가. 로이에게 가와카미 극단은 '타자'로서 매혹적인 예술상품이었을지는 몰라도 존중받을 만한 문화예술 파트너는 아니었던 것 같다.

공연예술 연구자 손옥주는 이렇게 사다야코가 미국과 유럽을 순회하며 자각한 일본 춤이란 곧 서구의 눈을 통해 바라보는 일본을 내면화한 것이었다고 지적한다. "한편으로 동시대 서양문화를 학습함과 동시에, 다른 한편으로 '본래적 authentisch' 일본 문화에 대한 서양 관객들의 기대 양상을 학습하고 거기에 순응"했던 것이다.[11] 서양의 눈으로 자신을 보는 것. 변방의 존재는 세계의 중심에서 환대를 받든 놀림을 당하든 그 시선으로 자신을 볼 수밖에 없다. 유럽을 순회하는 기차 안에서 소금에 절인 생선처럼 피로에 절어 있었을 사다야코를 상상한다. 기차 안은 아마 자신과 같이 일본에서 온 사람들을 제외하면 거의 모두가 백인 승객이었을 것이고, 그들은 문명의 중심부에 사는 사람들에게 익숙한 매너와 습관으로 식사를 할 것이다. 일본 역시 서둘러 유럽을 좇아왔으니 사다야코도 유럽식 식사 매너를 모를 리 없다. 하지만 그곳은 일본이 모방한 유럽이 아니라 '진짜' 유럽이므로, 한 치의 오차도 없어야 할 테다. 공연장에서 사다야코는 실제 일본에는 존재하지 않을 법한 인물을 '일본적인 것'으로서 연기하여 인기를 끌었지만, 기차 안에서는 절인 생선이나 쌀로 만든 요리를 쉽게 꺼내먹지 못했을 것이다. 그것은 연기가 아닌 '진짜' 일본이었고, 그 일본은 유럽인들의 응시 앞에 감히 드러날 수 없었다.

응시를 응시하는 눈

시선이 중요하다. 공연을 준비할 때 나는 시선 때문에 고생한다. 오래 훈련받은 무용수들처럼 움직임과 시선을 능숙하게 일치시키거나 흥미롭게 불일치시키지 못하는 건 어쩔 수 없다. 연습이 필요하다. 문제는 무엇인가를 종종 '잘못' 응시하는, 몸에 붙은 습관이다. 시선은 그저 보는 것이 아니라, 실은 움직임이다. 눈동자는 물론이고 몸 전체의 이동과 관련이 있다. 항공사 승무원처럼 신뢰와 안정감이 중요한 직무를 수행하는 전문가들은 눈동자나 고개가 아니라 가능한 한 몸 전체로 상대를 바라보라는 훈련을 받는다. 눈동자의 움직임이 크고 몸통의 움직임은 작은 시선은 의도와 상관없이 받아들이는 사람에게 의혹이나 반감, 비존중의 신호로 해석되기 쉽다.

내 문제가 여기서 비롯되었다. 휠체어를 탄 채로 제자리에서 방향을 틀 때는, 두 발로 서서 방향을 바꿀 때와 달리 휠체어의 길이를 반지름으로 하는 호를 그려야 한다. 움직임이 큰 만큼 의식적인 동작이 필요하고 그때 차지하는 공간도 적지 않다. 나는 어딘가를 볼 때 몸을 거의 돌리지 않고 시선을 보내는 경향이 있으며, 그 탓에 내 눈빛은 다소 불안하고 어수선해 보였다. 이런 눈빛은 일상에서 빈번히 이뤄지는 상호작용에 영향을 미친다. 예를 들어보자. 당신(두 발로 걷고, 눈으로 보는 데 어려움이 없는 사람이라고 하자)은 날씨 좋은 오후의 거리를 걷다가, 앞서서 어딘가를 향하는 A와 B를 알아본다. A는 휠체어에 앉아 있고, B는 A의 휠체어를 뒤에서 밀며 이동하는 중이다. 당신과 두 사람은 얼마 전 한 모임에서 알게 된 사이였다. 반가운 우연에 당신은 그들을 향해 걸으며 큰 소리로 이름을 부른다. "A씨, B씨!" 그러자 B가 걸음을 멈추고, 자신이 양손으로 밀던 A의 휠체어 뒤 손잡이에서 오른손을 놓으며 몸 전체를 오른쪽으로 돌려 뒤에서 오는 당신을 향해 선다. B는 그러면서 A의 휠체어를 나머지 한쪽 손(왼손)을 이용해 뒤에서 오는 당신 쪽으로 45도 정도 방향을 틀어준다. 휠체어에 앉은 A는 이제 뒤에서 오는 당신이 보이지만, 자세히 보기 위해 고개를 옆으로 더 돌리고, 눈동자를 오른쪽으로 몰아 곁눈으로 당신과 인사를 나눌 것이다. 이는 B가 무신경한 사람이라서가 아니다. 두 발로 서서 방향을 틀기는 무척 쉬워서 갑작스러운 상황에서도 사회적으로 합의된 시선의 규칙('몸 전체로 상대를 바라본다')을 준수하지만, 갑작스럽게 A의 휠체어 방향을 틀려면 큰 회전을 만드는 만큼 에너지가 추가로 들어가므로 규칙 준수에 실패하는 것이다. 이 상황에서 당신은 A의 시선과 B의 시선을 다르게 경험할 것이다. A는 옆으로 어정쩡하게 몸을 틀어 당신을 조금 흘겨보며 웃는 반면, B는 당신에게 몸을 활짝 열고 인사한다. 세 사람이 아직 서먹하고 조금씩 알아가고 있는 사이라면, 당신은 휠체어에 앉아 당신을 비스듬히 보는 A보다는 B와 편안하게 대화를 나눌 것이다(며칠 후 당신은 B와 술 한잔을 하게 되고 A를 돕는 일의 사회적 가치를 공유하며 급격히 친밀해지는데……).•

우리가 누군가를 만나고 그와 시선을 주고받는 일련의 과정은 섬세하게 조율된 촘촘한 '몸 테크닉'으로 가득하다. 시선은 결국 몸의 문제다. 물론 위 사례가 내게 곧바로 적용되지는 않는다. 나는 'A'와 달리 혼자 휠체어를 휙 돌려 방향을 트는 데 큰 어려움이 없기 때문이다. 내 시선 습관을 해명하는 더 그럴듯한 이유는 따로 있다. 기억이 정확하다면 특수학교에서 만난 김태훈도, 최치현도, 다른 많은 아이도 나처럼 세상을 응시했다. 몸을 고정한 채로 살짝 고개를 치켜세우고, 눈동자만 움직여 타인을 보기.

우리는 낯선 이들의 응시 가운데서 성장했다. 주로 눈동자를 흘깃거리며 의혹과 호기심을 품은 눈이 보내는 시선이었다. 또다른 시선도 있다. 몸 전체는 우리를 향하지만 지나칠

• 당신과 A, B가 이미 친밀한 사이라면, 앞서가는 A와 B는 모두 당신을 향해 온몸을 돌릴 것이다. 이미 확립된 세 사람의 관계성이 방향 전환에 필요한 약간의 추가 에너지를 무의식적으로도 기꺼이 감내할 것이기 때문이다. 또한 본문에 든 예시 상황은 혼자 움직이기 어려운 중증장애인 A가 수동휠체어를 타고 있음을 가정하고 있다. 이럴 때 휠체어를 미는 사람(활동지원자)의 역할이 중요한데, 경험 많은 사람들은 이를 '몸으로' 안다. 장애여성공감에서 오래 활동한 비장애 여성 이진희는 이렇게 쓴다. "가파른 경사길에서는 밀지 말고 지그재그로 당기듯이, 자갈길은 앞바퀴를 살짝 들고, 누군가 부를 때 내 몸만 돌리지 말고 휠체어 방향도 동시에 움직여야 함을 잊지 말아야 한다. (……) '장애인은 이렇게 대하라'라는 매뉴얼로는 체득할 수 없는 기술. (……) 나는 이것을 존엄이 담긴 기술과 노동이라고 부르고 싶다." 이진희, 「실패를 위한 활동, 포기하지 않는 몸」, 『어쩌면 이상한 몸』, 장애여성공감, 오월의봄, 2018, 223~224쪽.

정도로 당당하게, 뚫어져라 내려다보는 눈이다. 한국어로는 모두 '응시'로 표현되는 이 두 종류의 시선을 미국의 장애학자 로즈메리 갈런드 톰슨을 따라 다음과 같이 구별해보자. 앞의 응시는 스테어stare다. 스테어는 '너한테 도대체 무슨 문제가 있는 거냐?'라는 의혹과 호기심을 품은 자의 시선이다. 스테어를 보내는 사람은 대개 입을 꾹 다물고, 몸은 이리저리 움직이면서도 눈동자만은 상대를 향한다. 앞으로 걸어가면서도 눈동자는 상대를 좇으므로 보통 곁눈이 될 때까지 시선이 이어지다가, 호기심을 못 이겨 결국 뒤를 돌아보며 스스로 파열되는 빛이다. 이 눈빛은 스스로 소멸하기 전까지 다소 방어적이다. 두번째 응시, 즉 당당히 서서 우리를 내려다보는 시선은 게이즈gaze다. 게이즈는 '너는 내 관할(소유)이다'라는 권력을 담은 자가 보내는 눈빛이다.[12] 게이즈를 보내는 사람은 몸 전체로 우리를 향한다. 방어적이기보다 공격적(적극적)이다. 소유하겠다는 욕망이나 우월감을 발산한다.

그 시절 우리는 스테어에 맞서기 위해 게이즈를 선택했다. 고개를 치켜들고서, 당신의 의혹과 호기심 어린 시선은 부당하다고, 내게는 당신을 지탄할 '권력'이 있다는 듯 시선을 내뿜었다. 게이즈에 맞설 때는 스테어를 보냈다. 장애가 있는 청소년의 몸을 마치 권력자라도 된 듯이 당당하고 뚫어지게 바라보는 당신이야말로 어딘가 이상하고 잘못된 사람이라고 말하고 싶어서, 그를 향해 눈을 흘기며, 의혹과 반감을 혜성의 꼬리처럼 남기면서 옆을 지나쳐갔다. 어떤 친구들은 게이즈에 게이즈로 맞섰다. '당신이 나를 내려다보는 바로 그 태도로 나도 당신을 보겠다'는 것이다. 이건 휠체어를 타는 경우 불리한 전략이다. 우리는 대개 덩치가 작고 시점은 낮았기에 고개를 빳빳이 들고 노려봐야 별다른 위협이 못 됐다. 단 최치현 정도의 근육질 장애 청소년은 예외였다. 팔뚝 하나가 어른 허벅지만한 최치현이 고개를 들고 노려보면 당당히 내려다보던 시선들이 슬쩍 고개를 돌렸다.

그렇다. 지금까지 나는 춤을 출 때 몸의 움직임과 시선을 왜 적절히 조응하지 못하는지에 관한 거창한 핑계를 늘어놓았다. 하지만 이 이야기를 꺼낸 다른 중요한 이유가 있다. '응시하는 주체'의 시선에 맞서 그 시선과의 관계 속에서 어떻게 움직일 것인가(다시 말해 어떻게 상대를 응시할 것인가)라는 이 문제야말로, 근대 이후의 모든 진지한 무용수가 직면했던 중요한 과제였다는 점이다. 사다야코는 유럽이라는 '응시하는 주체'의 시선을 내면화함으로써 곧 '일본적인 춤'을 발견했는데, 그것은 유럽의 시선이 포착한 (환상의) 일본이었다. 프릭쇼 공연자들은 의혹과 반감, 비존중과 호기심을 품은 수많은 시선 앞에서 춤추고 연기했는데, 그들은 그 시선을 되받아치면서 관객을 '시골뜨기'라고 무시하는 전략을 택했다. 이는 일부 프릭들의 자존감을 세워주었지만 그러한 반격이 진정 권력관계를 전복했는지는 의문이다.

일제강점기 '반도의 무희'로 알려졌던 세계적인 무용가 최승희1911~1969 역시 응시하는 자들 앞에서 어떤 춤을 추어야 하는가라는 과제를 피할 수 없었다. 최승희를 비추는 '시선'이란 1910년 조선을 식민화한 일본이 유럽의 위치에서, 유럽이 일본을 응시할 때 보내던 바로 그 눈빛이었다. 19세기 일본 문화가 유럽인들 사이에서 유행했듯 1920년대 일본에서는 조선의 어학, 지리, 역사, 민속학 연구와 미술 등 전통문화에 대한 관심이 커졌다. 1930년대가 되면 문학과 연극, 영화, 음악, 무용 등 다양한 예술 장르로 관심 분야가 넓어진다.[13] 이런 관심은 식민지 지배에 필요한 정치적·경제적 요구에서 촉발되었지만 그뿐만은 아니었다. 이국적이고 '원시적'인 것에 대한 학문적·예술적 호기심이 그 바탕에 있었다.

일제 식민지 조선의 수도 경성에서 태어나 1920년대 말 무용수로 데뷔한 최승희는 조선에 대한 제국의 미학적 관심과 정치적 지배욕이 뒤섞인 시선 한가운데서 성장하며 춤을 익혔다.[14] 최승희가 열다섯 살이던 1926년 일본의 무용가 이시이 바쿠石井 漠, 1886~1962가 조선에서 순회공연을 했고, 이시이의 공연을 본 최승희는 그의 문하생이 되기 위해 도쿄에 간다. 이시이 바쿠는 일본 근대무용사에서 가장 중요한 인물이다. 그는 제국극장에서 발레를 배우며 무용수로서 경력을 시작했으나 곧 이사도라 덩컨을 중심으로 서양에서 형성된 새로운 춤 사조인 '모던댄스'에 이끌렸다. 1922년 유럽으로 건너간 이시이는 약 3년간 독일 등지에서 자신의 춤을 발표하고 서양 무용수들의 춤을 접한다. 특히 베를린에서 만난 마리 비그만Mary Wigman, 1886~1973의 표현주의 무용에 큰 인상을 받았다. 표현주의 무용이란 동작이나 형태, 기교보다 개인의 감정과 정서를 몸으로 표현하는 데 집중하는 춤으로 모던댄스의 한 갈래다.[15] 이시이의 제자 최승희도 서양의 현대식 무용(모던댄스)을 배웠으며 활동 초기 최승희의 작품들은 이에 기반했다. 당시로는 예외적이었던 167센티미터의 큰 키에 무용수로서 재능을 갖춘 최승희는 1929년 조선으로 돌아와 순회공연을 시작했다. "단발 스타일의 머리 모양과 함께 검은 원피스에 시스루 소재를 사선으로 겹친 의상"을 입고 맨발로 춤을 추는 최승희는 그야말로 조선인의 신체로 분한 '이사도라 덩컨'이었다.[16] 최승희는 주목을 받았지만 당시 다수의 조선 관객에게 모던댄스 스타일의 춤은 진지하게 이해받지 못했고 여성 무용수를 곧 기생으로 여기는 조선의 분위기 속에서 힘겨운 시간을 보낸다.

최승희가 예술가로서 압도적인 성공을 거두기 시작한 것은 다시 일본으로 돌아가 조선 춤을 연구하고 이를 도쿄에서 발표한 다음부터였다. 1933년 최승희는 이시이 바쿠의 권유도 있고 하여, 조선의 전통춤을 배우기로 마음먹고 마침 도쿄에 머물던 조선 고전무용의 대가 한성준을 찾아가 춤을 배운다(배운 기간은 겨우 14일이었다고 한다). 최승희는 조선 춤을 기반으로 자신의 서양무용 방법론과 해석을 덧붙여 〈에헤라 노아라〉라는 작품을 만든다. "장삼옷에 관을 쓴 조선의 한량이 술에 취한 채로, 몸을 흔들거리고 고개를 끄덕끄덕하면서 팔자걸음을 걸으며 배를 불룩하게 내놓아 웃음을 자아내는 춤"이었다.[17] 1934년 9월 도쿄에서 열린 첫번째 최승희 무용 발표회에서 이 공연을 본 일본 지식인들은 최승희에게 매료된다. 소설가 가와바타 야스나리는 "여류 신진무용가 중에서 조선 여성 최승희가 일본 제일의 무용가"라면서 "훌륭한 체구, 힘, 한창 춤추기 좋은 연령 그리고 독특한 민족적 정서"를 그 이유로 들었다.[18]

이후 최승희는 계속 '조선적인 것'을 자신의 예술적 소재로 삼는다. 이를 위해 조선의 광대나 기생들을 찾아가고, 지방 순회공연에서는 그 지역 향토색이 강한 춤을 보고 춤꾼들을 직접 찾아가 이야기를 나누며 움직임의 원리를 배운다.[19] 〈에헤라 노아라〉를 시작으로 최승희는 해방 이전까지 〈승무〉 〈검무〉 〈무녀의 춤〉 〈조선무희〉 〈보살춤〉 등 조선을 모티프로 한 작품 수십 편을 발표하며 승승장구한다. 최승희는 1930년대 최초의 '한류' 스타였다. 공연뿐 아니라 영화 출연도 했고 백화점 광고모델로도 활약했다. 1938년부터는 일본을 넘어 세계적인 스타가 되는데, 미국 순회공연을 시작으로 1939년에는 파리로 건너가 그곳에 머물며 파리와 브뤼셀, 칸과 마르세유, 헤이그의 무대에 오른다. 프랑스 국립샤요극장 무대에 올랐을 때 객석에는 피카소(열아홉 살에 사다야코의 춤에 반해 초상화를 그렸던 피카소는 이제 예순을 코앞에 두고 있었다)와 앙리 마티스 등 당대의 저명한 예술가들이 앉아 있었다. 3천 명이 들어가는 공연장이 꽉 찬 가운데 최승희는 혼자 무대에서 춤을 추었다.[20] 서양 관객들은 "조선의 춤"에서 "동양 예술 특유의 유연성"을 보았다면서 "조선 무용을 망각에서 구하여 세계의 무용 애호가들에게 선보인 공로자"라고 환호했다.[21]

그러나 최승희의 성공은 30여 년 전 사다야코에게 쏟아졌던 서양의 동양에 대한 '응시'와 무관하지 않았다. 일본이라는 제국의 시선 앞에서 최승희는 '조선'을 그저 상품으로 만들어 팔고 있지는 않은가? 조선의 소설가 한설야는 최승희의 대표작 〈에헤라 노아라〉를 본 후 이렇게 썼다.

> 조선 고유의 춤에 유의하여 그것을 현대화시켜보려는 열의는 극구 찬양하는 바이지만 옛 조선을 상징하는 몇 개의 조선 춤은 옛조선 사람의 희화화에 지나지 않으며, (……) 거기서는 조선인의 특성도 찾을 수 없고 조선인의 핏줄은 더욱 찾을 길이 없다. (……) 외국인의 환호는 문명인으로서 조선을 이색취미의 대상이 될 수 있는 미개한 것으로서 좋아할 뿐이지 예술적 가치로서 인정하는 것은 아니[다].[22]

이색취미. 미개하고 원시적인, 주류(서양-일본)적인 감수성에 활력을 부여하는 '타자'로서의 춤. 사다야코가 유럽에서 그랬듯 조선적인 것을 찾아 무대화하고자 했던 최승희는 이러한 비판에 응답해야 했다. 최승희는 한 대담에서 "조선의 춤을 "팔릴 감"으로 하여 인기를 얻는다고 하는 데는, 정말 화가 나요. 그래서 서양 무용도 하지요. 예술적으로 인정하려 들지 않고, '조선 것이 되어 희귀하니까' 하는 핸디캡을 붙여 가지고 말하는 것이 제일 싫어요"라고 말한다.[23] 단지 조선이 희소해서가 아니라 자신이 높은 예술성으로 그것을 표현하기 때문에 인정받는다고 항변하는 것이다.•

최승희는 초기부터 여성 무용수로서 자신에게 깃든 몸짓을 연구하고 표현하기 위해 다양하고 용감한 시도를 하면서도, 그것이 자칫 누군가에게 '상품'처럼 취급될 수 있다는 긴장 가운데서 활동했다. 경성에서 무용연구소를 운영할 때부터 예술에 대한 진지한 후원자를 자처한 남성들이 다가왔지만 결국 그들은 최승희에게 일종의 기생 역할을 기대했다. 춤추는 최승희의 몸은 거래 대상으로 여겨졌다. 최승희가 경력 초기 서둘러 결혼식을 올린 이유 중 하나도 성적으로 방탕하고 매매될 수 있는 여성적 신체로 재현될 가능성을 조금이라도 차단하려는 의도였다. 그런데 '조선'이라는 민족적 기원을 중심에 둔 진지한 무용 창작자로 인정받자 이번에는 '조선'을 그저 '팔릴 감'으로 삼는 것이 아니냐는 비판에 직면한 것이다.

이른바 소수자로서 주류의 시선 앞에 자기를 드러내는 사람은 최승희가 직면한 딜레마를 피할 길이 거의 없다. 유튜브 채널을 통해 장애인의 삶을 알리며 사회적인 인식을 개선하려는 사람들도 같은 고민에 직면한다. 장애를 '팔아서' 구독자 수를 늘리고 있지 않은가? 이 책은 어떤가? 나는 장애인의 몸, 장애가 있는 몸들의 이야기를 그저 글로 '팔아먹고'

• 일본에서 미학을 전공했던 당대 조선의 인텔리이자 최승희의 오빠 최승일도 한설야의 비판에 응답했다. "그애〔최승희〕는 서양 무용 기본 연습에다가 조선 '리듬'을 실어가지고 춤을 추어보았습니다. (……) 죽은 스페인 무용가 '아르헨티나'는 역시 이와 같은 방법으로 스페인의 무용을 재편성(?)하여 세계의 무대를 휩쓸었던 것입니다. 이것을 스페인 사람들은 순수한 스페인 무용이 아니라고 배격한 사람도 있지마는 세계의 무용 비평가들은 그것이 정당하다고 하였습니다." 그는 조선 춤의 '순수성'이 도대체 무엇인지를 되묻고 있는 것이다. 최승일의 글은 다음 책에서 재인용하였다. 이상길, 『라디오, 연극, 키네마: 식민지 지식인 최승일의 삶과 생각』, 이음, 2022, 585쪽.

있는 건 아닌가? '프릭쇼'와 '장애 무용' 사이를 가르는 명확한 선은 없다. 단지 희미하고 넓게 펼쳐진 경계 지대가 있을 뿐이다. 그러나 달리 본다면, 모든 소수자의 춤은 바로 이런 이유에서 그 자체로 기예art의 본질에 가깝다고 말할 수 있지 않을까? 포획하고 매매하고 조롱하고 착취하고 혐오하고 동정하고 욕망하는 '시선' 앞에서 기묘하고 창조적으로 예상치 못한 어떤 순간을 만들어낼 때, 즉 도저히 포획, 매매, 조롱, 착취, 혐오, 동정, 욕망 할 수만은 없는 어떤 몸으로서 그것이 발견될 때, 우리 모두는 이전까지 상상한 적 없는 세상을 향한 문을 연다. 바라보는 사람과 바라봄을 당하는 사람은 이전까지와 전혀 다른 관계로 진입한다.

“사다야코는 유럽이라는 ‘응시하는 주체’의 시선을 내면화함으로써
곧 ‘일본적인 춤’을 발견했는데,
그것은 유럽의 시선이 포착한 (환상의) 일본이었다.”

사다야코, 가부키 〈무스메 도조지〉, 1907

최승희, 샌프란시스코 가란 극장에서의 〈화랑무〉, 1938

"일제강점기 '반도의 무희'로 알려졌던
세계적인 무용가 최승희 역시 응시하는 자들 앞에서
어떤 춤을 추어야 하는가라는 과제를 피할 수 없었다.
최승희를 비추는 '시선'이란
1910년 조선을 식민화한 일본이 유럽의 위치에서,
유럽이 일본을 응시할 때 보내던 바로 그 눈빛이었다."

병든 몸病身들의 춤

네 번째

장롱 위에서 미적분을, 바닥에서 춤을

"너네 몰라서 그래. 형은 아무도 안 보면 천장에 붙어 있어."

"개헛소리하네."

"진짜야 새끼야. 팔심이 엄청 좋아서 장롱 같은 걸 타고 꼭대기까지 올라간다니까."

2000년 늦은 봄의 어느 쉬는 시간, 다른 반 아이가 뒷문으로 들어와 말을 걸었다. 룸메이트 천명륜을 통해 그와 간단히 인사를 나눈 적이 있었지만 친해질 기회는 없던 때였다.

"형, 뭐 하나 물어봐도 돼요?"

언제 다쳤는지, 왜 걷지 못하게 되었는지 따위를 물어보리라 짐작하곤 짜증이 났지만, 당시 나는 한 사람과도 더 말을 나누는 일이 중요했으므로 최대한 친절한 얼굴로 무슨 일인지 되물었다.

"진짜 천장에 막 올라갈 수 있어요? 천명륜이 그러던데. 꼭대기에서 수학 푼다고."

뭐지 이 인간은? 웃음이 터지려는 걸 참고서, 자못 진지한 얼굴로 답했다.

"사람들이 안 보면 운동 삼아서…… 또 높은 곳을 좋아하기도 하고……"

"진짜요? 뻥 아니에요?"

나는 정색하며 말했다.

"내가 뭘 할 수 있고 없는지 네가 어떻게 알아?"

"와, 형 저는 명륜이 이 자식 또 뻥치는 줄 알았어요."

동쪽 구석 마을을 떠나면서 내가 세운 원칙은 '몸을 최소화하고 말을 최대화한다'였다. 특수학교가 아닌 이곳 일반학교에서는 이 원칙을 더욱 철저히 고수하지 않으면 안 되었다. 하지만 기숙사에서의 단체생활이 걸림돌이었다. 기숙사 샤워장은 대중목욕탕처럼 개방된 공간이었다. 중학교 1학년부터 고등학교 3학년까지 아직 초등학생 티를 벗지 못한 아이에서 곧 스무 살이 되는 남자까지 모두가 이 공간에서 옷을 벗고 아무렇지 않게, 여름에도 겨울에도 차가운 물을 양동이로 퍼올려서 몸에 들이부었다. 기숙사 시설은 2000년이라는 시점을 감안해도 믿을 수 없을 만큼 낡고 열악했다. 축구를 한판 한 뒤 땀에 젖은 채 윗도리를 벗으며 뛰어들어오면서, 샤워장 입구에서 아래쪽 속옷까지 다 벗고 찬물을 퍼붓는 것이 강한 남성성의 상징처럼 여겨졌다. 어떤 아이들은 죽도록 추워도 따듯한 물로 천천히 자기 몸을 씻을 수 없었다. 아직 꼬마 같은 중학교 1학년생은 샤워를 마치면 피부가 빨개져서는 오들오들 떨며 수건을 뒤집어쓰고 방으로 뛰었다. 이런 환경에서 중학교 1학년생 다리보다도 작고 가는 다리에 수술 자국 가득한 하반신과, 고등학교 3학년의 굵은 팔과 어깨, S자로 휘어진 상반신을 가진 내가 샤워장에서 몸을 '최소화'할 방법은 없었다. 한동안 나는 새벽 5시에 일어나 제일 먼저 씻었다.

남자아이들이 학년을 기준으로 만들어놓은 철저한 위

계질서는 기숙사 생활에 오히려 도움이 되었다. 고등학교 3학년들은 고1이지만 나이는 열여덟 살로 동갑인 내게 공식적으로 자신들과 같은 지위를 승인했다. 덕분에 방에서 바닥을 기고 샤워실에서 벌거벗은 몸으로 중학교 1학년을 마주쳐도 아이들은 나를 노골적으로 쳐다볼 수 없었는데, 나의 '기이함'을 뚫어지게 바라보기엔 내가 지닌 나이 권력이 너무 컸던 탓이다. 출생 시기와 입학 시점을 기준으로 형성된 인위적인 학년 시스템, 그에 따른 억압적인 권력 질서가 나의 '비정상성' 혹은 '비문명적' 신체에 대한 반응을 압도했다.

입학 후 얼마 지나지 않았을 때 천명륜이라는 이름의 동기와 룸메이트가 되었다. 천명륜은 까무잡잡한 피부에 마르고 팔다리가 긴, 열다섯 살의 고등학교 1학년생이었다. 천명륜의 몸은 유연하고 힘이 좋았으며 빨랐다. 전교 마라톤 대회에 나가 2등을 했고, 당시 오락실에서 유행했던 '펌프' 위에서는 기절할 정도로 춤을 잘 췄다. 아무리 빠르고 어려운 박자가 나와도 긴 팔다리를 이용해 바닥에 그려진 화살표들을 정확한 순서와 타이밍으로 터치했다. 천명륜을 보고 있으면 소설 『정글북』에 등장하는 검은 표범 바기라가 떠올랐다. 검고 마르고 길고 날렵한 존재. 그 표범 같은 신체의 속도와 에너지를 감당하기 어려웠던지 천명륜은 공부에는 거의 관심이 없었고, 우리가 가까워질 이유도 적었다.

우연한 기회가 찾아왔다. 천명륜과 한방을 쓴 지 그리 오래되지 않았을 때, 나는 이른 새벽 복통을 호소했고 천명륜이 잠에서 깨어 나를 안고 뛰었다. 이후 요로결석으로 판명된

이 증상 때문에 너무 고통스러웠고, 나는 천명륜의 긴 다리와 긴 팔에 의지해 그의 가슴팍 정도 높이에서, 그러니까 1미터 50센티미터 정도로 떠오른 상태로 천명륜의 몸과 함께 흔들흔들 요동치며 밖에서 기다리는 구급차까지 달렸다. 이른 새벽 기숙사의 나무 복도를 텅텅 울리며 빨간 불빛으로 달려갔던 시간이 어떤 계기를 만들었던 걸까? 천명륜과 나는 서로의 신체를 그다지 불편하거나 어색하게 여기지 않는 사이가 되었다. 나는 중학교 시절 김태훈과 307호에서 땀흘리며 놀 때처럼 천명륜과 놀았다. 그가 때로 나를 약올리면 천명륜을 잡겠다며 마구 기어서 우리 방이던 109호실을 벗어나 101호가 있는 복도 끝까지 쫓아가기도 했다. 종종 천명륜은 2층으로 도망가 나를 피했는데(세상 치사한 인간이다), 우리의 관계를 아는 다른 아이들이 천명륜을 2층에서 붙잡아 내 앞에 데려다주기도 했다.

이 장난기 가득한 표범 같은 인간은 학교에서 내 몸에 대해 온갖 이야기를 만들어내기도 했다. 내가 팔굽혀펴기를 쉬지 않고 만 번을 한다든가, 아무도 안 볼 때는 장롱을 타고 올라가 꼭대기에 엎드려 이차방정식과 함수를 푼다든가 하는 식이었다. 각종 농담을 창조하는 천명륜의 천부적인 재능은 아이들 사이에서 나에 대한 기묘한 효과를 창출했던 것 같다. 팔굽혀펴기를 만 번 이상하고, 장롱을 타고 올라가 방정식을 푼다는 그의 말은, 말하자면 방정식이나 잘 풀 줄 알았던 비신체적 인간(=장애인)인 나를 어떤 종류의 '신체적' 존재로 만들어준 셈이었다. 물론 그 이미지는 어딘가 기이하고 괴물

freak 같은 모습으로 흘러갔을지도 모르지만, 천명륜의 그 특이한 캐릭터와 언제나 내 휠체어를 밀며 함께 다니는 우리의 관계가 나를 저 먼 '타자'로서의 프릭으로만 남겨두지 않았던 것 같다. 아이들이 나를 자신들의 세계에 들어온 새롭고 동등한 문명의 일원으로 여기기 시작했다고 믿었고, 덕분에 내 몸에 대해 품는 그들의 호기심이 불편하지 않았다. 천명륜이 열어놓은 공간 속을 조금씩 헤엄치며 나는 학교라는 세계와 점차 더 깊고 넓게 만났다.

그럼에도 종종 이 세계의 틈새가 벌어졌다. 천명륜을 비롯해 내가 좋아하고 나를 존중하는 친구들이, 아무렇지 않게 어떤 말을 내뱉을 때였다. 그 말은 '병신'이었다. 이 말은 '애자'(장애자의 준말)와 병용되곤 했다. 물론 그들은 이 말들과 나를 전혀 연결 짓지 않았으며 그렇기에 내 앞에서도 아무렇지 않게 그 말을 썼을 것이다(한편으로, 그들은 나를 향해서는 그 말을 사용하지 않았다. 단지 나이가 더 많아서? 그것이 아니라면, 그들은 이 말을 적어도 나의 몸과 완전히 분리하지는 않았던 셈이다). 이 말들은 우리 또래의 언어적 습관에 불과했다. 때로 이 말은 말에서 끝나지 않고 뒤틀린 몸을, 그러니까 내 친구 김태훈의 몸을 연상시키는 어떤 몸짓과 함께 사용되었다. 다른 아이들은 몰라도 천명륜과 나는 또래집단의 여러 속어를 서로에게 사용하면서도 깊은 우정과 신뢰를 바탕에 쌓고 있었지만, 이 말을 사용하는 천명륜에게 내가 문제를 제기한 것은 한참 시간이 흐른 뒤였다.

이성적으로 작품을 만들어가지 못한다

2022년 8월 국회의원 김예지는 한국예술종합학교에 국정감사용 질의서를 발송했다. 김예지 의원은 한예종이 학부(예술사)과정에서 장애가 있는 지원자들을 위한 입학전형인 특수교육대상자 특별전형을 실시하고 있음에도 무용원과 연극원, 영상원, 전통예술원 소속의 일부 학과들에서는 시행하지 않는 이유를 물었다. 예를 들어 2022년 입시를 기준으로 연극원에 속한 극작과나 연극학과에서는 장애학생을 선발하는 제도를 두고 있지만 연기과는 그렇지 않다. 무용원에서는 무용이론전공과 예술경영전공에서 특수교육대상자 전형을 두지만 창작과와 실기과에는 없다. 전통예술원의 (전통)무용과와 한국음악작곡과에도 제도가 없다.• 이러한 현황을 보면 특별전형 제도는 주로 연기나 춤처럼 무대 위에서 자신의 몸을 통해 직접 표현해야 하는 전공에서 운영되지 않음을 알 수 있다. 이것은 '상식적으로' 보인다. 장애인은 연극을 공부할 수 있지만 몸으로 연기를 하는 데는 제약이 있다.•• 그 제약을 극복할 수 있음을 입증한 소수의 장애학생이 비장애인 학생들과 경쟁해서 입학을 시도하는 경우 이를 배척하지는 않지

• 한예종의 답변서에 따르면, "2022학년도 기준 27개 학과 가운데 11개 학과(41%)에 특수교육대상자 전형이 없다. 구체적으로 연극원 소속 연기과·연출과·무대미술과, 영상원 소속 영화과·멀티미디어영상과·애니메이션과, 무용원 소속 실기과(한국무용, 발레, 현대무용 전공)·창작과, 전통예술원의 한국예술학과·무용과·한국음악작곡과"가 그렇다. 「한예종의 편견…… 장애인 없는 과 "이성적 작업 못해서"」, 한겨레, 2022.10.6.

만, 장애학생을 굳이 적극적으로 선발하기는 어렵다.

한예종은 시각장애가 있는 피아니스트 출신 국회의원의 질의에 대해 이러한 '상식'에 기반한 답변서를 제출했다. 무용원과 전통예술원은 "전공 특성상 고도의 신체능력과 음악·주제를 바탕으로 다른 사람과 안무를 짜는 등 긴밀한 협업능력이 필수적"이고 "신체적·지적 장애학생에게 일반 학생과 같은 수준의 수업을 진행하거나 소수 장애학생만을 위한 별도의 수업을 하기 어렵다"고 답했고, 전통예술원은 이에 덧붙여 "전통악기를 배우고 다각도로 실험하며 창작곡을 써나가는 과정은 정신적으로 고통스럽게 몰두하며 끊임없는 인내를 감수해야 한다. 이성적으로 작품의 완성도를 만들어가는 작업이라 신체적·지적 장애학생은 실행하기 어렵다"고 답변했다.[1]

분명히 말하고 싶다. 나는 예술교육기관이 장애가 있는 지원자의 현실적인 조건을 고려하고 이들의 가능성에 주목해 입시제도를 운영하기를 바라지만, 그것이 별도 정원을 할당해 선발하는 형식이어야 한다고 생각지는 않는다. 어떤 입학제도가 필요하고 적합한지는 논쟁적이다. 다만 한예종이 일부 전공에서만 장애학생을 적극적으로 선발하지 않는 이유라며 답변서에서 밝힌 공식적인 입장은 충격적이었다. 한국의 대표적

•• 한예종 연극원 연기과는 다음과 같이 답변했다. "전공 특성상 움직임과 동작을 자유롭게 구사할 수 있어야 하며, 작품 해석과 함께 동료들과의 자유로운 토론 및 소통 등의 긴밀한 협업이 필수적으로 요구되는 조건적 상황에서, 전체적으로 동일한 수업 내용의 진행 혹은 특수교육대상자를 위한 별도의 수업을 진행하는 것에 어려움이 있음." 한국예술종합학교, 「김예지 의원실 답변자료」, 2022.8.19.

인 예술교육기관이 장애가 있는 신체를 어떻게 '응시'하고 있는지를 생생하게 보여주기 때문이다. 우선 이 답변이 주로 고등학교를 막 졸업하고 학부과정(예술사)에 입학하는 사람들을 대상으로 한다는 데 주목하자. 답변서는 갓 10대를 벗어날 즈음의 장애인 학생들이 "고도의 신체능력"이나 "협업능력"이 부재하고(무용원, 전통예술원) "고통과 인내"를 감수하고 "이성적으로 작품의 완성도를 만들어가는 작업"을 할 수 없다(전통예술원)고 전제하고 있다. 특정한 장애 유형이나 정도, 구체적인 작품, 장르에 한정하지도 않았다. 현대적인 춤과 연기, 한국전통예술 일반을 배우기에 장애가 있는 사람은 원리적으로 불가능하다는 것이다.

현대연극이나 무용 분야에서 활동하는 장애인 배우와 무용수는 우리 시대에 전혀 드물지 않다. 2부에서도 살펴보겠지만, 국내외에서 그들은 수많은 사람과 협력하며 다양한 공연을 무대에 올리고 있다. 현대무용에서 '고도의 신체능력'이 무엇인지는 이사도라 덩컨의 시대 이후 늘 논쟁적임에도, 한국의 예술기관이 2022년 장애가 있는 지원자를 선발하기 어려운 이유로 내세운 근거가 '고도의 신체능력'과 '협업능력' 부재라는 사실은 예술계 내 주류적 시선의 빈곤함을 그대로 드러낸다. 사실 장애인이야말로 협업의 전문가들이 아닌가?

무엇보다 이 답변서에서 나를 강렬하게 사로잡은 부분이 있다. "고도의 신체능력"이나 "이성적으로 작품을 만들어 가는" 역량이 장애가 있는 10대들에게서는 애초에 발견될 가능성도 없다고 전제한 곳 중 하나가 전통예술원이었다는 사실이다. 한국의 전통춤에는 여러 갈래가 있고 그중 일부는 특정한 장애가 있는 사람이 익히기 어려울지도 모른다. 현실은 낭만적이지 않다. 하지만 전통예술원의 답변을 언론에서 읽은 날 내 머릿속에는 한국의 대표적인 민속춤이자 무형문화재로 지정되어 보존, 계승되는 어떤 춤이 계속 떠올랐다. 바로 '병신춤' 말이다.•

병신病身, 즉 병든 신체를 모방하거나 상징으로 활용하는 춤은 한국 민속춤에서 쉬이 발견된다. '병신의 몸'은 밀양백중놀이, 송파산대놀이, 양주별산대놀이 등 각 지역에서 탈춤을 비롯한 다양한 전통 놀이와 굿 속에서 계승되었다.•• 각지에서 재현, 표현되는 '병든 몸'들은 현대적 의미에서 거의 모든 장애 유형을 망라할 만큼 다양하다. 뇌병변장애인이나 소위 '언청이'로 불린 안면 손상, 발달장애, 팔이나 다리를 제대로 쓰지 못하는 지체장애, '(안팎)곱사'라고 불리던 척추장애, 시

• 다만 이 답변을 한 학과는 한예종 전통예술원 가운데 한국예술학과, 무용과, 전통음악작곡과였다. 탈춤이나 무속춤을 비롯해 그 형식상 '병신춤' 전통과 더 가까운 학과는 연희과로, 연희과는 2022년 이전에도 장애학생을 선발하는 제도를 운영해왔다.

•• 연구자 허용호에 따르면, 직간접적으로 장애를 가진 몸이 등장하는 한국의 전통 연행(공연)은 다음과 같다. 하회별신굿탈놀이·송파산대놀이·양주별산대놀이·봉산탈춤·강령탈춤·은율탈춤·통천가면극·서흥탈놀이·동래야류·수영야류·통영오광대·고성오광대·가산오광대·진주오광대·마산오광대·북청사자놀음·꼭두각시놀음·발탈·밀양백중놀이·음성거북놀이·보은삼산리풍물굿·영양주곡풍물굿·임실신촌풍물굿·고흥마을씻김굿의 거리굿·서울굿뒷전·양주굿뒷전·황해도마당굿·황해도도산말명방아찜굿·평안도제석굿·동해안거리굿·동해안탈굿·제주도삼공맞이 등. 허용호, 「움직이는 전통, 변화하는 시선」, 『공연문화연구』 제28호, 2014, 206~207쪽.

각장애와 청각장애, 뇌전증('간질')이 있는 몸의 특성을 모사하는 춤이 전승된다. 한때 '문둥이'(한센인)로 지칭된 몸들 역시 민속춤의 주된 표현 대상이었다. 그중에서도 명시적으로 병신춤으로 불린 춤 형식은 조선 후기부터 한반도 낙동강 유역을 중심으로 다양한 지역에서 수행된 것으로 추정되며, 그 기원은 확인하기 어려우나 학자들은 통상 조선시대 중엽부터 체계가 잡히기 시작한 것으로 본다. 병신춤에서 장애가 있는 몸들은 다양한 맥락과 역할로 재현되지만 주로 '병신의 몸'을 통해 양반을 희롱하며 권위를 비웃고, 지배적 권력질서를 해체하는 기능을 맡는다고 한다.

이를테면 무형문화재로도 지정된 밀양백중놀이는, 양반이 등장해 추는 단조롭고 즉흥적인 양반춤 장면으로 시작해 사방에서 '병신의 모습'을 한 춤꾼들이 등장하며 양반을 희롱하는 병신춤으로 이어지고, 이후 등장한 인물 모두가 범부凡夫의 모습으로 다 같이 춤추며 어울리는 범부춤으로 끝을 맺는다. 여기서 병신춤은 양반의 권력을 해체하는 풍자와 해학의 순간을 창출하며 양반과 농민을 비롯해 축제에 참가한 모든 이가 결국 '보통의 인간凡夫'으로서 함께 춤추는 화합의 계기가 된다. 국립문화재연구소가 발간한 자료에 따르면 밀양백중놀이 속 병신춤 장면은 구체적으로 아래와 같이 전개된다.

> 병신춤은 단조롭고 권위적인 성격을 드러내는 양반춤과는 완전히 대조적으로 제각기 온전하지 못한 병신의 모습

> 을 한 후, 자유분방한 분위기 속에 신명을 발산하며 구경꾼을 사로잡는다. 놀이 공간의 사방에서 중풍쟁이, 난쟁이, 꼽추, 배불뚝이, 떨떨이, 히줄래기, 문둥이, 봉사, 꼬부랑할미, 절름발이 등 병신의 모습을 한 10명의 놀이꾼이 양반을 희롱하며 등장함으로써 양반은 내쫓기듯 물러난 후 비로소 덧배기장단에 맞춰 허튼춤 형태의 병신 모습을 한 해학적인 춤이 추어진다. (……) 사람들은 병신춤을 보며 배를 잡고 웃는 동안 일상생활을 떠나 새로운 세계로 몰입함으로써 오히려 삶의 역동성을 갖게 된다. 즉, 억압되었던 사회적 감정을 삶의 다이내믹한 충동의 폭발 속에서 해소시킴으로써 따분한 한계상황을 극복해나가는 것이라 볼 수 있다.[2]

병신춤을 어떻게 보아야 할까? 이 춤이 장애가 있는 사람들을 비하하고 조롱하는 공연이라는 생각은 과거부터 존재했다. 1970년대 밀양 교육청이 비교육적이라는 이유로 이 춤을 금지했다고 알려져 있고, 밀양시 북쪽에 있던 한센인 환자촌 사람들이 백중놀이 전수회관을 습격한 사례도 있었다.[3] 1980년대 이후 일인창무극一人唱舞劇의 대가로 알려진 공연예술가 공옥진을 통해 장애를 모방하는 춤이 대중의 인기를 끌었다. 그 무렵 사회적인 목소리를 막 내기 시작했던 장애인단체들이 병신춤에 대한 비판을 제기했다. 공옥진은 스스로 자신의 춤을 '병신춤'이라고 부르기 꺼렸다고 한다.[•]

공연이나 문학 연구자들 사이에서도 병신춤의 의의를 둘러싼 논의가 없지 않다. 한 연구자는 병신춤이 "신체장애자를 흉내내어 모멸하기 위해 추는 춤이 아니"며, "춤출 수 없는 몸을 가지고 춤출 수 있는 데로 나아가는 춤이기에 육체 해방의 뜻"이 이 춤에 깃들어 있다고 주장한다. "그것은 또한 불구자가 불구임을 스스로 드러내는 자기폭로의 춤"이며 "불구화된 것을 불구로써 척결하는 인간 해방, 사회 해방의 역동적인 신명의 춤"이라는 것이다.[4] 반면 이러한 시각을 지나친 '민중주의적 이상화'라고 비판하면서, 실제로 진주오광대를 비롯한 많은 전통공연에서 장애인을 모방하는 춤꾼들은 우스꽝스럽게 행동하며 그 모습을 비장애인 관객들이 보고 폭소를 터뜨리는데, 이는 인간 해방이나 사회 해방이 아닌 민중이 자신보다 더 약한 장애인들을 해방의 수단으로 삼아 권력에 맞서고 비웃는 것이라는 주장도 있다. "병신춤은 타자를 자기와 평등하게 보는 것이 아니라 어디까지나 타자와 자기를 구별함으로써 자기동일성을 확보"할 뿐이라는 것이다.[5] 다른 한편 한국의 많은 전통춤에 장애를 비하하고 그저 조롱의 대상으로만 삼는 형식들이 존재했음을 인정하면서도 "현재 연행되는 밀양백중놀이에서 장애나 장애인을 조롱하거나 무시하는 태도를 찾을 수 없다"고 밝히는 견해도 있다.•• 이 입장은 전국에서 다양하게 전승되어온 병신춤이라는 민속무용 전통을 일률적으로 인간 해방이나 장애 비하라고 평가하기보다는 각각

• 공옥진은 이러한 비판을 의식해 1990년대 후반에는 '환자춤' 등의 이름으로 장애/질병의 신체를 모방하는 춤을 내놓았다. 김효성, 「공옥진 병신춤의 장애-모방 연구: 일인창무극一人唱舞劇 〈심청전〉을 중심으로」, 서울대학교 공연예술학협동과정 문학석사논문, 2019, 69쪽.

의 춤 속에서, 그 춤이 연행되는 형식 속에서 장애가 어떻게 표현되는지를 살피고자 한다.

병신춤을 어떻게 보아야 할까? 나는 2020년부터 공연예술그룹 '프로젝트이인'(라시내, 최기섭)과 함께 〈무용수—되기〉••• 라는 공연으로 여러 나라 도시에서 다양한 관객을 만났다. 인상적인 만남이 많았지만 그중 하나는 2023년 6월 크로아티아의 작은 도시 리예카에서였다. 우리는 리예카에 오기 전 수도 자그레브에서 두 번 공연을 마쳤다. 그곳에서 열린 무용축제에는 유럽에서 잘 알려진 쟁쟁한 안무가들의 공연이

•• 허용호는 밀양백중놀이 역시 1980년대 이전 버전에서 장애를 조롱의 대상으로 삼는 방식의 연행이 있었던 것으로 본다. 그러나 현재는 그렇지 않다면서 이렇게 쓴다. "장애를 가장한 인물들은 어떤 서러움이나 한을 드러내지 않는다. 비관이나 절망에 빠지지도 않는다. 밀양백중놀이 연행공동체는 장애를 있는 그대로 바라보면서 가능한 한 긍정적인 방향으로 기능하도록 이끈다. 그들은 장애인들의 장애에 대한 자기 모멸이나 비하의 모습을 흉내내지도 않는다. 오히려 신명나는 춤을 통하여 비록 장애가 있기는 하지만, 비장애인 못지않은 신명을 가지고 있음을 보여준다. 아니 오히려 나을 수도 있음을 보여준다. 이는 장애인들의 '부자유스러움의 자유로움'이 여러 사람의 신명을 일으킬 수 있음을 드러내려는 것으로 보인다. 병신춤의 흥겨움에 양반까지도 의관을 벗어던지고 범부가 되어 함께 춤을 추는 결말이 이를 입증하고 있다." 허용호, 같은 글, 226~227쪽.

••• 〈무용수—되기〉는 2020년 10월 서울 서소문성지역사박물관에서 처음 공연되었으며, 2021년 11월 대한민국 장애인국제무용제에 초대되었고, 2021년 12월 4일과 5일 서울 성수동 언더스탠드에비뉴에서 공연했다. 2022년 여름 독일 뒤셀도르프, 2022년 9월 27일 서울아트마켓, 2023년 5월 안산국제거리예술축제, 6월 크로아티아 자그레브와 리예카, 슬로베니아의 마리보와 류블랴나에서 각각 열린 축제들에 초대되었다. 이 작품은 안무 라시내·최기섭, 프로듀서 장수혜, 출연 김원영·최기섭, 드라마투르기 하은빈, 의상 정호진 등이 함께 만들었다.

여러 편 초대되었다. 우리는 초대된 팀 가운데 유일한 동양인이자 장애가 있는 무용수가 포함된 유일한 팀이었고, 유명하지도 않았다. 사람들의 관심이 상대적으로 적었고 관객이 많이 찾지도 않았지만, 크로아티아의 무용평론가가 우리 공연을 본 후 긍정적인 평론을 써주었고, 그곳에서 세계적인 안무가들과 교유할 수 있어서 뜻깊었다. 반면 리예카는 작은 도시였고 그곳에서 열리는 축제는 '포용적inclusive'이라는 이름이 붙은 장애예술축제였다. 참가팀도 소수였다. 극장 환경은 열악해서 아주 느리게 움직이는 휠체어 리프트를 타야 무대까지 간신히 올라갈 수 있었다. 화장실이 무대 아래층에 있어서 나는 리허설을 준비하는 동안 물 마시는 걸 신경써야 했다.

관객 입장이 시작되자, 휠체어 리프트를 타고 여섯 명의 휠체어 이용자가 한 사람 한 사람씩 객석으로 올라왔다(입장해서 자리를 잡는 데 시간이 한참 걸렸다). 그뒤로 아이와 어른 할 것 없이 여러 관객이 객석을 가득 채웠다. 그들은 공연 내내 진지한 태도로 무대를 지켜보았고 공연이 끝나자 큰 박수로 화답했다. 나는 휠체어를 탄 관객들에게 먼저 다가가서 공연을 어떻게 보았느냐고 물으며 인사를 청했다. 그들 대부분이 리예카에서 무용 워크숍에 참여하거나 공연을 만드는 사람들이었다. 모두가 즐겁고 흥분된 표정으로 공연을 잘 봤다고 답하면서 내게 여러 가지 질문을 쏟아냈다. 〈무용수—되기〉의 후반부에 나는 휠체어 바닥으로 내려오고, 무용수 최기섭(그는 비장애인으로 나와 동갑이다)과 함께 일정한 패턴을 만들며 바닥을 기고, 구르고, 특정한 동작을 반복해서 수행한다. 이 장면을 언급하면서 나는 장애가 있는 그 관객들에게 "바닥은 우리가 전문가잖아요. 여러분이 잘 보았다면 정말 좋은 춤인가봅니다"라고 신이 나서 말했다. 그들이 크게 웃으며 공감했다.

처음 무용작업을 할 때는 소위 '전문 예술가'로 활동하는 친구나 동료의 의견이 궁금했다. 현대예술의 최전선에서 활동하는 사람들이라면 무용에 대해 다양하고 새로운 시각을 가질 수 있으므로, 그들이라면 내 몸의 움직임에 깃든 어떤 가치를 알아봐줄지 모른다고 기대했다. 실제 모든 작업 과정에서 이들의 의견은 중요했고 그 과정이 없었다면 무대에 오르지 못했을 것이다. 어느 정도 시간이 흐르자, 나는 장애가 있는 사람들의 의견이 그에 못지않게 궁금했다. 그들이 무용예술에 관심이 있건 없건, 전문적인 경험이나 지식이 있건 없건, 내가 그 사람들에게 어떤 식으로든 연결될 수 있을지 알고 싶었다. 한국도 아닌 해외에서, 그동안 한 번도 가본 적 없는 먼 나라에서 태어나 자란 장애가 있는 관객에게 나의 공연이 가닿았을 때 너무나 기뻤다.

그 관객들은 '그저 장애가 있는 사람'이 아니라 무용 창작에 참여하는 이들이었으므로 우리는 공연에 대한 공통된 관심사와 이해가 있었다. 하지만 그것이 전부는 아닐 테다. 나는 장애가 있는 그 관객들을 보는 순간, 그들의 장애가 만든 몸의 역사를 대번에 인지할 수 있었다. 그들은 나와 비슷하거나, 최치현과 유사하거나, 김태훈과 닮았다. 우리는 모두 완전히 다른 사람들이지만 적어도 신체 기능과 형태에서 어떤 공통점이 있고, 이는 단지 비슷하게 보이는 차원을 훌쩍 넘어서는 공통 경험으로 우리를 데려간다. 가슴이 불거지고 다리가 빈약하고 팔이 긴 장애인은 크로아티아에 살든 한국에 살든 어린 시절 할머니가 "불거지지 마라, 가슴아 불거지지 마라"라며 간절히 기원하는 소리를 들은 적이 있을 것이다. 다리 대신 팔로 휠체어를 밀며 이동하고, 휠체어에서 변기로 옮겨앉고, 바닥에서 엉덩이와 다리를 끌며 사람들이 쳐다보지 않는 틈을 타 두 팔로 재빨리 위치를 이동하려 시도했을 것이다. 그러는 동안 장애가 없는 상체는 굵어지고 하체는 가늘어지며 척추는 일정한 방향으로 조금씩 휘어진다. 뇌성마비로 몸의 일부 혹은 전부에 경직이 있는 사람은 경직 유무와 정도에 따라 몸의 각 부위가 불균형하게 발달하고, 이처럼 불균등하게 분포된 힘의 차이를 통제하며 얼굴의 위치와 시선을 유지하기 위해 상대적으로 목과 승모근이 커지고, 걸을 때는 발을 바닥에 자주 끌기에 신발의 특정 부위가 빨리 닳을 것이다. 경직된 팔로 섬세한 움직임을 수행하기가 어려우므로 레스토랑에 갈 때마다 빨대를 챙기고, 항공기를 혼자 타야 할 때는 기내식을 거르고, 화장실을 참고(그래서 점점 장거리 이동을 자제하게 되고), 내 말을 잘 알아듣지 못하는 타인에게 반복해서 의사를 전달해야 하더라도 지치거나 쉽게 짜증내지 않는 인내심을 지녔을 것이다.

그들과 나, 최치현, 김태훈은 무척이나 다른 문화권에서 살지만 삶을 항해하는 데 필요한 보편적인 대응책들을 습득했을 것이다. 그것이 우리 몸을 유사하게 만들고 유사한 몸의 조건은 더욱 비슷한 삶의 조건으로 우리를 데려간다. '장애'

라고 말하는 몸의 상태는 무척이나 다종다양하나 이 몸들은 '비정상'이라는 공통 범주로 묶이며, 그에 대한 사회적 반응은 문화권과 몸의 차이를 뛰어넘어 꽤 보편적이다. 김태훈의 몸과 내 몸은 아주 다르지만 우리는 한 공간에 분류되어 같이 교육을 받았고 비슷한 경험을 나누며 성장했으므로, 김태훈의 몸은 내 몸과 깊이 연결되어 있다. 그래서 내가 김태훈의 몸과 유사한 장애가 있는 크로아티아의 관객에게 곧바로 '접속'된 듯이 느껴도 이상한 일이 아닌 것이다. 리예카에서 만난 관객들도 내가 바닥에서 움직일 때, 내 몸과 움직임에서 그들 자신의 몸과 그 몸에 새겨진 삶의 일부를 발견했으리라.

이 글을 쓰면서 나는 밀양백중놀이를 현장에서 직접 관람해보려다 실패하고, 일부 영상·사진 자료를 통해서만 접할 수 있었다. 국립무형유산원 유튜브 채널에는 1981년 연행된 밀양백중놀이가 기록되어 있다.[6] 화질이 좋지는 않지만 '병신춤' 장면에서 한 사람 한 사람의 공연자가 각각 자신들이 맡은 '병신'을 춤추는 모습이 상세히 보인다. 얼굴이 까맣게 탄 촌로의 모습을 한 장년의 공연자들이 '꼽추'나 '히줄래기' 몸짓을 수행할 때, 표정과 작은 동작 하나하나가 무척 사실적으로 느껴졌다. 히줄래기는 "온몸에 뼈가 꼿꼿하지 못하고 뼈 없는 사람처럼 다리는 휘청거리고, 목은 힘없이 흔들거리며, 온몸이 흐느적거리면서 히죽히죽 웃으며 춤을 추고 동작을 한다. 양팔은 허리 부분에서만 움직이며 더이상 옆으로 펴지지 않는다. 얼굴 표정은 히죽히죽 웃으며 눈은 사팔뜨기처럼 뜬다."[7] 그 몸짓은 내가 중학교 시절 만났던 어떤 몸을 상기시키기에 충분했다.

슬리퍼 소리를 크게 내며 몸을 바닥에 끌듯이 휘청휘청 걷던 중학교 3학년 선배였다. 그는 기숙사에서도 친구가 별로 없었는데, 김태훈과 나, 그리고 다른 한 선배까지 세 사람이 늘 같이 다니는 걸 유심히 보았는지 어느 날 탕비실에서 라면을 먹던 우리에게 느슨한 발음으로 말을 걸었다. "나도 너희 모임에 끼워주면 안 되냐?" 우리 세 사람은 그 말에 콧방귀를 뀌었던 것 같다. 전통적으로 행해진 어떤 종류의 병신춤들은 지나치게 장애를 과장하고, 희극적으로 보이기 위해 간단한 분장을 하여 장애를 묘사하기에 장애의 사실성을 무시하고 희화화의 대상으로만 간주한다는 비판이 있다.[8] 이와 달리 내가 영상으로나마 본 밀양백중놀이 공연자들은 특정한 순간 과장되고 희극적인 연기도 하지만, 대체로 세부 움직임까지 그 몸을 사실적으로 흉내냈다. 하지만 신명나게 세상의 권위와 질서, 사람들의 시선('응시') 앞에서 해방돼 춤추는 진짜 '병신들'로 보이지는 않았다. 그들은 정교하게 병신을 모사하는 '장애가 없는 공연자'들이었다. 그들의 연기와 춤에서 내가 발견한 것은 계급적·신체적·문화적 질서를 전복하고 인간의 해방과 화합을 상징하는 추상적이고 표현적인 몸짓이 아니었다. 탕비실에서 말을 걸던 그 선배가 꾸려가던 일상의 몸짓이었고, 그것이 효과적인 모방을 통해 재현된 모습이었다. 실제로 축제 속 '병신'들은 놀이의 후반부 범부춤 장면에 이르면 병든 몸의 상태를 벗어나 '보통의' 사람이 되어 춤춘다. 그들은 극 속에서도 진짜 병신이 아니며 병신을 춤추는 농민들을 연기한다.

공연을 현장에서 직접 보지 않고 행하는 비평은 정확하지 않을 가능성이 높다.• 장애화된 몸을 연상시키므로 '정치적으로 올바르지 않다'는 비난에는 쉽게 동의하지 않겠다. 그럼에도 불구하고 병신춤이 장애가 있는 몸을 통해 진정한 화합과 해방의 장으로 나아간다는 일련의 해석을 수긍하기 어려운 결정적인 이유가 있다. 이 춤의 역사에서 실제로 '장애가 있는 사람'이 춤추는 자로서 참여한 기록을 확인하기가 어렵다는 점이다.•• 왜일까? 누군가가 진짜 '히줄래기' '꼽추' '절름발이'에게 그 춤을 같이 추자고 초대했지만, 그들이 도저히

• 병신춤에 관한 몇몇 유튜브 영상 아래에는 이 춤에 대한 조롱이 달려 있다(굳이 링크를 표시하지 않겠다). 영어와 일본어로 쓰인 댓글들은 장애인을 비하하는 이따위 춤을 전통춤이라고 주장한다며 한국을 비난하고, 이게 진짜 'K컬처'라고 비아냥댄다. 그 아래 한국인이 쓴 것으로 보이는 댓글은 너희야말로 식민지 시기 장애인을 집단 학살하지 않았냐고 반박한다. 나로서는 '병신춤'을 제대로 보기 위해 꽤 많은 고민과 노력이 필요할 것 같지만, 그럼에도 이 춤을 간단히 부정하지 않을 것이다. 이 춤은 농사짓고 자식을 키우며 나이든 몸들이 시간을 내어 '병신'의 몸을 따라 하기 위해 연구하고 훈련하며 이어내려온 산물이며, 그 문화적 의미 역시 다양한 해석에 열려 있다. 그러니 독자가 해당 부분을 읽고서 밀양백중놀이 전수자들을 쉽게 비난하지는 않기를 바란다. 이 춤이 진지한 비판과 성찰의 대상이 되어야 함은 분명하다.

•• 여기서 '장애인'이란 과연 누구인가라는 물음을 제기할 수도 있다. 나이든 몸에는 '병'이 생기기 마련이므로, 과거 나이든 '병신춤' 무용수들 가운데는 '병든 몸의 무용수'도 있었을 것이다. 그러나 장애인/병신이란 단지 몸의 상태가 아니라 사회적 평가를 수반하는 일종의 지위다. 아픈 노인의 몸이 곧 장애인/병신의 몸은 아니다. 몸의 상태가 어떻든 실제로 '병신'이라고 '평가된' 사람들이 춤을 추었는가가 중요하다. 이러한 전제에서 병신춤을 춘 '병신'이 있었는지 적어도 나는 확인하지 못했다. 단, 병신춤의 전통에 공옥진을 포함시킨다면 이야기는 달라질 수 있다. 공옥진은 말년에 뇌출혈을 겪고 실제로 '병든 몸'이 되었다(병든 몸으로 평가받았다). 그는 자신이 춤춘 몸이 실제로 되었고 그 몸으로 춤을 추었다.

그 자리를 같이 즐길 자신이 없었던 걸까? 아니면 히줄래기, 꼽추, 절름발이도 기꺼이 축제에 참여해 춤추고자 했지만 '히줄래기'는 '히줄래기 춤'을 배울 수 없었기 때문일까? 어떤 이유에서든 '병신춤'을 춘 '병신'의 존재가 없다면, 이 춤이 억압에서 벗어나 다 같이 신명에 이르고 해방과 화합의 장을 만들기에 장애를 그저 조롱하는 춤은 아니라는 해석을 나로서는 받아들일 수가 없다.

병든 몸이 결코 병신춤을 출 수 없다는 논리대로라면 한국예술종합학교가 국회의원의 질의에 제출한 답변 내용이 비로소 이해된다. "이성적으로 작품의 완성도를 만들어가는 작업이라 신체적·지적 장애학생은 실행하기 어렵다"는 그 의견이 '병신춤' 전통의 핵심에 있다. 히줄래기 춤을 추기 위해서는 고된 시간을 '이성적'으로 견디지 않으면 안 된다. 병신춤은 모든 인간의 위계질서를 뒤흔들며 신분-사회-계급 질서를 규정하는 규범으로부터 자유로운 인간의 원초적 해방의 몸짓을 표현하지만, 그 춤은 오직 특정한 사람만이 출 수 있는 정교한 테크닉의 총체다. 병신춤은 결코 병신으로서는 도달할 수 없는 우리 고유의 문화적, 지적, 예술적 기교의 일부다.•

기꺼이 '병신'이 되기

독일 브레멘극장 소속 무용단이 세계의 장애인 무용수

들과 협업해 만든 공연 〈하모니아HARMONIA〉에는 다양한 피부색을 가진 비장애인 무용수들과 역시 각기 다른 피부색과 국적을 지닌 장애인 무용수들이 등장한다.[9] 말하기가 어렵고 걸을 때 균형잡기 어려워 보이는 뇌성마비 무용수는 쿠바 출신이다. 벨기에 출신으로 휠체어를 타며 허리 아래로 신경이 손상된 무용수, 영국에서 온 한쪽 팔꿈치 아래가 절단된 무용수, 루게릭으로 보이는 진행성 근육질환이 있는 무용수도 있다. 내가 관람한 공연에는 참여하지 않았지만 저신장 장애가 있는 무용수도 있었다. 〈하모니아〉는 제목이 암시하듯이 다양한 몸이 상대의 몸을 안마하듯 주무르고, 함께 어우러져 춤추고, 서로의 몸을 붙잡고 레슬링 하듯 투덕거리는 장면으로 가득하다. 그렇다고 '장애인과 비장애인의 어울림 한마당' 같은 공공기관 주도 기념행사를 떠올리면 곤란하다. 무대 위에서 이 몸들은 특정 동작을 강박적으로 반복하다 땀에 절어 쓰러져 눕고, 다시 벌떡 일어나 달리고, 옷을 벗어던지고, 서로의 몸을 따라 하며 춤을 춘다.

• 한예종은 2022년 국회의원 김예지의 국정감사 이후 입시제도를 개선하겠다고 약속했으며 2024년 현재 전통예술원 무용과를 포함한 5개 학과가 장애학생을 선발하는 제도를 추가로 시행하고 있다. 나아가 2025년까지 전 학과에서 장애학생을 적극적으로 선발하기 위한 제도를 시행하겠다고 밝혔다. 정치의 힘은 강력하고, 그 힘이 해내는 일을 마주하면 때로 허탈감이 느껴진다. '이성적으로 작품을 만들어가지 못하는' 몸들의 한계가 순식간에 해결된 것이다(해결된 것처럼 보이는 것이다). 물론 한예종의 이러한 선택을 나는 지지하고 계속 응원하고 싶다. 여기에는 정치의 힘만이 아닌, 과감하고 용기 있는 구성원들의 노력이 있었을 테다. 앞으로 장애가 있는 여러 고등학생이 전통예술은 물론이고 현대무용과 연기 분야 등으로, '병든 몸'들은 함께할 수 있다고 상상하지 못하던 세상으로 진출하는 모습을 보고 싶다.

서로의 몸을 따라 하는 장면은 이렇게 펼쳐진다. 무대 위에서 한바탕 힘 대결을 하며 신나게 몸을 움직인 무용수들이 잠시 가장자리로 이동해 가운데 공간을 비운다. 비트가 강한 음악이 흐르고, 한 사람씩 앞으로 나와 자신만의 방식으로 온몸을 격렬히 움직이는 춤을 춘다. 그러면 다음 사람이 달려나와 앞 사람의 움직임을 이어받는다. 이를테면 '히줄래기'의 몸으로 걸으며 무대 위를 텅텅 밟는 뇌성마비 무용수의 발걸음을, 그다음 나온 비장애인 무용수가 이어받는다. 그 역시 '히줄래기'처럼 움직이는데, 그 몸처럼 무대 사방을 휘청휘청 흐느적거리며 휘젓다가 어느 순간 그 몸의 흐름을 그대로 증폭시켜 빙글빙글 온몸을 회전하며 무대를 장악한다. 그가 나가고 나면, 이번에는 그 무용수의 '빙글빙글' 도는 움직임을 휠체어를 탄 무용수가 이어받는다.

장애인 무용수가 등장한 이후 곧바로 비장애인 무용수가 그 움직임을 '흉내'내며 등장할 때 약간의 긴장이 감돌았는지도 모른다. '병신춤'에서와 같은 물음이 제기되기 때문이다. 장애를 따라 해도 괜찮은가? 하지만 〈하모니아〉에서 모방당하는 장애의 형상은 누군가에게 조롱당하는 것으로 보이지 않는다. 비장애인 무용수가 장애인 무용수의 몸짓을 따라 하기 시작할 때 무대는 관객의 환호와 웃음으로 가득한데도, 왜 그 순간이 조롱하고 조롱당하는 관계로 비치지 않을까?

두 가지 이유가 떠오른다. 첫째, 이 무용수들은 곧바로 서로를 따라 하는 것이 아니다. 관객이 입장하기 전부터 무용수들은 (장애인/비장애인으로) 두 명씩 짝을 지어 서로의 몸에 기댄 채 무대 바닥에 편안히 눕거나 앉아 있다. 공연이 시작되어도 거의 40분가량을, 지루할 정도로 천천히 서로의 몸을 주무르고, 서로에게 기대 무게를 느낀다. 공연이 점차 진행되며 무대에서 움직임이 커질 때 이들은 거의 레슬링을 하듯이 서로를 가지고 논다. 관객은 이 시간을 모두 같이 보낸다. 나는 앞에서 내 친구 천명륜과 나의 고교 시절에 대해 이야기했다. 이 글의 독자인 당신은 우리 두 사람에 대해 안다. 당신이 만약 나와 천명륜 두 사람이 하는 공연을 보러 왔는데, 무대에서 천명륜이 내가 바닥을 기어가는 모습을 흉내냈다고 하자. 그것이 조롱처럼 보일까? 그렇지 않으리라고 생각한다. 관객인 당신은 이미 알기 때문이다. 천명륜의 저 행동은 김원영의 몸과 오랜 기간 상호작용하며 그에게 '깃든' 것이며, 곧 김원영도 그 몸에 배어든 천명륜의 (우스꽝스러운) 모습을 따라 하리라는 것을. 두 사람은 공연이 끝나고 서로를 비아냥댄 후 뒤풀이를 하러 갈 테고, 그때 술집 앞에 놓인 계단에서 천명륜이 김원영의 휠체어를 들어줄 것을 알 테다. 〈하모니아〉의 다소 지루할 만큼 느슨한 첫 부분은 이렇게 장애인/비장애인 무용수들의 개인적인 몸의 특성과 개성을 충분히 관객에게 전달하며, 그들 사이에 쌓인 두터운 신뢰를 공유한다. 그러한 바탕 위에서 이들은 마음껏 움직이고, 서로를 흉내낸다. 여기서 우리는 '조롱'이나 '비하'가 아니라 그 몸들 사이에서 깊은 연결감을 느끼기 시작한다.

둘째, 누군가의 몸짓을 모방하는 사람과 타인의 몸이 '되고자' 노력하는 사람 사이에는 큰 차이가 있지 않을까? 누군가를 모방하려는 사람은 타인의 몸짓을 세밀하게 분석한다. 팔다리가 머리의 움직임과 어떻게 조응하는지, 눈동자는 어디를 향하고, 습관적인 말투는 무엇인지 관찰하고 이를 자신의 몸으로 재현한다. 모방하려는 사람에게 타인의 몸은 나와 구별되는 대상이며, 능숙하게 모방에 성공할수록 모방자의 '원래 몸'이 가진 능력과 재능이 선명하게 부각될 것이다. 코미디언 강유미의 유튜브를 보며 그의 천재성에 감탄하는 것은 강유미가 자신이 흉내내는 사람과 전혀 별개의 존재이면서도 그들의 특징을 찾아내 똑같이 모방하는 재능을 보여주기 때문이다. 이처럼 모방은 타인의 몸짓과 말투를 활용해 자신의 역량과 의도를 드러내기에(주로 그것이 권력자에 대한 것일 때) 즐거움을 주지만, 소수자 집단을 대상으로 하면 자칫 조롱이나 자기과시로 이어질 위험도 있다. "봤지? 나는 네 몸을 똑같이 흉내낼 수 있다. 하지만 나는 어디까지나 네가 아니고, 언제든 원래의 나로 돌아올 수 있다."

반면 타인의 몸이 '되려는' 사람은 몸짓이 가진 요소를 낱낱이 분석해 그 특징을 포착하려 시도하기보다는, 그 몸의 경험과 세계를 깊이 이해하려 애쓸 것이다. 온몸을 좌우로 흔들며 걷는 뇌성마비의 몸이 있다. 그 몸을 모방하는 사람은 비틀거리는 몸짓을 흉내내기 위해 우스꽝스럽게 넘어질 듯이 걸을 것이다. 하지만 그 몸이 되려는 사람은 그 몸짓의 주체로서 생각할 것이므로, 그렇게 걷는 바로 그 '개인'에게 다가가고자 한다. 그러면 '그 사람'에게 비틀거림이란 제대로 걷지 못하는 것이 아니라 넘어지지 않고 그만의 방식으로 걷는 것임을 알게 될 수도 있다. 혹은 '비틀거리는' 그 사람이 실은 조금 더 비틀거리는 편이 자신에게 안전하고 편안할 때조차 다른 사람의 시선 때문에 위험을 감수하고 덜 비틀거리려 애쓴다는 사실을 깨달을 수도 있다. 타인의 시선과 자신의 몸이 가진 고유한 특성 사이에서 균형을 잡으려 노력하는 개인을 만나는 것이다. '극단 애인'의 배우 강보람은 뇌성마비로 인해 걸을 때 몸이 앞뒤로 흔들린다. 그러나 '흔들린다'는 말이 비틀거린다는 뜻은 아니라고 강보람은 말한다. "나는 비틀거리는 게 아니라 나만의 균형을 찾아 걷고 있는 거야."[10] 뇌성마비로 인해 자주 야기되는 몸짓은 흉내낼 수 있을지 몰라도 그 장애가 있는 구체적인 개인을 흉내낼 수는 없다. 그 개인을 이해하고 잠시나마 그 사람이 '되는' 일은 불가능하지 않으며, 그때의 내 몸은 '그 사람'을 담고 있을 것이므로 결코 그의 '장애'만을 추출해 조롱할 수는 없을 것이다.

병신춤을 대중적으로 널리 알린 인물인 공옥진의 공연 영상을 보았다. 그중 하나는 1993년 서울 예술의전당 야외 공연장에서 열린, 공옥진이 수많은 역할을 오가며 춤을 추고 창을 하고 관객과 즉흥으로 대화를 나누는 그의 대표 일인창무극 〈심청전〉이다. 햇볕이 내리쬐는 가운데 60대에 접어든 공옥진은 심봉사, 곱사봉사 등 여러 특성을 가진 시각장애인의 몸을 연기했다. 이 공연에서 사람들은 장애인이 된 공옥진의 연기에 웃음을 터뜨리기도 하지만, 단지 그것만이 아니었다. 그 인물 각각의 캐릭터는 분명하고 다채로웠다.• 공옥진의

'병신춤'을 어떻게 보면 좋을지에 대해 내 의견은 여전히 명확하지 않다. 그의 춤은 지금도 후대 공연자들이 종종 무대화하며 논란을 불러온다.••

다만 한 가지 사실을 강조할 필요가 있다. 공옥진은 '병신춤'을 특정한 전통춤 형식 안에서 ('병신이 아닌') 스승에게 전수받은 것이 아니다. 그는 1978년 서울 지역 무용계에 알려지기 전까지, 젊은 시절 대부분을 남도 지역 곳곳을 떠돌며 공연하는 유랑극단과 자신이 만든 창극단에서 활동했다. 1950~60년대 전쟁과 가난을 겪은 거리에는 장애인과 부모를 잃은 아이들이 가득했다. 공옥진은 이 시절 다양한 장애인의 몸들을, 버려지고 소외된 몸들을 만났다. 가족 중에도 장애인이 있었다. 공옥진의 '병신춤'은 '병신의 몸'에서 착안한 특정한 안무적 전통을 이성적으로 연마한 결과가 아니라, 자신이 만난 구체적 개개인의 몸들을 자기 안에서 '육성'한 결과라고 말할 수 있다.•••

밀양백중놀이는 어떨까. 나는 조만간 이 춤을 직접 관람하고 싶다. 전수자들의 병신춤을 비난하기 위해서가 아니라

• 연구자 김효성도 공옥진의 장애인 등장인물들이 그저 조롱이나 희화화의 대상이 아니라, 구체적인 극적 맥락과 개별성을 가진 존재들로 묘사됨을 강조한다. 김효성, 같은 글, 71~77쪽.

•• 극단 그린피그는 2018년 서울 남산예술극장에서 〈이야기의 方式, 춤의 方式: 공옥진의 병신춤 편〉(연출 윤한솔)을 선보였다. 연출자와 단원들은 이 공연이 장애를 재현할 때 촉발할 수 있는 낙인이나 비하의 가능성을 충분히 의식하며 장애를 섬세하게 재현하기 위해 장애인극단의 배우들을 만나는 등 여러 노력을 했다. 하지만 장애 재현이 적절했는가에 대한 논란을 피하지는 못했다.

거기서 내가 실제로 무엇을 만날 수 있을지 찾고 싶어서다. 병신의 춤사위에서 나는 축제의 소재로 추출된 내 친구들의 몸(삶)을 떠올리게 될까? 아니면 춤꾼들의 몸에 깃든, 춤의 역사 속 어느 시절을 살아간 구체적인 '병신들'을 만나게 될까? 이 춤을 제대로 바라볼 용기가 있었으면 한다.

검은 나무 곁에서

도쿄 시모키타자와下北沢는 서울의 홍대와 대학로를 섞어 놓은 것 같은 장소다. 시부야역에서 서쪽으로 향하는 노선인 게이오 이노카시라선線을 타고 20분 정도 이동하면 시모키타자와역에 도착한다. 남쪽 출입구로 나오면 흰색 간판이 달린 연극 공연장이 보이고, 서울 대학로처럼 공연 시작 전 하우스 오픈을 기다리는 젊은 관객들의 대기 줄도 눈에 띈다. 남쪽 출구에서 맥도날드가 있는 작은 사거리를 지나 큰길로 이어지는 이면도로는 완만하게 경사진 내리막이어서, 적당한 위치에너지 덕분에 휠체어에 위험하지 않을 만큼 속도가 붙는다. 이면도로가 큰길과 만나는 지점에서 왼쪽으로 꺾으면 평지가 이어지는데, 시선을 위로 향하면 내가 타고 온 노선 이름이

••• 그렇다고 공옥진이 전통 공연예술의 형식·기술과는 거리가 먼 예술가라는 뜻은 아니다. 공옥진은 어린 시절부터 전남 지역의 판소리 명창인 아버지 공대일에게 창을 배웠고, 1938~1944년 일본으로 건너가 도쿄에 머물던 최승희의 종으로 일하며 춤을 배우기도 했다. 공옥진의 몸은 어린 시절부터 공연예술에 필요한 탄탄한 기본기를 갖추었던 셈이다.

영어Keio-inokashira line로 크게 적힌 고가철도가 보인다.

철로 아래를 통과하면 작은 공업사 건물 2층에 가오루코香瑠鼓의 스튜디오가 있다. 그녀는 2017년 당시 만 60세가 된 40년 경력의 안무가로, 그간 쉬지 않고 무용 워크숍을 진행하며 광고나 영화의 안무를 맡는 등 활발하게 활동중인 현역이었다(2024년에도 마찬가지다). 가오루코의 워크숍은 공연 일정 등이 없는 한 주당 3~4회, 저녁 7시부터 9시까지 시모키타자와의 스튜디오에서 진행되었다.

낮은 건물인 터라 2층 스튜디오까지 엘리베이터가 없었다. 7월의 더위가 전혀 가시지 않은 저녁 시간, 건물 앞에 도착해 연락하자 몸이 깡마른 20대 중반의 남성이 내려왔다. 그는 가오루코와 함께 작업하는 무용수이며 자신을 쿠로키 유타黒木裕太라고 소개했다(이름처럼 그는 피부가 검고, 나무처럼 마르고 단단해 보였다). 그는 환하게 웃으며 나를 업어주겠다고 말했다. 내가 아무리 무겁지 않다고 한들 사실 좀 걱정이 되었다. 곧 이시카와 카오리石川かおり가 내려왔다. 두 사람은 모두 가오루코의 즉흥무용 공연팀 아피쿠피아ApicupiA에 소속된 무용수였다. 두 사람은 분업하여, 카오리가 내 휠체어를 들고 쿠로키는 나를 업은 채 2층으로 올라갔다.

2016년 서울에서 가오루코를 처음 만났고 그가 진행하는 '움직임 워크숍'에 참여한 인연으로 연락처를 교환해두었다. 2017년 6월 말 4년간 일한 직장을 그만두고 7월 초 도쿄로 갔다. '나는 댄서가 될 거야!'라며 호기롭게 회사를 그만둔 건 전혀 아니었다. 퇴직 후 첫 여름을 낯선 곳에서 보내고 싶었고, 한편으로는 편안한 곳에 가고도 싶었다. 나를 잘 모르는 사람들과 함께 있으면서도 내가 가장 편안하게 S자 척추에 힘을 빼고 숨쉬고 움직일 수 있는 곳. 배리어프리 워크숍을 수년에서 수십 년 진행한 무용수들이 모인 공간이 아니라면 도대체 어디일까.

마침 한국인 친구가 시모키타자와에서 멀지 않은 시부야에 살고 있어 신세를 지기로 했다. 햇볕이 잘 드는 복층 집이었다. 2층엔 친구가 쓰는 방과 샤워실이 있고 1층에 내가 머무는 동안 지낼 침대방과 부엌, 화장실이 있었다. 나는 친구가 출근하고 나면 느지막이 일어나 2층까지 '네발로 기어' 올라가 샤워를 했다. 1층으로 올 때는 샤워 전에 입었던 옷을 계단 아래로 던져버리고 속옷만 입은 채 기어내려왔다. 저녁에는 쿠로키의 등에 업혀 다시 시모키타자와의 건물 2층으로 올라갔다. 돌아보면 인생에서 좀 이상하고 예외적인 시기였다. 그전까지도 나는 엘리베이터가 없는 건물 2층에서 진행하는 행사나 모임에 초대받으면 꽤 불쾌한 티를 내며, 주최측이 "업어서 도와드리겠습니다"라고 말해도 "그것은 장애인차별금지법 제4조에 따른 정당한 편의 제공이 될 수 없으며 휠체어는 내 몸과 같아서 분리되고 싶지 않다"고 답하는 사람이었다. 지금도 같은 생각이지만, 2017년의 나는 좀 이상했다.

가오루코의 워크숍에 참여하는 사람들은 퍽 다양했다. 쿠로키 유타, 이시카와 카오리, 다쓰야 규를 비롯한 무용수/퍼포머들이 상시로 참여할 뿐 아니라 컴퓨터 프로그래머, 연극배우, 밴드 보컬, 현대무용 전공자, 대학원생 등이 있었다.

그중에는 발달장애나 뇌성마비 장애가 있는 참가자들도 있었다. 나카노 유코中野優子는 도쿄대에서 정보학 전공으로 석사학위를 받고 당시에는 박사과정중인 대학원생이었다. 즉흥무용과 창의성의 관계를 연구하던 유코는 가오루코가 안무한 공연에도 참여했다. 얼마간 친해졌을 때는 자신의 논문을 내게 선물해주었다. 춤추러 갔다가 논문 선물을 받기는 처음이었다.

"머릿속에 떠오르는 생각이나 느낌을 목소리로 표현해 보세요. 의성어나 의태어도 좋아요."

가오루코가 내게 주문했다. 나는 시부야역의 친구 집에서 아침마다 씻기 위해 2층으로 기어올라가는 소리를 내기 시작했다. 쿵—쿵—쿵—쿵. 잠에서 덜 깼을 때, 나는 느리게 네발을 번갈아 디디며 계단을 하나씩 오른다. 반면 내려올 때는 (팬티 바람에, 샤워한 후라 춥고, 무엇보다 부끄러워서) 가볍고 빠르게 내려온다. 찹.찹.찹.찹.찹.

카오리, 쿠로키, 유코 세 사람이 내가 입으로 내는 소리를 듣고 자신들이 느끼는 대로 움직여보기로 한다. 그들이 내 소리의 맥락을 알 리 없다. '찹.찹.찹.찹.찹'이 뭐란 말인가. 그러나 놀랍게도, 카오리가 손바닥으로 마룻바닥을 치면서 네발로, 빠르게 앞으로 나아간다. 그는 내가 어떻게 움직이는지 이미 알았던 걸까? 손바닥의 소리를 기억한 걸까? 쿠로키는 어쩐지 몸을 일으켜 고개를 하늘로 쭉 뻗는다. 유코는 자세를 낮추고 종종걸음을 걷는다. 유코가 짧은 보폭으로 스튜디오를 크게 돌고, 쿠로키는 하늘을 향해 큰 숨을 쉬듯 '탁.탁.탁', 흉곽을 움직여 박자를 따른다. 카오리는 내 소리를 자신의 손바닥 마찰음으로 복사한다.

그날은 우리가 2주간 함께 워크숍을 진행한 후였다. 내 앞에 서 있는 쿠로키의 마르고 검은 몸과 몸을 숙이고 달리는 유코의 자세를 보고, 나는 어떤 이미지를 떠올린다.

"삐—이—삐—이—삐—이."

검은색 다리를 휘청거리며, 고개는 아래로 숙이고, 좁은 복도를 지나서 달려가는 모습이 생각난다. 고교 시절 기숙사 109호에서 나를 안고 기숙사 건물 앞에 대기중이던 구급차를 향해 달려가던, 키가 크고 검은 표범 같은 몸. 새벽 시간 붉은색 사이렌이 출입구 유리문 앞에 번쩍거리는데—.

카오리가 이번에는 바닥에 눕고, 누운 채로 빠르게 옆으로 구른다. "탁탁탁" "삐잉삐잉삐잉" 쿠로키가 무릎을 굽혔다가 폈다가, 위로 뛰어오른다. 펄쩍펄쩍 넓은 보폭으로 스튜디오 바닥을 강하게 차면서 뛴다. 마르고 긴 검은색, 거칠고 든든한 나무黒木. 천명륜의 다리가 내 앞에서 달린다. 나는 계속 입으로 소리를 내면서 휠체어에서 내려오기로 한다. "투.투.투" "뿍뿍뿍뿍" "푸르르, 푸르르, 푸르르" "삐—" "삐———— —" 유코와 카오리가 다가와서, 바닥에 내려온 나의 양손을 잡고 끌어당긴다. 나는 이들에게 매달려서 휠체어에서 먼 지점까지 나아간다. '아! 아— 아——.'

소리를 멈추자, 우리 넷은 동시에 정지한다.

내가 그들은 알아들을 수 없는 한국어로 말한다.

"이 시간에 늘 혼자 있나요?"

선 자세로 멈춰 있던 쿠로키, 카오리, 유코가, 바닥에 앉는다.

우리는 잠시 서로의 손을 잡고 연결된 채로 있는다.

조금씩 더워지던 5월 말 어느 날, 여느 때처럼 교실 뒤편에 앉아 있는 내 곁을 키가 큰 이신형이 지나가며 차가운 물을 튀겼다. 우리는 벚꽃이 화창했던 그날 체육시간 이후 다시 대화할 일이 없었다. 멀리 떨어져 앉았고, 어울리는 친구들이 달랐다. 쉬는 시간 말을 나눌 일도 없었다. 텅 빈 체육시간은 그후에도 이어졌지만 이신형이 늦게 등교하는 일이 더는 없었다. 차가운 물이 닿는 순간 나는 고개를 돌렸고, 자기 자리로 가려던 이신형을 바라봤다.

"덥지 않아요?"

"더워. 수학 풀면 더워."

"천명륜 말로 높은 데 올라가서 푼다면서? 교실에는 높이 올라갈 데가 없어서 어떡해?"

우리는 웃었다(천명륜 이놈의 자식을 내가……).•

• 체육시간 빈 교실에서 이신형과 이야기를 나눈 날의 경험은 단편소설 『우리의 클라이밍』(위즈덤하우스, 2023)의 첫 장면이 되었다. 소설에서와 달리 우리는 그후로 친구로 지내지 못했다.

"〈하모니아〉는 제목이 암시하듯
다양한 몸이 함께 어우러져
서로의 몸을 따라 하며 춤을 추는 장면으로 가득하다."

"타인의 몸이 '되려는' 사람은
타인의 몸짓이 가진 요소를 낱낱이 분석해
그 특징을 포착하려 시도하기보다는,
그 몸의 경험과 세계를 깊이 이해하려 애쓸 것이다."

브레멘극장 무용단, 〈하모니아〉, 2022

2부

닫힌 세계를 열다

장벽이 없는 극장

다섯 번째

하쿠나마타타

“저는 짧은 곱슬머리에 검은색 스카프를 매고 흰색 셔츠를 입고 무대 왼쪽에서 객석을 바라보고 앉아 있습니다.”

공연장에 배우가 등장하자마자 자신의 겉모습을 구구절절 설명한다. 보통의 관객이라면 잠시 어리둥절할지도 모른다. 눈으로 무대를 자세히 경험하기 어려운 사람들을 위한 음성해설이다. 앞에서 벌어지는 상황을 설명하거나, 배우 한 사람 한 사람이 입은 옷이나 자신이 서 있는 위치 등을 말로 안내하는 것이다. 드라마나 영화, 연극 속 인물과 장면을 말로써 묘사하고 안내하는 해설이 포함된 문화 콘텐츠가 최근 늘고 있다. 눈이 보이지 않는 관객이라도, 침대 위 연인이 잠을 자고 있을 때 누군가 몰래 침실로 잠입하는 장면에서 “침대 위 민수가 선영의 등에 오른팔을 얹고 잠을 자고 있다. 현관이 빼꼼히 열리고 누군가 얼굴을 가린 채 살금살금 침대 쪽으로 다가오는 중이다”라는 해설을 들을 수 있다면, 곧 이어지는 연인의 비명이 어떤 상황인지 쉽게 이해할 것이다.

이런 작품을 보통 ‘배리어프리 영화’ ‘배리어프리 연극’이라고 부른다. 배리어프리barrier free는 어떤 공간이나 매체, 창작물에 노인과 장애인 등의 약자가 큰 어려움 없이 접근할 수 있음을 뜻하는 용어다. 우리나라에서는 누구나 즐길 수 있는 문화예술 콘텐츠를 뜻하며, 최근에는 배리어프리의 의미로 접근성accessibility이라는 표현도 쓴다.•

아직 공연계에서 배리어프리 또는 접근성에 관한 이야기가 드물던 2018년 영국에 방문했을 때, 나는 공연 홍보책자에서 AD라는 표시를 보았다. 이는 접근성을 위해 음성해설audio description을 제공한다는 뜻이었다. 모든 회차에 음성해설을 제공하는 공연은 드물어도 최소 몇 회 이상 제공하는 공연을 찾기는 어렵지 않았다. 런던 여행자라면 한 번쯤 관람하는 뮤지컬 〈라이온 킹〉을 2024년 봄 검색해보니, 8월 25일 공연에서 음성해설을 제공한다는 공지가 있다.•• 이날 공연장에 가서 음성해설 헤드셋을 쓰면 "하쿠나마타타!"라고 티몬과 품바가 외치는 순간 "티몬이 심바에게 다가가며 엉덩이를 들썩인다"는 해설을 들을 것이다(〈라이온 킹〉의 유명한 대사 "하쿠나마타타"는 '문제가 없다'라는 뜻의 스와힐리어다. 그야말로 '배리어프리!'라고 외치는 셈이다). OTT 서비스 구독자라면 콘텐츠 재생중에 해당 자막 부분을 클릭해보라. 예를 들어 디즈니

• 배리어프리는 본래 건축물의 진입 환경을 논의하면서 1975년 유엔이 사용한 용어다. 현재는 건물, 대중교통뿐 아니라 인터넷 웹페이지, 모바일 환경, 문화 콘텐츠 등에 폭넓게 적용된다. 배리어프리보다는 '접근성'이 유엔 장애인권리협약 등에서 규정한 공식적인 표현이며, 최근에는 우리나라에서도 더 많은 창작자들이 접근성이라는 말을 선호한다.

•• 그 밖에 문자통역 서비스와 수어통역 서비스도 연 1회 특정한 날 제공된다. 내가 원고의 이 부분을 처음 쓰기 시작한 것은 2020년경이다. 그때 나는 〈라이온 킹〉처럼 상업적인 뮤지컬에서도 장애인 관객의 접근성(배리어프리)을 고려한다는 점이 인상적이어서 이 사례를 기록했다. 그런데 2024년 현재 관점에서 다시 보니, 〈라이온 킹〉이 겨우 연 1회 음성해설을 제공한다는 사실이 무척 놀랍고 실망스럽다. 그럼에도 한국의 대형 뮤지컬 공연 현실을 생각해보면 한숨이 나올 뿐이다. 관련 정보는 〈라이온 킹〉 전용극장인 라이시움Lyceum theater 홈페이지 접근성Access탭 참조. https://thelionking.co.uk/london/access

플러스의 〈무빙〉에서 자막 탭을 열면 '화면해설'을 선택할 수 있다. 그러면 배우의 대사 사이에 요령 있게 영화 속 장면을 해설하는 성우의 목소리를 들을 수 있다.•••

음성해설이 이미지를 소리로 바꿔 시각장애가 있는 사람들의 접근성을 높인다면 수어통역이나 자막은 소리를 이미지나 문자로 전환해 난청이나 청각장애가 있는 사람들의 장벽을 낮춘다. 최신작 영화가 일반 상영관에서 수어나 자막을 붙여 제공되는 경우는 드물지만, 이 역시 OTT 서비스에서는 제공한다. 외국영화에 한국어 자막을 제공하는 '당연한' 서비스를 말하는 것이 아니다. 한국영화에 한국어 자막을 제공한다는 뜻이다. 이 경우 자막은 배우들의 말을 옮기는 데 그치지 않고, 영상에서 들리는 다른 소리도 표시한다. 이를테면 넷플릭스에서 한국 드라마 〈경이로운 소문〉의 한국어 자막을 켜면 "[소문의 벅찬 숨소리] 감사합니다"라고 자막이 나오고, 드라마에 배경음악이 흐르면 음표 이미지 옆에 '활기찬 음악'

••• 방송에서 시각장애인을 위해 제공되는 음성해설은 DVS(Descriptive Video Service, 화면해설)라고 부른다. 한국 지상파 TV에서는 2001년 4월 MBC 〈전원일기〉에서 처음 시도되었다고 한다. 2010년대 관련 법령이 개정되면서 화면해설이 제공되는 방송이 점차 늘었고 2000년대 후반 한국시각장애인연합회는 화면해설작가 교육을 시작했다. 2023년 기준 지상파 방송국의 화면해설방송은 전체 방송의 15퍼센트 수준이다. 방송 화면해설 관련 정보와 해설작가들의 이야기는 이 책을 참고할 것. 권성아 외, 『눈에 선하게』, 사이드웨이, 2022.
한편 방송 화면해설과 (라이브) 공연에서 제공되는 음성해설은 시각장애인의 접근성을 높이기 위한 일련의 서비스 또는 실천이라는 점에서 목적은 같지만 효과가 동일하지는 않다. 공연의 현장성이라는 조건이 해설하는 시각적 정보와 더 적극적으로 상호작용하기 때문이다.

이라는 식의 설명이 달린다.

공연은 라이브로 진행되므로 영상의 경우보다 접근성을 고려하는 비용과 노력이 크게 든다. 2010년대 후반까지 일부 장애인극단들을 제외하면 한국 공연계는 관객 가운데 장애인이 있다는 점을 거의 고려하지 않았다. 내가 2018년 런던을 방문했을 때 〈라이온 킹〉이 연 1~2회 수준이나마 음성해설을 제공한다는 사실을 알고 큰 감명을 받은 이유다. 하지만 2019년경을 기점으로 한국 공연계에서도 소수의 공연창작자들을 중심으로 다양한 실천이 시작되었고, 2024년 현재는 아르코·대학로 예술극장 등 국공립 극장, 두산아트센터를 비롯한 일부 민간 공연장들도 공연 접근성을 중요한 화두로 삼고 있다. 이들은 연 7~8회 다양한 관객을 위한 접근성을 기획단계부터 고려해 접근성(배리어프리) 공연을 제작하고, 공연 홍보시에는 내가 영국에서 본 것처럼 어떤 접근성을 지원하는지 알린다. 음성해설, 이동지원, 문자통역을 언제 어떻게 제공한다는 정보가 이 극장들의 온라인 공연예매 페이지에 게시된다.

이 변화는 급격했지만 당연히 그 바탕에는 오랜 시간 아무도 알아주지 않는 가운데 공연의 접근성을 높이고자 노력한 사람들의 실천이 있었다. 아마도 돈과 시간이 제일 부족했을 연극인들 사이에서 일어난 변화 덕에, 공연을 상징하는 서울 대학로는 이제 장애가 있는 사람들이 신뢰하고 안정감을 느낄 만한 장소로 탈바꿈했다. 대형 상업영화나 초대형 뮤지컬 산업도 하지 않으려는 일들이 이곳에서 일어났다. 하쿠나마타타.

대학로 적응 훈련

한국 공연예술의 메카로 여겨지는 대학로는 서울시 종로구 혜화동, 지하철 4호선 혜화역 인근을 말한다. 이곳에는 아르코예술극장을 비롯해 수백 개의 크고 작은 극장이 모여 있고, 마로니에공원이 있고, 한국방송통신대학교 본부 건물과 서울대학교 연건캠퍼스가 있다. 600년 전 성균관의 번화가(?)를 상상할 필요까지는 없지만, 대학로는 한국 문화와 예술에 있어 유서 깊은 장소다. 서울대병원 정문에서 혜화동로터리로 향하는 길 건물 2층에 자리한 학림다방에서는 1960년대부터 문인과 연극인 들이 모여서 문학과 음악, 정치, 연극에 대해 토론했다. 그 중요성과 의미는 다소 바뀌었지만 대학로는 여전히 서울 홍대 앞과 더불어 예술과 문화를 즐기고 싶은 젊은이들이 모여드는 장소다.

늘 그 자리에서 오랜 역사를 쌓아온 대학로이지만 10대 후반 내게는 낯선 외계였다. 1999년 햇살이 들어오던 307호에서 김태훈과 땀을 뻘뻘 흘리며 몸싸움을 하던 그때, 김태훈과 나를 비롯해 그곳에 사는 아이들은 '사회적응 훈련'으로 불리던 사회복지 프로그램에 참여했다(이 말은 곧 307호가 사회는 아니라는 뜻이기도 하다). 사회적응 훈련에 참가하면 우리는 약간의 비용을 지원받고 사회에서 해보고 싶지만 하기 어려운 일에 도전할 기회를 가진다. 뇌성마비가 있는 친구 민교와 나는 대학로에서 공연을 보고 돌아오는 '훈련'을 받기로 했다.

현재 경기도 광주시에는 판교까지 이어지는 지하철이 있지만 '광주군'이었던 1999년 지하철 따위는 없었다. 민교와 나는 우선 택시를 타고 군의 중심지로 이동한 후에 서울 강변역까지 가는 1113-1번 버스를 탔다. 저상버스는 (당연히) 없었으므로 아마 승객들의 도움을 받아 휠체어를 싣고, 양팔로 버스 손잡이를 잡아 공중부양 하듯이 앞자리에 앉았을 것이다. 강변역에 도착한 후에는 〈즐거운 나의 집〉이 배경음으로 흘러나오는 휠체어 리프트를 이용하고, 2호선 지하철을 타고, 어딘가에서 4호선으로 환승하고, 혜화역에 어떻게 도착해서, 엘리베이터가 없었으므로 지금은 기억나지 않는 어떤 방법으로 대학로로 나왔을 것이다. 내 기억은 혜화역 2번 출구 근처에서 이어지는 골목길(대학로의 가장 중심 골목일 것이다)로 들어섰을 때의 풍경에서 시작된다.

그 길을 따라 나는 휠체어를 밀고, 민교는 타인이 보기에 불안정한 모습으로 비틀비틀 걸으며 지하에 있는 콘서트장을 찾아다녔다. 장애가 있는 사람은 오직 우리 둘인 것 같았다. 곳곳의 무대로 향하는 길 대학로에서, 나는 세기말을 사는 힙스터들(그 유명한 'X세대')을 모두 만난 느낌이었다. 서울의 도심 자체를 경험한 적이 거의 없던 내게는 모든 사람이 너무나 매력적이고, 세련되고, 아름다워 보였다. 저런 사람들이 서울에서 대학을 다니고, 연극을 보고, 미술관도 가고, 인

디밴드의 노래도 듣고, 일본 애니메이션을 찾아보는 것이구나! 평범한 사람들이 저렇다면 무대 위 배우들은 도대체 어떤 모습일까? 사회라는 무대는 정말 오를 엄두가 안 나는 곳이었다(1990년대 젊은이들의 패션과 말투를 흉내내는 〈SNL Korea〉 영상을 떠올려보라. 그 영상이 재현한 풍경 한가운데를 장애가 있는 10대 남자아이 둘이 느릿느릿 걸어간 것이다).

연극이나 무용 공연은 볼 상상도 하지 못했던 민교와 나는, 유명 가수 김종서의 공연이 열리는 지하의 콘서트장을 찾아갔다. 기억나지 않는 어떤 방법으로 공연장으로 내려가서, 휠체어를 어딘가에 치우고 의자에 또 어떻게 앉아서 공연을 보았다. 공연장이 관객의 흥분으로 달아오르면 사람들이 벌떡 일어섰는데, 그러면 아무것도 보이지 않았다. 공연을 어떻게 즐겨야 하는지도 전혀 몰랐다. 모든 게 어색했다. '사회란 정말 어려운 곳이군.' 나는 생각했다.•

2020년대 대학로는 완전히 다른 풍경이다. 아마 누구라도 마로니에공원에 한 시간 정도만 앉아 있으면, 전동휠체어를 타고 공원을 가로지르는 사람을 볼 수 있을 것이다. 조금 더 유심히 본다면 마로니에공원 남동쪽, 아르코미술관 가까이에 있는 놀이기구들 사이에서 '휠체어 그네'도 발견할 수 있다. 무거운 전동휠체어를 탄 채로도 즐길 수 있는 그네다. 공원으로 들어오는 입구 쪽 혜화역 2번 출구에는 엘리베이터

• 서울 대학로에 훈련을 갔던 이 경험을 나는 웹진 〈연극in〉에 게재했다. 해당 부분의 일부는 당시 기고했던 글을 수정한 것이다. 김원영, 「대학로를 위한 사회적응 훈련」, 〈연극in〉 제165호, 2019.8.8.

가 있고 그 앞에는 2015년 설립된 한국장애인문화예술원 건물이 있다. 그 건물 지하 연습실에서는 장애인 배우들로 구성된 '극단 애인'의 배우 백우람이 극단 대표 김지수가 쓴 희곡의 대사를 말하고 있다. 3층 세미나실에는 영국이나 미국에서 온 예술가들이 장애가 있는 창작자와 함께 그림을 그리고 무용팀을 꾸렸던 경험을 나누는 세미나가 열린다. 5층 이음아트홀에서는 '장애인 문화예술극회 휠'의 정기공연이 펼쳐지고 있다. 공원을 빠져나가면 방송통신대학교 주차장 입구 맞은편에 '알과핵 소극장' 건물이 보인다. 그 상층부를 노들야학을 비롯해 여러 장애인단체가 쓴다. 노들야학에서는 장애가 있는 학생들을 위한 국어, 수학, 영어 수업이 진행되고 철학자 고병권이 진행하는 인문반 수업에는 니체의 '마음속의 맹수'라는 표현을 접하고 온몸으로 반응하는 학생들이 있다. 화요일에는 부르키나파소에서 온 춤꾼 에마뉘엘 사누가 진행하는 댄스반이 열린다(코로나 팬데믹은 이 소중한 시간을 멈춰 세웠다). 그렇게 춤을 추고 니체를 읽고 수학을 배우던 학생들은 어떤 날들이 되면 마로니에공원을 가득 채우거나 서울 지하철을 점거하는 시위에 나서는 투사가 된다.

투사들이 2000년대부터 지하철역을 점거하고 버스를 세우는 시위를 하면서, 사회라는 무대로 나가는 길이 열리기 시작했다.• 장애가 있는 연극인들, 무용수들, 이들과 함께한 창작자들의 도전과 실천이 대학로를 더 풍요롭고 다채로운 장소로 만들었다. 대학로 안의 무수히 많은 공연장은 나와 민교가 세기말 힙스터들 앞에서 잔뜩 기가 죽어 있던 때와 달리 더 다양한 사람에게 문을 열었다. 하지만 이러한 변화는 아직 충분하지 않으며 21세기가 시작된 후에도 쉽게 시작되지 않았다.

안전하고 동등하고 자유롭고 통합된 극장

1998년 「장애인·노인·임산부 등의 편의증진 보장에 관한 법률」이라는 긴 이름의 법이 시행되었다. 공연장이나 영화관 등에 휠체어 관람석이 마련되는 법적 근거가 생긴 것이다.•• 여러 장애가 있는 사람들이 공연장이나 영화관에서 편하게 관람할 수 있도록 관람석을 만들어달라는 요구는 과거에는 '배부른' 소리처럼 들렸을 것이다. 2000년대 중반 장애인의 약 40퍼센트는 월평균 외출 횟수가 5회 미만이었다.[1] 한 달에 다섯 번도 외출하지 못한다면 병원 진료도 보고 은행도 가고 목욕하고

• 접근성/배리어프리 공연이 지금만큼이나마 가능해진 배경에는 당연히 사회 전반의 '배리어'에 맞서는 일이 선행되거나 동시에 진행되어야 했다. 이에 관한 이야기를 나는 『실격당한 자들을 위한 변론』(사계절, 2018) 7장 「권리를 발명하다」 부분에서 다룬 바 있으므로 이 책에서는 생략하기로 한다. 노들야학을 중심으로 한국의 중증장애인 당사자들이 전개한 한국 장애인권리운동의 역사에 관해서는 홍은전의 『노란들판의 꿈』(봄날의책, 2016)과 『전사들의 노래』(오월의봄, 2023), 『이규식의 세상 속으로』(후마니타스, 2023) 등을 참고하기 바란다. 한편 이 운동은 현재진행형이기도 하다. 이에 관해서는 변재원의 『장애시민불복종』(창비, 2023)을 보라.

•• 정확히는 장애인 편의시설에 관한 규정이 법률 수준에서 명확한 근거를 가지게 된 것이다. 이 법의 내용과 유사한 규정이 이전에는 보건복지부령(시행규칙)으로 존재했다.

옷 사고 친척 집 방문하기도 힘들다는 소리인데 공연을 누가 본다고. 극장 운영은 또 얼마나 경제적으로 수지타산이 안 맞는 일인가. 장애인 관람석을 만들어달라는 요구는 비현실적이라고 생각했을 법하다. 그러니 1998년 편의증진법(긴 이름의 법을 간단히 부르겠다)이 시행되었을 때 관람석 규정은 모두에게 꽤 충격적이었을지도 모른다. 대체로 300인 이상 등 큰 규모 공연장부터 순차적으로 법률이 적용되어서 당장은 효과가 미미했다. 2000년대 중반에 들어서며 제법 규모 있는 영화관, 공연장에는 휠체어석이 점차 도입되었다.

공연장에 들어갈 수 있더라도 실제 공연을 볼 수 있느냐는 별개의 문제였다. 다음 '좌석배치도'에서 볼 수 있듯, 휠체어석은 본래 객석이 아니었을 법한 곳에 그림을 그려놓은 수준이었다.[2] 왜 그랬을까? 법은 이렇게 쓰고 있다.

> 휠체어 사용자를 위한 관람석 또는 열람석은 출입구 및 피난통로에서 접근하기 쉬운 위치에 설치하여야 한다.[3]

공연이나 영화를 보다가 불이 나면 신속히 탈출해야 한다. 휠체어를 탄 사람은 대피하는 데 시간이 더 걸릴 수 있으니 비상구와 가까운 곳에 관람석을 만들라는 취지다. 맞는 말이다. 이 내용만 있었기에, 휠체어석을 마련할 법적 의무를 지는 극장들은 간편하게 부담을 덜 수 있었다. 잘 보이지도 않는 구석자리에 불만을 품은 관객이 "여기서는 무대가 절반밖에 안 보이는데요"라고 말하면 "고객님 안전을 이유로 어쩔 수

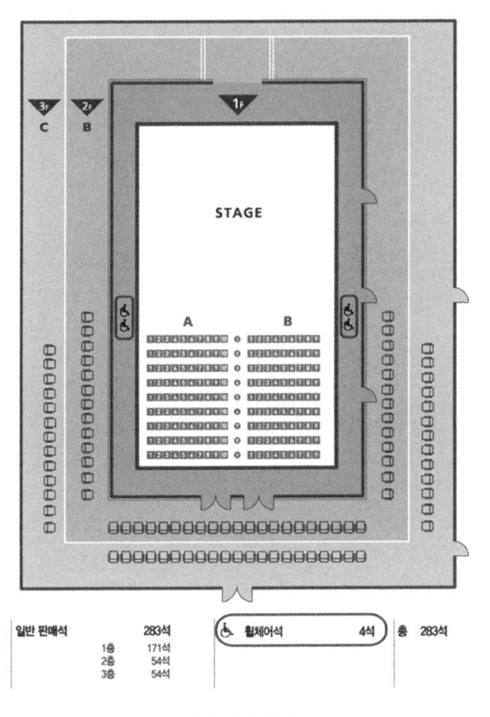

공연장 좌석배치도

없습니다"라고 답할 수 있었다.•

안전은 물론 중요한 가치이지만 함께 온 사람과 혼자 떨어져 오른쪽 끝 통로나 왼쪽 끝 통로에 앉아 덩그러니 절반

• 영화관의 경우는 스크린에서 가장 가까운 줄에 휠체어 이용자용 객석을 설치했다. 이곳은 매진 직전의 영화가 아니라면 대형 스크린이 시야에 다 들어오지 않아 아무도 앉으려 하지 않는 위치다. 사단법인 장애물없는생활환경시민연대는 2012년 영화관 장애인 관람석(휠체어석) 실태를 조사했다. 이에 따르면 전체 조사 대상 영화상영관 890곳 가운데 81.1퍼센트에 해당하는 722곳의 장애인 관람석이 스크린을 기준으로 맨 앞줄에 설치되어 있었다. 국가인권위원회, 「문화예술활동 참여를 위한 장애인 관람석 개선 권고 결정문」(2014.6.2)에서 재인용.

의 무대만 바라보는 공연이 즐거울까? 이런 자리에서는 공연을 두 번 봐야 한다. 한 번은 오른쪽 통로 구석에서, 또 한 번은 왼쪽 통로 구석에서. 무대를 절반씩 본 후 눈을 감고 머리를 흔들어 두 무대를 섞으면 공연 한 편이 완성된다(그럴 리가). 많은 공연제작자는 장애인 관객에게 좌석 가격의 50퍼센트 정도를 할인하는 제도를 운영한다. 같은 무대를 두 번 봐야 하니 이를 배려한 것이다(그럴 리가).

이불 밖은 다 위험하다. 아무것도 하지 않으면 아무 일도 일어나지 않는다. 강원도 작은 골짜기의 내 방, 경기도 광주의 307호는 안전한 공간이었다. 가족의 돌봄이 있고, 같은 장애를 가진 친구들로 이뤄진 비교적 안전한 공동체가 존재했다. 대학로는 지나치게 위험하다. 혜화역으로 나가는 계단, 공연장으로 내려가는 길, 객석에서 벌떡 일어나 흥분해 날뛰는 관객들, 비틀거리는 민교와 휠체어를 타고 잔뜩 긴장한 얼굴로 두리번거리는 나를 바라보는, 1990년대식 옷을 입은 사람들의 시선, 모두 위험하다. 공연을 보느라 위험을 감수할 이유는 없을지도 모른다. 집에서, (특수)학교에서, 장애인 시설에서만 머물며, 빛 속으로 나와 놀고 춤추고 살고 싸우기를 원하는 모든 장애인은 언제나 안전 때문에 우리에게 무대를 개방할 수 없다는 말을 들었다.

공연장의 접근성과 관련해서 우리나라의 편의증진법에 해당하는 미국의 법령은 '연방접근성표준Uniform Federal Accessibility Standards'이다. 이 규정이 제시하는 휠체어 관람석 기준은 꽤 흥미롭다.

휠체어 구역은 모든 고정식 좌석배치 계획의 일부로 포함되어야 하고, 전체 좌석에 분산하여 배치되어야 한다. 긴급 상황시 출구 역할을 할 접근 가능한 경로에 인접하여야 하며, 모든 관람 구역과 동등한 수준의 시야가 확보된 곳에 설치되어야 한다.[4]

한국과 마찬가지로 미국에서도 장애인들은 사회라는 무대에 오르기 위해 치열하게 저항하고 협상하고 싸우고 연대했다.[5] 그 과정에서 1991년 「미국장애인법Americans with Disabilities Act」이 제정되었고 연방접근성표준의 구체적인 내용이 마련되었다. 이러한 역사 덕분에, 이 규정에는 20세기 후반 미국의 장애인들이 세상에 품었던 네 가지 열망이 반영되었다. 첫째, 우리는 분리를 거부하고 통합을 원한다. 즉 공연장에서도 우리의 자리는 (우리를 제외한) 관객들을 위해 사전에 고려해 설치된 '고정 좌석' 안에 포함되어야 한다. 둘째, 선택의 자유를 원한다. 즉 우리는 미리 정해진 단 하나의 장소를 장애가 있다는 이유만으로 나의 선호와 취향과 무관하게 할당받지 않을 것이다. '좌석의 분산 배치.' 셋째, 안전. '긴급 상황시 출구 접근'이 가능해야 한다. 장애가 있다는 이유로 위험에 취약한 존재가 되지 않을 것이다. 넷째, 평등한 대우를 원한다. 즉 우리는 다른 사람들이 평균적으로 누리는 만큼, 장애가 있건 없건 공연장에서 무대를 '동등한 수준의 시야'로 바라보고 느끼고 경험할 것이다.

요컨대, 접근 가능한 공연장을 만드는 방법은 접근 가능한 사회를 만드는 방법과 (당연하지만) 정확히 같다. 2010년대 극장과 영화관의 휠체어석에 대한 문제 제기가 꾸준히 이루어지면서 국가인권위원회는 2014년 6월 보건복지부장관에게 편의증진법 시행규칙에 규정된 '휠체어 이용자용 관람석 또는 열람석 기준을 개선하라'고 권고했다. 동등한 시야가 확보되고 다른 사람과 함께 앉을 수 있도록 정비하라는 것이었다. 꽤 늦었지만, 2018년 정부는 관련 규정을 개정하면서 미국의 연방접근성표준과 유사한 규정들을 추가했다. 그 일부만 살펴보면 다음과 같다(밑줄은 내가 표시한 것이다).

관람석의 구조[6]

(1) 휠체어 사용자를 위한 관람석은 이동식 좌석 또는 접이식 좌석을 사용하여 마련하여야 한다. 이동식 좌석의 경우 한 개씩 이동이 가능하도록 하여 휠체어 사용자가 아닌 동행인이 함께 앉을 수 있도록 하여야 한다.

(2) (생략)

(3) 휠체어 사용자를 위한 관람석은 시야가 확보될 수 있도록 관람석 앞에 기둥이나 시야를 가리는 장애물 등을 두어서는 아니 되며, 안전을 위한 손잡이는 바닥에서 0.8미터 이하의 높이로 설치하여야 한다.

(4) (생략)

(5) (생략)

(6) 공연장의 휠체어 사용자를 위한 관람석은 무대 기준으로 중간 줄 또는 제일 앞줄 등 무대가 잘 보이는 곳에 설

치하여야 한다. 다만, 출입구 및 피난통로가 무대 기준으로 제일 뒷줄로만 접근이 가능할 경우에는 제일 뒷줄에 설치할 수 있다.

영화관과 공연장에서 관람객의 시야를 고려하고 동행인과의 관람 편의를 강화한 기준이 이렇게 마련되었다. 긍정적인 일인데 한 가지 재미있는 점이 있다. (3)에 밑줄로 표시한 부분을 보자. "관람석 앞에 기둥이나 시야를 가리는 장애물 등을 두어서는" 안 된다고 명시한다. 합당한 규정인가? 물론 그렇지만 이상하기도 하다. 관람觀覽석은 말 그대로 무대나 스크린을 '보는' 자리다. 관람석 설치 기준에 시야를 가리는 기둥 따위를 그 앞에 두지 말라고 굳이 명시할 이유가 있을까? 화장실을 지을 때 변기 뚜껑이 열리도록 설치하라는 법 규정이 필요할까? 최소한의 상식과 상호이해에 기반하면 너무 당연해서 언급할 필요도 없는 내용이 법에 명시된 것은 상식이 결코 지켜지지 않는 현실을 반영한다. 자꾸만 기둥에 가려서 아무도 앉으려 하지 않는 위치에 객석을 만들었던 것이다. 일상적인 상호존중, 인정, 상식에 기초해 유연하게 운영되어야 할 공동체의 규범이 국가의 촘촘한 법질서로 대체되면 그에 따른 문제도 발생한다. 구구절절한 명령과 지시로 가득한 '사회적 안무'가 발달할수록 개인이 가진 고유성과 각자의 상황에 반응해 펼쳐지는 '춤'의 가능성은 억압될 수도 있다. 규범(안무)과 춤의 관계에 대해서는 뒤에서 더 살펴볼 것이다.

지금까지 우리는 객석의 평등에 관해 살펴봤다. 그렇다면 '무대'는 어떨까?

무대의 평등

동명의 웹툰을 원작으로 하는 드라마 〈나빌레라〉는 칠순이 된 전직 집배원 덕출(박인환 분)이 23세의 발레리노 채록(송강 분)을 만나 어린 시절부터 품어온 발레의 꿈을 다시 좇는 이야기다. 실제 나이로 70대 중반이 넘은 배우 박인환은 발레복을 입고 발레를 배운다. 186센티미터의 20대 배우 송강이 연기하는 채록 옆에서, 배가 나오고 어깨는 굽어 있으며 팔다리는 짧고 두툼한 모습의 덕출은 조금 우스꽝스럽게도 느껴지지만, 곧 진지한 얼굴로 바를 잡고 발레리노처럼 손끝을 사뿐히 머리 위로 올리는 모습이 아름답게 표현된다. 시청자로서 순식간에 이 드라마에 빠져드는 장면은 첫 회가 끝날 때쯤 나온다. 연습실을 기웃거리는 정체 모를 노인에게 채록은 도대체 뭐하는 할아버지인데 나를 엿보느냐고 쏘아붙인다. 그때 베테랑 배우 박인환의 주름과 멍한 눈빛 아래로 덕출의 입술이 움직인다.

"발레를…… 배우고 싶어서요."

힘도 자신감도 없어 보이지만 누구보다 하기 어려운 말

을 내뱉는 이 강인한 얼굴 앞에서 나는 그만 고개를 뒤로 젖히고 말았다. 어떤 장면에서 우리는 화면 가까이 끌려가 시선을 고정하지만, 이런 장면에서는 고개를 돌리고 눈을 깜빡거릴 수밖에 없다. 이야기의 관객이 아닌, 이야기의 일부가 되는 순간이다.

우리 대부분은 뛰어난 물리학자나 대법관, 프로야구 선수, 전통떡 분야의 장인이 되기 어렵다. 이런 직업을 가지기 위해서는 어린 시절부터 긴 시간을 공부와 훈련에 쏟아부어야 하고 재능과 운도 따라야 한다. 어린 시절의 꿈을 마음에만 품고서 덕출의 나이가 된 사람은 많을 것이다. 발레무용수도 대법관이나 물리학자, 야구선수나 전통요리 장인과 마찬가지로 드문 재능과 기회, 헌신 없이 성취하기가 어려운 직업이다. 그럼에도 열악한 조건을 딛고 발레를 배우며 마침내 무용수가 되는 이야기에는 무척 극적인 구석이 있다. 영화 〈빌리 엘리어트〉도 같은 이유에서 아름답고 감동적이다. 빌리는 영국 변두리 도시의 탄광촌 노동자 가정에서 자라는 소년이다. 그는 춤추기를 좋아하지만, 그의 곁에는 정서적으로 투박하고 때로 폭력적이며 술에 의존해 사는 형과 아버지가 있고, 돌봄이 필요한 아픈 할머니가 있다. 빌리의 집은 비좁고 어지럽다. 어머니가 돌아가시자 빌리는 아무에게도 이해받지 못하다가 어느 날 학교에서 여학생들이 받는 발레수업에 참여한다. 음악에 맞춰 팔다리를 우아하게 펼치고, 어깨와 허리를 꼿꼿이 세우고, 굳건하고 보수적으로 규칙을 지켜가며 만드는 아름다움에 자신의 몸을 온전히 담그는 그 활동이 빌리를 매혹한다. 빌리의 아버지는 처음에는 폭력까지 쓰며 강하게 반대하지만 결국 마음을 바꾼다. 함께 파업에 나선 광산 노동자들에게 배신자 소리를 들으면서도 탄광으로 내려가 일하며 빌리의 꿈을 지원한다.

발레는 역사의 초기부터 '높은 곳의' 사람들이 즐기는 왕과 귀족의 춤이었다. 프랑스의 왕 루이 14세는 발레를 좋아해 발레아카데미를 설립했을 뿐 아니라 그 자신이 발레무용수였다. 거대한 태양과 함께 바닥에서 무대 위로 솟아오르는 역할을 맡아 직접 공연했다. 발레는 이탈리아에서 시작되었지만 프랑스로 건너온 후 루이 14세 통치기에 왕과 귀족의 아름다움과 품위, 예법을 담은 이상적이고 공식적인 움직임의 표본으로서 발전했다. 1660년대 파리에만 200군데가 넘는 무용학교가 있었고 여기서 젊은 귀족들은 예법을 익히기 위해 발레를 배웠다.[7]

발레를 직접 하는 자격, 볼 수 있는 자격은 아무에게나 허락되지 않았다. 왕족과 귀족에게 발레를 가르치는 일부 발레 마스터들이 그 기술 덕분에 신분을 뛰어넘어 권력의 중심에 다가가기도 했고, 발레의 무대와 객석(당시는 지금처럼 무대와 객석이 완벽히 분리되지 않았지만)에 다가갈 자격도 평등하게 주어지지 않았다. 발레는 17세기 프랑스 귀족문화를 통해 완벽히 가공된 예술이었다. 궁정의 생활방식, 기사도와 예법, 귀족 신분의 관례 등이 뒤섞여 발레의 스텝들과 관행을 이루었다. 발레는 루이 14세가 죽고 시간이 흐르며 점차 궁정에서 극장으로, 사교춤의 영역으로 이동했지만 발레의 전통 속에는 궁정생활의 흔적이 남았다.[8] 그렇다고 발레를 그저 높은 사회계급이 민중과 차별화되려는 속물적인 노력의 산물이라고 생각한다면 오해다. 발레는 어떤 귀족들에게는 허례허식이었을지 모르지만, 기본적으로는 더 나은 인간, 더 완전한 모습으로 살고자 하는 삶의 미학이기도 했다. 프랑스 궁정 발레의 교본을 만든 피에르 라모는 "춤이 우리가 타고난 결함을 완전히 없애지는 못할지라도 완화하거나 감출 수는 있다"[9]고 썼다.

공연을 관람할 기회는 과거에 비해 평등하다. 후줄근한 옷을 입었든 나이가 많든 피부색이 어떻든 누구나 발레를 볼 수 있고, 아주 큰돈이 필요한 것도 아니다. 과거의 시각으로 보면 발레 문화와 거리가 먼 사회적 신분, 발레 공연이 지향하는 아름다움의 가치와 제일 멀어 보이는 몸을 가진 나도 발레를 보는 데 제약이 별로 없다. 50퍼센트 할인 가격으로 티켓을 사고 큰 공연장에 마련된 휠체어석에 앉아서 발레리나와 발레리노들의 멋진 모습을 그냥 보면 된다.

그렇다면 관객으로서가 아니라 발레무용수로서의 자격은 어떨까? 과연 이런 것도 평등이라는 사회적 가치의 문제로 이야기할 수 있는 걸까? 단적으로 말하면 그 자격은 평등하지 않다. 누구든 하늘을 나는 꿈을 꿀 수 있지만, 실제로 '하늘을 나는' 사람은 소수에 불과하다.

누구에게나 객석이 열려 있어야 한다는 말은 당연한 소리 같지만 무대가 평등해야 한다는 말은 논쟁적이다. 누구에게든 발레무용수가 될 '기회'가 주어져야 한다는 뜻에서 무대의 평등을 말한다면 대부분 동의할 것이다. 하지만 모두가 무대에 올라 평등하게 춤을 출 수 있어야 한다는 뜻이라면 이야기가 다르다. 무대는 발레라는 예술을, 각 발레 작품의 특징을 가장 잘 표현하는 무용수에게 최우선으로 열려 있어야 하지 않을까? 일흔 살에 진지한 태도와 열정으로 발레를 배우는 〈나빌레라〉 속 덕출의 모습은 아름답고 감동적이지만, 우리가 무대에서 자주 보고 싶은 발레무용수는 덕출이 아니라 채록일 것이다. 덕출은 특별한 날의 이벤트로 무대를 채울 수 있겠지만 사람들이 돈을 지불하고 시간을 쪼개어 오래도록 보고 싶은 공연은 결국 채록과 같은 무용수가 등장하는 작품이다. 무대 위 무용수의 몸은 평등하지 않다.

우리나라를 비롯해 해외 여러 나라에서 평등한 사회를 촉진하기 위해 작동하는 법률, 즉 차별금지법의 시각에서 무대의 평등을 살펴보자. 국내외의 어떤 차별금지법도 차별 자체를 무조건 금지하지 않는다. 오직 금지되는 차별은 '합리적 이유가 없이' 누군가를 배제하거나 구별하고 구분짓는 행위다. 의료행위 자격을 오랜 기간 의학 훈련을 받고 자격검정 시험을 통과한 의사에게만 허용하는 정책은 의사와 의사가 아닌 사람을 '차별'하는 것이지만, 여기에는 합리적 이유가 있다. 반면 예술의전당에서 50세 이상 시민들은 공연을 볼 수 없다는 지침을 만든다면 합리적 이유 없이 나이를 이유로 사람을 차별하는 것이다. 그런데 국립발레단이 단원모집 공고에 '키 170센티미터 이상, 신체 건강한 무용수'라고 자격요건을 내거는 경우는 어떨까? 이 공고를 우연히 본 내가 지원서를 냈고 국립발레단은 지원자의 자격요건에 내가 해당하지 않으므로

서류 전형에서 곧바로 탈락 통보를 했다면, 이것도 합리적 이유 없이 장애 또는 신체조건을 이유로 하는 차별일까? 그렇지 않을 것이다. 아마 거의 모든 사람이 나의 탈락에는 합리적인 이유가 있다고, 즉 문제되지 않는 차별이라고 생각할 것이다.

안타깝지만 나에게는 발레무용수가 되는 데 필수적인 신체능력이 없다. 두 발로 서서 걷지 못하더라도, 내가 만약 발레리나가 발끝으로 몸을 곧게 세우는 발레의 푸앵트 동작을 다리가 아닌 팔로, 발끝이 아닌 손끝으로 할 수 있다고 해보자(당연히 못한다). 나는 〈백조의 호수〉에 나오는 유명한 32회전 장면을 바닥에서 두 팔로 거의 비슷하게 표현할 수도 있다(당연히 못한다). 이런 움직임을 멋지게 영상으로 찍어 지원서와 함께 국립발레단에 제출했다. 설령 그렇더라도, 국립발레단은 여전히 나를 탈락시킬 것이다. 아마 장애인들을 위한 무용교육 프로그램을 소개한 홈페이지 링크를 공유하면서, 4월 20일(장애인의날이다) 관람 가능한 〈해적〉 공연 VIP 티켓을 동봉하며 이렇게 말할 것이다. '귀하의 발레에 대한 열정에 감사드립니다. 발레무용의 특성과 발레단 규정상 오디션에 모시기 어려운 점 양해를 구합니다.'

우리나라에 공식적으로 존재하는 차별금지법 중 하나인 「장애인차별 금지 및 권리구제 등에 관한 법률」(장애인차별금지법)에 따르더라도 국립발레단의 조치에 부당한 요소는 없다. 물론, 무용수의 역량을 실제로 오디션을 통해 확인조차 하지 않고 그저 '신체 건강'을 오디션 자격으로 내건 부분은 따져볼 소지가 있다. 신체조건과 관계없이 일단 오디션 기회는 주어야 하지 않을지 생각해볼 만하다. 그러나 어떤 절차를 거치든 최종적으로 장애가 있어 보행이 어려운 사람을 발레단이 선발하지 않는 결정은 장애인차별금지법이 금지하는 차별이 아니다.•

발레라는 무용에는 오랜 시간 이어지며 발전한 내부적인 원리와 규칙이 있다. 예를 들어 고관절을 바깥으로 돌려 양발의 뒤꿈치를 서로 맞붙인 채 무릎과 발이 바깥으로 향하게 하는 일명 턴아웃 동작은 발레의 기본자세로, 17세기 루이 14세 때 정립된 5개의 기본 포지션 중 하나다. 발끝을 세워 몸을 높게 곧추세우는 푸앵트 동작은 19세기 발명된 후 여성 발레무용수라면 누구나 공연중에 무대에서 선보여야 하는 동작이 되었다. 축구나 야구 같은 스포츠 종목에서와 유사하게, 발레 안무에는 이러한 기본자세와 안무의 규칙, 전통이 존재한다. 공연 레퍼토리 역시 대체로 정해져 있다. 우리가 큰 규모의 문화예술회관 근처를 지날 때면 매년 〈백조의 호수〉 〈호두까기 인형〉 〈지젤〉 등의 공연 포스터를 반복해서 만나는 이유다. 현대에는 전통 규칙과 고전 레퍼토리에서 얼마간 자유로운 새로운 시도도 많고, 그 원리를 혁신적으로

• 구체적으로 장애인차별금지법은 제4조 제3항에서 장애를 이유로 누군가를 배제하거나 구별하더라도 "금지된 차별행위가 특정 직무나 사업 수행의 성질상 불가피한 경우"에는 차별로 보지 않는다고 규정하고 있다. 물론 발레무용수의 '직무'를 수행하기에 특정한 장애가 언제나 항상 불가피한 경우인가 토론의 여지는 있을 것이다. 그러나 적어도 점프하고, 한 발로 서서 다른 무용수를 들어올리는 등 발레 공연의 주요 레퍼토리 속 안무를 장애가 있어 보행이 불가능한 사람이 수행할 수 없다는 점은 명확하다.

변주한 다양한 형태의 발레 작품도 없지 않다. 그럼에도 어느 경우든 발레를 발레로 만드는 핵심 규칙과 범례는 여전히 중요하다. 올해 75세의 정년퇴직한 우체부나, 태어나서부터 걷지 못하는 장애가 있는 21세 청년이 천재적인 감각과 안무 기억력, 뛰어난 감정 표현능력, 춤에 대한 헌신적인 열정을 지녔다고 하더라도 국립발레단 같은 프로무용단의 무대에 오르는 것은 거의 가능하지 않다('거의'라는 단서를 남겨두자. 앞날은 모르니까).

그러니까 발레처럼 비교적 엄격한 체계와 규칙, 질서가 존재하는 영역에서는, 이를 도저히 충족할 수 없는 신체적·정신적 몸들이 있기 마련이다. 발레가 특별히 차별적이어서가 아니다.•• 자신이 접근할 수 없는 체계를 사랑하게 된 사람은 퍽 아쉬운 운명을 사는지도 모르겠다. 다만 특정한 규칙과 체계에 대해 '닫힌' 사람이라도, 그 체계와 규칙을 얼마간 창의

•• 이는 그저 더 불리하거나 어려운 조건에 있는 것과는 다르다. 키가 평균보다 훨씬 작은 사람도 세계 최고 수준의 미국 프로농구NBA선수가 된다. 160센티미터의 키로 1990년대 NBA에서 뛴 전설적인 농구선수 타이론 보그스가 그 예다. 하지만 두 팔이 없거나 걷지 못한다면 그 사람은 다른 모든 면에서 최고의 농구선수가 될 자질을 갖췄더라도 결국 프로가 되지는 못할 것이다. 우리 몸(뇌)이 지닌 유연성(가소성) 덕분에, 우리 역량과 신체조건은 일대일대응이 아니다. 두 팔이 없어도 머리만으로 슛을 잘 넣는 천재도 있지 않을까? 작은 키를 커버하듯 다리나 팔이 없는 것도 커버할 수 있는 대안적 신체능력이 있지 않을까? 그럴지도 모르지만, 다리나 팔이 없다는 사실은 농구선수에게 필수적인 신체 역량 전반에 압도적인 영향을 미치는 극단적 불리함일 것이다. 우리는 보통 타고난 조건을 넘어 '많은 것을' 해낼 수 있는 존재이지만, 모든 것을 해낼 수는 없다. 우리에게는 각자의 '닫힌' 세계가 있다(하지만 세계 자체를 변형시킨다면?).

적으로 변형함으로써 그 체계 안에서만 접근이 가능해 보이던 가치나 의미를 자신에게 열린 세계를 통해 만나는 경우도 있다. 기존의 질서order에 어긋남으로써, 그 오래된 체계 안에서 제시받는 주문을 탁월하게 배신함으로써, 즉 무대 자체를 변형시킴으로써 무대에 접근하는 사례가 드물기는 해도 없지는 않다.

주문을 틀리는 사람들

일본 NHK방송국 피디 출신의 오구니 시로는 2017년 6월 도쿄에서 좌석수 12개의 작은 레스토랑을 이틀간 열었다. 햄버그스테이크와 피자, 만두 등을 파는 작은 식당의 이름은 '주문을 틀리는 음식점注文をまちがえる料理店'이다. 이 식당에서는 이름 그대로 주문order에 어긋나는 메뉴가 나오는 일이 당연하게 받아들여진다. 햄버그스테이크를 주문하면 물만두가 나오는 식이다. 손님들은 메뉴를 주문하지만 다른 것이 나올 수도 있다고 생각하며 오히려 흥미진진하다는 듯 음식을 기다린다. 이 식당에서 서빙을 하는 종업원들은 모두 인지장애(알츠하이머)가 있는 노인이다.

오구니 시로는 피디로 일하던 때 간병업계를 취재한 적이 있었다. 2016년 어느 날 알츠하이머 등을 이유로 인지장애를 겪는 사람들이 방금 얻은 정보를 잊거나 잘못 기억해서 일상생활이나 직업활동을 하기 어렵다는 점을 떠올렸고, 이를 아예 콘셉트로 삼는 레스토랑을 기획했다. 여러 사람을 모아 준비한 끝에 2017년 6월 2일과 3일 도쿄에 '주문을 틀리는 음식점'을 열었다. 대중의 반응이 뜨거웠고 종업원으로서 급여를 받으며 일하게 된 알츠하이머 노인들은 무척 열정적이고 즐겁게 참여했다. 이후 주문을 틀리는 음식점은 하루 또는 이틀씩 도쿄에서 홋카이도에 이르기까지 여러 지역에서 계속 문을 열었고, 우리나라는 물론이고 노르웨이, 독일, 미국, 싱가포르, 중국 등 여러 나라 미디어에 소개될 만큼 주목을 끌었다.[10] 한국방송공사KBS도 2018년과 2022년 예능인 송은이와 이연복 요리사 등이 인지장애가 있는 어르신과 출연하는 기획프로그램을 방송했다.

'주문을 틀리는 음식점'의 취지는 인지적인 장애가 있는 노인들도 사회의 관심과 지원이 있다면 누구나 자신만의 역할을 해낼 수 있음을 보이는 데 있다. 이 식당은 알츠하이머가 있는 어르신에 대한 관심이나 지원을 시민들의 윤리적 책임이나 동정심에만 호소하지 않는다. 대신 식당의 '규칙' 자체를 새롭게 설정함으로써, 인지기능에 제약이 있는 사람도 누구나 실수를 두려워하지 않고 일할 수 있는 장소를 만든다. 주문을 철두철미 준수해야 하는 공간에서 인지장애가 있는 환자들은 늘 불안한 상황에 놓인다. 자신감을 잃어버리기 쉽고, 손님이나 운영자는 불만이 쌓일 것이다. 걸을 수 없는 내가 국립발레단의 무용수로서 고전발레 공연의 무대에 오르기 어렵듯이, 알츠하이머가 진행되고 인지장애가 발생한 사람은 주문을 정확히 받고, 손님에게 음식을 서빙하고, 음식맛이나 식당 위생에 대한 손님들의 불평불만을 해결하고 음식값을 계산하는 능력이 필수적인 직종에서 월급을 받으며 일하기가 어려울 것이다. 보통의 레스토랑이라는 '무대'는 알츠하이머가 발병한 사람이 접근하기 어렵다.

통상 여러 질병이나 장애로 인해 취업 및 직업활동이 어려운 사람들을 위해 정부는 고용복지정책을 시행한다. 근로지원인력을 파견하거나, 중증장애인을 고용하는 경우 그 사업장에 장려금을 지급하기도 하며, 공공기관에서는 이윤이 나지 않아도 일자리를 유지한다. 이 모든 노력은 중요하다. 그러나 이러한 고용복지정책은 주문을 틀리는 음식점이 창안하는 무대와는 같지 않다. 이런 유의 고용복지정책은, 국립발레단이 정부의 지원을 받아 나에게 오디션 기회를 준 후 나를 비롯한 장애인 단원을 두 명쯤 채용하고, 1년에 한두 편의 특별 공연에 출연할 기회를 주는 것과 유사하다. 이러한 시도도 필요할 수 있다. 장애인 무용수와 기존 주류 문화예술단 구성원들이 함께 시간을 보내며 서로 배우고, 관객의 선입견을 줄이고, 발레라는 무용에 새로운 자극을 줄지도 모른다. 그럼에도 결정적으로, 이것은 발레 무대의 원리와 질서가 내 몸의 특성과 가능성을 향해 열린 것이 아닌, 정치적·도덕적 이유에서 예외를 설정한 것에 불과하다. 반면 주문을 틀리는 음식점의 시도는 단기간에 이뤄진 작은 실험이기는 하지만, 알츠하이머로 인해 주문을 틀릴 수도 있는 바로 그 어긋남을 부끄러워하지 않아도 되는 장소를 재치 있게 창조함으로써 인지장애가 있는 사람들이 실수를 두려워하지 않고 자신의 역량과

매력을 뽐낼 새로운 무대를 제공한다.•

객석을 넘어 무대가 접근 가능하게 된다는 말은 기존의 질서에 어긋나는(틀린) 존재들에게 기존의 질서, 가치, 아름다움이 재구성되며 열린다는 의미와도 같다. 거창한 이야기가 아니다. 공연에서 시각장애인 관객의 접근성을 위해 제공하는 음성해설을 다시 생각해보자. 음성해설은 단순하게 말하면, 무대에서 발신되는 시각 정보를 수신하기 어려운 시각장애인을 위해 다른 매체(소리)로 정보를 제공하는 서비스다. 한쪽 다리가 손상된 사람이 지팡이를 짚어 다리의 기능을 대체하거나 보완하듯이, 관객을 위한 음성해설은 일차적으로 정보의 누락을 보완하기 위해 추가된 보조장치다. 이것은 그 자체로 의미 있지만 이때 음성해설은 기존의 무대나 영상 질서를 재구성하는 일과는 관련이 없다. 영화는 영화대로, 공연은 공연대로 평소처럼 만들어진 후 상연되는데, 이어폰을 꽂고 앉아 있는 시각장애인에게 눈앞의 장면을 누군가가 말로 전달해주는 것일 뿐이다. 오늘날 음성해설은 무용 공연에서도 종종 이뤄진다. 보통의 무용 공연에서는 누구도 거의 말을

• KBS에서 방송한 프로그램을 보면, 많은 경우 어르신들은 지원자들의 전적인 조력과 음식점에 온 고객들의 절대적인 관용 덕분에 자신의 역량을 발휘한다. 주문을 틀려도 된다는 '새로운 규칙'의 힘보다는 누구에게나 잘 알려진 연예인들과 카메라가 가득한 방송프로그램이 창출하는 힘이 이러한 조력과 선의를 더 적극적으로 베풀게 하는 것처럼 보인다. 전 국민에게 얼굴이 노출되는 특별한 장소를 찾아온 음식점의 손님들 역시 '규칙'보다는 이 방송의 선량한 취지에 더 크게 몰입하기 쉬울 것이다. 당연히 이러한 노력은 그 자체로 아름답고 가치 있지만, 이 모델은 방송이라는 특정한 자원을 동원하지 않는다면 지속되기가 쉽지 않을 것이다.

하지 않고, 음악과 무용수의 움직임만이 무대 위에서 펼쳐진다. 현대무용에는 음악이나 여타의 사운드가 아예 없는 공연도 많다. "지금 두 명의 무용수가 무대에 있는데 여자 무용수가 발끝으로 몸을 세우고 두 바퀴를 돌았고 그다음 남자 무용수가 오른쪽 끝으로 막 달려서 퇴장했어." 이런 식의 해설에 특별한 의미가 있는 걸까?

무용의 일반적인 원리와 질서는 그대로인 채 무대 상황을 말로 안내하는 서비스의 효용을 상상한다면, 분명 별다른 재미도 의미도 없는 것 같다.• 무용의 원리와 질서를 시각이라는 감각에서 한발 떨어져 다르게 구성해보면 어떨까? 무용은 무대 위에서 배우가 그리는 몸의 선과 동작의 조형적 아름다움을 감상하는 예술인가? 그렇다. 하지만 그것이 전부일 필요는 없다. 당신이 시각장애가 없는 관객이라면 공연장 앞자리에 앉아 눈을 감아보라. 무대 위에서 무용수들은 숨을 몰아쉬고, 그들이 움직이는 팔다리가 공기를 가를 때 미세한 바람소리가 들린다. 쿵쿵 무대가 울리는 진동이 느껴질 수도 있다. 만약 우리가 무대 세트의 장식물이나 무용수가 입은 튤립 모양의 의상인 튀튀, 토슈즈, 또는 무용수의 코끝이나 손의 모양까지도 조심스럽게 만져볼 수 있다면 어떨까? 촉각으로 무대를 구성하는 요소들을 미리 감각한 후 객석 맨 앞자

• 물론 반드시 그렇다고 단정할 수는 없다. 예를 들어 어떤 시각장애인은 미술관에 전시된 회화 작품을 동행자가 '말'로 설명하는 것을 들으며 그 그림에 '접근'한다. 이에 대해서는 9장에 소개된 일본 시각장애인 시라토리 겐지의 사례를 보라.

리에서, 내가 사랑하는 누군가의 곁에서, 무대 위에서 이제부터 벌어지는 일을 눈을 감은 채로 느낀다고 생각해보자. 음악이 나오고, 주인공 지젤이 죽은 후 윌리라는 요정이 되어 무대에 등장한다. 그때 음성해설이 들린다. "지금 지젤은 튀튀를 입고 무대 오른쪽에서 나와, 팔다리를 길게 뻗으며 몸을 기울이고 있어요." 당신은 무엇을 '보게' 될까?••

2020년대 접근성을 고려하는 공연들 일부는 위에서 예시한 것들을 시도한다. 먼저 무대와 배우의 의상, 소품 등을 만져서 촉각으로 확인하는 터치투어touch tour 시간을 공연 전 개방한다. 무대 모형을 3D프린터로 제작해 극장 앞에 설치해 놓는 공연팀도 있다.••• 음성해설을 듣는 시각장애인 관객에게는 무대에서 가장 가까운 자리를 마련해두기도 한다. 공연이 시작되기 전에는 먼저 무대에 관한 기본정보를 안내한다. 시계방향으로 어디에 탁자가 있고, 어디에 커다란 의자가 있고, 어느 방향에서 배우가 나오는지를 미리 안내한다(프리쇼 노트). 그리고 공연이 시작되면 라이브 음성해설이 시작된다. 라이브 해설은 보통 해설자가 리허설을 여러 차례 보고 대본

•• 더 결정적인 측면은, 시각장애인이 아닌 사람이 눈을 감고 객석에 앉아 공연을 경험할 때와 시각장애를 가진 사람이 객석에서 경험하는 공연은 질적으로 다를 것이라는 점이다. 선천적 시각장애인은 아예 시각적 이미지와 무관하게 세계를 고유하게 경험할 것이고, 후천적 시각장애인이라도 비장애인이 눈을 감을 때와는 비교할 수 없는 방식으로 비시각적 정보를 통합해 정교한 심상을 구축할 것이다. 눈이 보이지 않는 사람들과 시각적 심상의 관계에 대해서는 이 책을 참조할 것. 올리버 색스, 『마음의 눈』, 이민아 옮김, 알마, 2013.

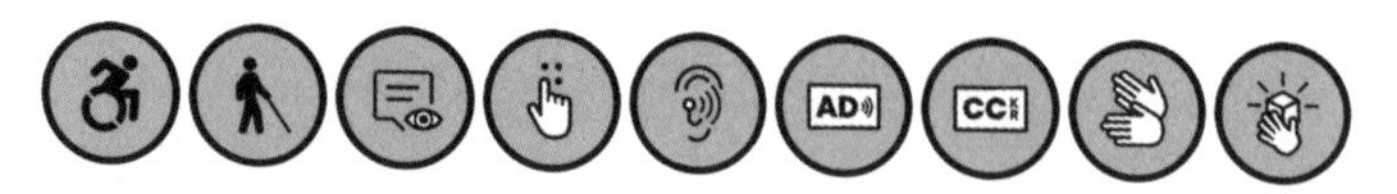

접근성 제공에 관한 픽토그램[12]

상단 왼쪽에서부터 차례로 다음 서비스를 뜻한다.
휠체어 이용·이동보행·문자소통·점자·음성해설 소개·음성해설(개방형)·
한글자막(개방형)·수어통역·터치투어

을 쓴다. 때로는 공연 제작 초기 단계부터 해설자가 참여한다(영국의 경우 무용 전공자들이 음성해설 전문 작가로 활약한다). 이때의 음성해설 대본은 그저 건조한 사실의 전달이 아니라 그 자체로 공연의 일부다. 터치투어, 프리쇼 노트, 라이브로 진행되는 해설(공연)이 무대의 가장 가까운 자리에서 느껴지는 진동과 소음, 음악과 함께 전달된다. 우리는 이러한 일련의 시도 전반을 일컬어 시각장애인을 위한 무용 음성해설이라고 부른다. 이는 시각장애인이 무용을 조금이라도 더 잘 경험하

••• 2024년 5월 말 진행된 공연 〈인정투쟁; 예술가 편〉에서는 접근성 테이블을 극장 출입구 앞에 설치했다. 테이블에는 배우의 의상이나 공연장 안에 설치한 막을 만져볼 수 있도록 소재 일부를 전시했고, 배우들이 자기 움직임을 설명하는 녹음파일이 삽입된 음성해설 카드도 놓아두었다. 예를 들어 내가 녹음한 소개문은 이렇다. "저는 수동휠체어를 타고 이동합니다. 팔로 휠체어 바퀴의 손잡이를 잡는 강도, 잡는 손의 부위, 손바닥 전체, 손가락 일부 등을 이용해서 속도를 조절하고 방향을 전환합니다. 조용할 때 귀를 기울이면 휠체어가 움직이거나 휠체어 위에서 제 몸이 무게를 바꿀 때마다 끼-익거리는 소리가 들리기도 합니다. 휠체어에서 바닥으로 내려와서 두 팔로 무게를 지탱하며 움직이기도 합니다. (……) 저는 반소매 라운드 검은색 티셔츠에 검은색 긴바지를 입고 검은색 신발을 신었습니다." 이와 별도로 공연 전 관객을 만나 배우들이 직접 자기소개를 하고 촉각과 청각으로 움직임과 대사를 경험할 수 있도록 터치투어도 진행되었다.

도록 제공하는 보조적인 서비스일까? 그렇지 않다. 이러한 음성해설과 춤이 통합된 공연은 이미 기존의 '무용 공연'에 대한 관념으로는 담아내기 힘든 창작물이다.

더 나아갈 수도 있다. 왜 공연은 꼭 눈으로 본다고 전제해야 할까? 우리는 아무런 빛도 없는 공연장에서 배우와 접촉하든, 무용수의 몸과 끈으로 연결되든, 음성으로 해설을 만나든, 오로지 비시각적으로만 경험하는 작품을 떠올릴 수 있고 실제 그런 작품들이 있다. 2022년 봄 국립극단 소극장 판에서 공연된 〈커뮤니티 대소동〉은 그 최근의 사례다.[11] 이 공연에서 모든 관객은 안대를 착용하고 극장에 모인다. 안대를 벗으면 극장 안은 커튼으로 완전히 빛을 차단한 공간이라 시각은 의미 없는 감각이 된다. 배우들이 관객을 맞이한다(안타깝게도 이 공연을 직접 경험하지 못했다). 이 공연을 한 언론은 다음과 같이 소개한다.

> 배우들이 공연의 흐름을 안내하지만, 사실 이 공연에서 관객과 배우의 경계가 뚜렷하지 않다. 객석과 무대도 따로 존재하지 않는다. 배우들의 목소리에 따라 관객은 발바닥의 촉감을 느끼며 공연장이라는 '우주' 곳곳을 탐험하고, 때로 길을 잃어 '우주 미아'가 되면 배우들의 구조를 받기도 한다. 어둠 속에 손을 내밀어 다른 관객과 손을 마주잡고, 함께 춤을 추거나 소리를 내며 공연을 함께 만들어간다. (……) 공연은 빛이 없는 극장을 하나의 '우주적 공간'으로 설정해 판타지적 상상력을 불어넣었다. 이곳에서 함께하는 관객들

은 '탐험가'가 되어 어둠 속 타인이라는 미지의 세계를, 저마다의 '우주'를 촉각과 소리로 감각하게 된다.[13]

접근성에 대한 고민은 특정 인구집단에 대한 도덕적 배려의 문제에 그치지 않는다. 그걸 알게 된 사람들은 새로운 질서/주문에 대한 관심으로 나아간다. 기존의 주문에 어긋나는 답을 가져와 새로운 질서를 고안한다. 그리고 이 질서에서는, 기존 질서에 대해 '닫혀 있던' 사람, 이를테면 시각장애인이 활약한다. 소설 『눈먼 자들의 도시』나 영화 〈버드 박스〉처럼 이례적 재난 상황에서 시각장애가 있는 사람이 특별한 역할로 강조되는 극단적인 설정을 끌어올 필요는 없다. 지금 우리가 살아가는 이 평범한 일상의 질서를 살짝 변주하는 것만으로 기존에 '닫혀 있던' 세계가 열릴지도 모른다. 그 안에서 배우로서, 무용수로서, 그 밖에 여러 역할로 등장한 다양한 존재는 세상에 대한 우리 모두의 예기치 못한 상상력을 촉발한다.

"이 공연에서 모든 관객은
안대를 착용하고 극장에 모인다.
안대를 벗으면 극장 안은
커튼으로 완전히 빛을 차단한 공간이라
시각은 의미 없는 감각이 된다.
배우들이 관객을 맞이한다."

소극장 판, 〈커뮤니티 대소동〉, 2022

고도를 기다리지 않는다

여섯 번째

침묵의 5~6초

'극단 애인'에서 활동하는 배우 백우람에게는 뇌성마비가 있다. 그는 2008년부터 수많은 인물을 연기해온 배우이지만, 그에게 언어장애가 있다는 사실이 종종 부당한 선입견을 낳는다. 2023년의 늦은 봄 백우람은 서울 종로구에 있는 두산아트센터에서 〈댄스네이션〉이라는 공연에 출연했는데, 함께 출연한 배우 강보람을 제외하면 모두 비장애인 배우였다. 이 공연을 본 한 기자는 백우람과 강보람에 대해 언급하면서 장애가 있음에도 "긴 대사를 무리 없이 소화"했다는 평을 남겼다. 십수 년을 전업으로 연기한 배우들에 대한 칭찬의 이유로는 조금 무례했다.• 사실 그의 무대에 익숙하지 않은 관객이라면 그가 대사를 할 때마다 꽤 힘겨워 보인다고 생각할 수 있다.

분명히 백우람은 소위 '딕션'이 좋은 배우가 아니다. 그의 발음은 명료하지 않으며 대사를 하는 중에 종종 '말 막힘'에 빠진다. 말 막힘은 하고자 하는 말의 첫번째 음절이 혀끝에 걸려 발화되지 않는 상태다. 일단 첫음절이 입 밖으로 튀어나오면 다음 말들은 쉽게 따라 나오지만 어떤 첫음절은 몇 초씩 계속 저항한다. 그가 무엇인가를 말하려다 멈춘 채 입속에

• 백우람은 자신의 페이스북 계정에 이 기사에 대한 불쾌함을 표시했고 나를 비롯해 다른 몇몇 사람들도 같은 의견이었다. 다행히 해당 기자는 위 내용을 빠르게 수정했으며 자신이 오랜 경력의 배우에게 선입견이 있었다며 사과의 뜻을 기사 아래에 추가했다.

머금은 말을 내뱉기 위해 고투하는 몇 초의 순간이 찾아오면, 공연장에 정적이 흐르고 긴장이 감돌기도 한다. 그에게는 '언어장애'가 있고 이 명칭이 뜻하는 바대로, 정확한 타이밍에 혀와 입의 모양을 섬세하게 조율해 소리를 만드는 데 어려움을 겪는다.

백우람의 공연을 직접 보면 이 배우에게 '딕션' 따위를 따지는 일이 별 의미가 없다는 생각도 든다. 특유의 굵고 큰 목소리, 헤아리기 어려울 만큼 깊고 다양한 표정을 통과해나오는 그의 말은 정교한 발음에 기대지 않고도 충분히 명료하다. 말 막힘의 순간 그는 말하기 위해 자기 몸과 싸우는 것처럼 보이지만 한편으로 입속에 걸린 말을 사탕처럼 굴리고 이리저리 맛보며 그 침묵을 즐기는 듯도 하다. 관객과 무대 위 동료 배우들은 그동안 긴장하고, 눈을 부릅뜬 채 그의 말을 기다리고, 그저 무심하게 공백을 즐기기도 한다. 말 막힘은 배우로서 그에게 해결해야 할 문제였을지 모른다. 그러나 언제부터인가 백우람은 이 말 막힘의 순간에 '침묵의 5~6초'라는 이름을 붙이고는 아예 자신의 공연 주제로 삼아버렸다.

2013년 대학로에서 백우람이 출연한 연극 〈고도를 기다리며〉를 처음 본 날, 나는 백우람의 몸이 가진 특유의 속도와 예측 불허한 움직임, 철저히 통제되면서도 동시에 절대로 통제할 수 없는 힘이 공존하는 모순에 시선을 빼앗겼다. 얼굴 위에서 조명과 표정이 만드는 풍부한 그늘짐. 손과 다리의 작은 떨림과 불규칙한 운동성. 분명히 멈추어 있지만 계속해서 움직이고 있는 몸. 연극평론가 김소연은 "공연에서 그의 신체적 특징은 그 자체로 다가오지 않는다. 하지만 그만이 가지고 있는 독특한 표현은 '역할'이라는 허구를 무대 위에 진실한 존재로 창조해내는 놀라운 순간이었다. 수많은 공연이 오르내리지만, 이러한 강렬함은 쉽게 접할 수 있는 것은 아니다"라고 말한다.[1] 대학에서 연기를 전공하고 2020년대 연극계에서 활발하게 활동하는 (비장애인) 배우 전박찬은 백우람과 공동으로 진행한 인터뷰에서, 백우람에게서 닮고 싶은 점이 무엇이냐는 질문을 받고는 그의 '몸'이라고 답한다.[2] 정확한 발음으로 정확한 타이밍에 말하는 능력은 배우에게 중요하겠지만 압도적인 '몸'을 가진 배우라면 이야기가 달라진다.

백우람이 으리으리한 시상식에서 상을 받고 수상 소감을 발표하는 순간을 상상한 적이 있다. 신동엽이 사회를 보고, 무대 아래에는 정우성, 송혜교, 탕웨이를 비롯한 쟁쟁한 배우들이 박수를 치는데 백우람이 무대 위에 올라 수상 소감을 말하려 한다. 그때 그의 말이 막힌다. 입안 가득 말을 머금고, 옆으로 고개를 비튼 채로 시선은 앞을 향하고서, 자신이 지금 엄청나게 중요하고 아마도 굉장히 말하기 힘든 폭탄 같은 언어를 발산할 것 같은 의지를 드러내는데, 말이 나오지 않는다. 시상식은 전국으로 생중계되고 장관이나 국회의원들도 VIP석에 앉아 있다. 카메라 감독은 어떤 선택을 할까? 아마도 무대 아래쪽 테이블에 앉은 톱스타들의 표정을 내보낼 것이다. 긴장과 감동이 뒤섞인 박은빈, 유재석 등의 얼굴 뒤에서, 사회자가 상황에 개입하기 위해 사려 깊은 말을 얹으려는 찰나 백우람의 말이 터진다. "저는…… 배우, 백, 우람입니다.

안녕하세요." 인상을 살짝 쓰면서 눈을 흐릿하게 뜬 채로 엄청나게 선명한 그 얼굴로 히죽 웃을 것이다.

장애인의 신체는 공공장소 어디에서나 크고 작은 소란의 진원지다. 장애는 기존의 사회적 규칙, 질서, 의례, 문화적 실천, 공공인프라 등과 어긋나기 쉬운 조건이자 상태다. 1999년 민교와 내가 대학로 한가운데를 걸을 때 우리는 작은 소란을 일으켰다. 그리고 얼마 뒤, 민교와 나는 특수학교를 떠나 일반 학교에 가기로 결정하고 고등학교 입시설명회를 찾아갔다. 모두 교복 차림에 비장애인인 중학교 3학년 학생들 사이에서 후줄근한 사복을 입은 채 휠체어를 타고 이동하는 나와 뇌성마비가 있는 민교의 걸음걸이는 소란 그 자체였다.

의례와 규칙이 엄격하면 엄격할수록 장애가 있는 신체는 더 쉽게 어긋난다. 〈왕좌의 게임〉으로 널리 알려진 배우 피터 딘클리지가 한 행사에 참여했을 때다. 주관 단체가 피터 딘클리지를 가장 인기 있는 배우로 선정한 기념으로 마련된, 그가 주인공인 자리였다. 행사장에는 멋진 슈트와 드레스를 입은 사람들로 가득했고 바에서는 고급 샴페인을 나눠주었다. 피터 딘클리지가 무대에서 발언을 하고 내려온 뒤 바를 향해 갔을 때 바텐더는 딘클리지를 보지 못했다. 주문대가 너무 높아서 작은 키의 딘클리지가 시야에 들어오지 않은 것이다. 딘클리지 주위 사람들이 얼른 주문을 받으라고 바텐더에게 소리치느라 난리가 났고, 그날의 주인공을 홀대한 사람이 된 바텐더가 장황한 사과를 하느라 다시 한번 작은 소란이 일었다.[3] 초특급 스타도 장애인이라면, 다들 멋진 옷을 차려입고 복잡하고 세련된 문화적 규칙과 의례를 준수하는 자리에서는 원치 않는 소란의 원인이 된다.

나와 또래인 백우람은 어린 시절부터 특수학교가 아니라 일반 학교를 다녔다. 1990년대 '일반' 학교의 문화와 규칙, 공공인프라 안에서 백우람의 몸도 끊임없이 어긋났다. 그의 몸은 소란을 넘어 직접적인 폭력의 대상이었다. 아이들은 뇌성마비의 몸을 한 백우람을 놀리고 따돌렸으며, 그가 머리에 난 상처를 가리기 위해 학교의 허락을 받고 기르던 머리카락을 모조리 잘라버렸다.[4] 청소년 시절은 그에게 가혹한 기억으로 남아 있다. 자신의 몸이 놀림과 혐오의 대상이었던 청소년기를 가까스로 넘기고 백우람은 대학에 진학해 사진을 전공한다. 그러나 이 역시 쉽지 않았다. 희망하는 다큐멘터리 촬영에 필요한 비용을 조달하기 어려웠고, 한 전공 수업에서는 공동작업을 할 조원 없이 홀로 남겨지기도 했다(그는 혼자 과제를 마무리하고 기숙사로 올라가며 눈물을 흘렸다고 한다). 시간이 흘러 졸업을 앞두었을 때 백우람은 바깥을 향하던 눈을 자신에게로 돌려 자기 몸을 응시하기로 결심한다. 조명과 카메라 앞에서 보조장치를 이용해 직접 자신의 신체를 촬영한 그의 졸업작품 〈콤플렉스〉는 백우람이 자신의 몸을 제대로 바라본 결과물이었다. 놀랍게도, 그는 사진 속 자신의 몸이 마음에 들었다.

어디서든 제 몸은 늘 눈에 띄었어요. 주목을 받는 게 싫어서, 저를 되도록 안 드러내려고 했거든요. 그런데 막상 조명에 비친 몸을 보니까 '아, 좋다'는 생각이 들었어요.[5]

백우람이 자신을 괴롭히던 평범한 청소년들보다 몇 배는 더 '정상적인' 몸을 한 대중예술계의 스타들이 즐비한 자리에 선다. 고도로 양식화된 의례가 가득한 시상식장에서 '침묵의 5초'를 보낸다. 그렇게 사람들을 당황과 긴장 속에 빠뜨리고는, 아무렇지 않게 특유의 웃음을 지으며 자기 이름을 한 글자씩 말하는 장면은 얼마나 흥미진진할까. 상상할 때마다 어쩐지 통쾌한 마음이 든다.

몸이라는 사건

졸업작품을 통해 자신의 몸을 응시한 백우람은 이제 장애가 있는 다른 사람들에게 관심을 가지기 시작했다. 카메라를 들고 장애를 가진 여러 몸들을 만나 촬영하고 싶었다. 그는 2006년 열린 장애인 국토순례 행사에 참여했고 그곳에서 함께 걸으며 한국뿐 아니라 세계 11개 나라에서 온 장애인들을 만나고 그들의 모습을 사진으로 담았다.[6] 그러는 중에 전동휠체어를 탄 장애여성 김지수를 만났다. 국토순례가 끝나고 집으로 돌아왔을 때, 김지수가 백우람에게 연락했다. 연극을 하자고.

김지수는 애초부터 국토순례에서 장애인 배우를 섭외할

작정이었다. 1972년생 김지수는 그 시기 성장기를 보낸 한국의 많은 장애인처럼 공교육을 받지 못하고 집에서만 지냈다. 열여덟 살의 어느 날 김지수는 가족들에게 집을 떠나겠다고 선언했다. 걷는 것은 물론이고 일상생활 전반을 혼자 해내는 데 어려움이 큰 중증장애인 김지수는 가족의 돌봄이 있는 집을 떠나 특수학교에서 중학교 과정을 떼고 검정고시로 고등학교 과정을 마친 뒤 장애인들의 외출을 돕는 봉사단체의 간사, 보험회사의 생활설계사 등으로 일했다. 김지수는 사람들에게 도움을 요청하고, 어쩔 수 없다면 화장실 정도는 참아가면서, 돈을 벌고 시나리오 학원에 다니고 문학회활동을 하며 1990년대를 살아내었고 1998년에는 자신만의 온전한 주거지를 서울 대학로에 얻었다.•

내가 강원도의 시골 마을을 떠나 특수학교를 다니던 때, 백우람이 중학교에서 장애가 있다는 이유로 같은 반 아이들에게 따돌림을 당하던 때, 휠체어 관람석 규정을 담은 「장애인·노인·임산부 등의 편의증진 보장에 관한 법률」이 막 도입된 때, 백우람이나 나보다 10년가량 앞서 성인이 된 장애인들은 김지수처럼 용감하게 집을 떠나 척박한 사회 한가운데로 향했다. 집안에 갇혀 있던 그들은 친구, 동료, 봉사자, 인권활동가 들에게 업히거나 휠체어째로 들려서 야학으로, 교회로,

• '극단 애인'을 창단하고 장애연극 분야에서 길을 만들어온 연출가, 극작가, 배우 김지수의 이야기는 별도의 인용 표기가 없는 한 다음의 책을 참고한 것이다. 김슬기 글·김지수 말, 『농담, 응시, 어수선한 연결』, 가망서사, 2022. 독자들이 이 책을 읽고 김지수의 이야기를 직접 만나보기를 권한다.

장애인단체의 사무실로 갔다. 그렇게 세상으로 나온 장애인들이 힘을 모으면서 교육과 노동, 자유로운 이동에 대한 권리 등을 주장하는 장애인 인권운동이 빠르게 확산되었다.

세상에는 사회복지사나 특수교사 외에도 다양한 사람이 살고 있었고, 그중에는 연극을 하는 사람들도 있었다. 세상이라는 무대를 향한 열망이 가득했던 장애인들이 야학, 교회, 장애인단체 사무실 등 이곳저곳에서 연극인들과 만났다. 1990년대가 끝나고 2000년대가 시작될 무렵 장애인들의 연극활동이 본격적으로 시작되었다.

2001년 말 장애여성운동에 참여하던 김미연 등이 중심이 되어 '극단 끼판'이 창단됐고 제4회 서울변방연극제에 네 명의 장애여성이 출연하는 공연 〈돌봄짓〉을 올렸다. 김지수는 이들의 공연을 처음 보았을 때 깜짝 놀랐다고 회고한다. "휠체어를 탄 분이 바닥에 내려오셨고 경증의 여성 장애인들이 바닥에 하얀 천을 깔아놓고 그 위에서 몸을 움직였다." 김지수에게는 "그 행위 자체가 〔장애여성들의 사회〕운동"으로 다가왔다.[7] 노들장애인야간학교에서도 연극수업이 열렸다. 대학 시절 노들야학 교사로 활동을 시작하며 장애가 있는 사람들을 처음 만났던 이진희는 교사 시절 연극수업에 참여한 경험을 이렇게 회고한다.

> 당시 한국예술종합학교에서 극작을 공부하던 경민선님이 (……) 연극을 하자며 『아우구스또 보알의 연극 메소드』를 가져왔어요. 이 책에는 신체 훈련법이 나와요. 자기 이야기

를 말하고 다른 이의 이야기를 듣기. 몸으로 감정을 표현하기. 그중에서도 처음 했던 거울 놀이가 기억에 남아요. 보통 장애인의 몸을 따라 한다는 건 그 사람을 놀리는 행위로 여겨서 금기시되잖아요. 그런데 이 프로그램에서 우리는 서로의 몸을 따라 했어요. 뇌병변 장애가 있는 몸을, 휠체어를 타는 몸을 따라서 움직였죠. 그 안에서 이 움직임은 누군가를 조롱하는 행위가 아니라 그 사람의 몸을 쫓아가는 일이었고, 그 몸을 파악하려는 시도고, 그 몸의 이야기를 듣기 위한 훈련이었죠.•

연극은 공공장소에 터부시되던 장애인의 신체를 드러낸다는 점에서 그 자체로 사회운동이었고, 그간 만나지 못하던 다른 몸들이 서로를 이해하는 기회였다. 다른 한편 연극무대에 오르는 경험이 사회라는 무대로 나아가는 힘으로 연결되었다. 1999년 뇌성마비 장애인 송정아는 교회 장애인부部에 출석하던 중 한 연출가를 만나 무대에 올랐고, 500명이 넘는 관객으로 가득한 교회 예배당에서 "무대에 오르는 순간 떨릴 줄 알았던 마음은 조명이 켜지면서 서서히 자신감으로 변

• 이후 노들야학에서 이진희와 경민선 등은 특정한 사회적 현실을 연극적인 방식으로 보여주고 관객과 함께 그 해결책을 모색하는 토론연극을 만들었고, 이러한 경험은 2003년 장애여성운동단체 '장애여성공감'의 일원들에게도 이어지며 현재까지 활발하게 활동하는 '극단 춤추는 허리'가 탄생하는 바탕이 된다. 김원영, 「다른 세계와 함께 갱신되는 몸: 기획연재 비장애인 활동가 생애기록, 이진희(2)」, 비마이너, 2022.11.17. https://www.beminor.com/news/articleView.html?idxno=24199 (최종접속 2024.3.27.)

해가는 자신을 발견"했다. "이를 계기로 (……) 밖으로 나오는 용기를 얻었고, 부모님의 반대에도 무릅쓰고 수동휠체어 바퀴를 열심히 굴려나오면서 자동차 면허증도 따고 잡지사 기자로 활동하기도 하고, 동료상담가로서 장애인 자립생활이 국내에 자리잡을 시기의 기반을 마련한 중심에 함께 있을 수 있었다."•

왜 하필 연극이었을까? 공공장소로 용기 있게 나선 장애인들의 몸이 곧 '소란'을 일으켰다면, 현대연극이란 본래 소란, 즉 사건이기 때문이다. 공연학자 에리카 피셔리히테는 1960년대 이후 연극과 무용을 포함한 공연예술 전반에 이른바 '수행적 전환'이 일어났다고 지적한다.[8] 우리 시대 공연은 흥미로운 이야기나 교훈, 의미를 관객에게 전달하는 예술이라기보다 공연자와 관객이 현실의 시공간에서 직접 만나 새로운 현실을 창출하는 '사건'을 지향한다는 것이다. 사건은 크든 작든 우리 삶을 그 사건이 벌어지기 이전과 이후로 구별하는 현실의 계기다. 우리가 매일 하는 수많은 경험이 '사건'이 되려면 그것이 비록 사소할지라도 내 삶의 현실과 결부되어야 한다. 우크라이나전쟁은 엄청난 비극이지만 영상으로 소식을 접하는 대부분의 사람들에게 그것은 사건이 되지 못한다. 하지만 서울 지하철 4호선으로 출근하는 당신 앞에 장애인 시위

• 송정아, 「무대 위를 달리는 사람들」, 〈Webzine 프리즘〉, 2012년 여름호. 송정아는 2001년 '장애인문화예술극회 휠'('극단 휠')을 창단했다. 휠은 장애인 배우가 출연하는 공연에 관객들의 관심이 거의 없던 2000년대 내내 공연을 제작하고 배우를 길러내는 중요한 역할을 했으며 2020년대인 지금까지도 활발하게 작품활동을 하고 있다.

대가 기어서 지하철에 탑승하고 그것 때문에 회사에 지각했다면 이것은 사건이 된다. 당신은 지하철을 타도 지각할 가능성이 있는 세상에서 살게 된 것이며, 일상에서 직접 본 적이 없는 장애인의 신체가 바로 그 원인이 될 수 있는 세상에 살게 된 것이다. 그 시위의 방법론과 대의에 대해 당신 입장이 어떠한지와 무관하게, 그것은 사건이다. 사건을 지향하는 현대 공연예술은 사건을 촉발하는 힘을 지닌 공연자의 몸을 가장 중요한 요소로 여긴다. 공연자는 관객 앞에 현존presence해야 한다. 현존이란 바로 그 유일무이한 순간에 존재함을 뜻한다. 강렬한 현존이 드러나는 공연은 허구적인 이야기를 연기하더라도 관객을 그 순간의 진실로 데려간다. 몸의 현존성은 전통적인 공연자의 신체적 조건을 다시 생각하게 만든다. '프릭쇼'의 전시 대상이 되었던 인종적 소수자들이 주로 백인들이 지나다니는 거리에서 쇠창살에 갇힌 채 자신의 몸을 전시하는 공연을 떠올려보라. 공연자들은 실제 노예가 아니지만 그들의 몸이 역사적 진실을 바로 그 시공간으로 불러온다. 장애가 없고 젊고 딕션이 좋고 키가 크고 팔다리가 균형잡혔다는 사실이 곧 현존의 힘을 보장하지 않는다.

장애인들이 세상에 나와 소란을 일으키던 세기의 전환기에 김지수는 연극을 만났고, 극단에서 기획자이자 극작가로, 배우로 활동했다. 그러다 직접 극단을 창단하기로 마음먹었다. 김지수가 생각하기에 좋은 단원은 '연기를 잘하는' 사람이기 이전에 오랜 시간을 함께 보내며 때로 힘든 순간들도 버틸 줄 아는 사람이어야 했다. 장애인들의 국토순례 현장에서 김지수가 찾고자 했던 사람들은 극강의 체력으로 국토를 횡단하는 인재가 아니라, 동료로서 먼길을 함께 갈 수 있는 사람이었다.[9] 2007년 9월 30일 백우람을 비롯해 6명의 단원이 모여 '극단 애인'을 창단했다.•

타이헨態變

김만리는 배우들이 몸에 꼭 달라붙는 레오타드를 입어야 한다고 주장했다. "신체장애인의 신체성을 최대한 표현하기 위해서는 몸의 선이 그대로 드러나고 외부 자극도 피부에 바로 전달되어 부상으로부터 몸을 지킬 수 있는" 의상을 입어야 한다고 믿어서다. '극단 타이헨'이 첫 공연을 앞두고 있었다. 모두 중증장애가 있고, 아직은 무대 경험이 거의 없던 배우들은 레오타드를 입기 주저했다(그걸 어떻게 입는다는 말인가). 김만리는 자신이 먼저 입고 제1막부터 등장하기로 한다. 1983년 6월 5일 일본 교토대학교 서부 강당에서 공연이 시작되었다. 소아마비 후유증으로 몸이 휘어지고 굴곡진 김만리에 이어서, 뇌성마비 장애로 근육이 통제되지 않거나 말하는데 어려움이 있는 배우들이 차례로 무대 위에 등장했다. 공연은 옴니버스 형식으로 진행되었다. 차례차례 등장한 배우들

• 창단 후 3개월이 지나 2명의 단원이 더 합류했다. 김지수, 백우람을 포함해 7명의 장애인 단원과 1명의 비장애인 단원이 모여 '극단 애인'으로 활동을 시작했다.

은 선의로 공연을 보러 온 '착한' 관객들 앞에서 거만을 떨거나 욕을 하고, 술에 취한 것 같은 모습을 보여주었다(배우들의 언어장애 때문에 관객들은 욕을 먹으면서도 그 말뜻을 알 수 없었다고 한다). 이렇게 예상치 못한 장면들이 이어지다 공연 막바지에 이르면 수십 명의 배우가 레오타드를 입은 그 휘어지고 비대칭적이고 울퉁불퉁하고 제멋대로인 몸을 바닥에 굴리며 무대에 등장해 객석 구석구석으로 흩어져 들어갔다. 그런 후 천장에서 거대한 어망이 떨어져 관객과 배우 모두가 그물 안에 갇힌다. 어디선가 무심한 갓난아이의 웃음소리가 들려오며 공연이 끝난다. 이 작품이 2023년 현재까지 일본 내외에서 활발하게 활동하는 공연팀 '극단 타이헨'의 데뷔작 〈꽃은 향기로워도〉다.[10]

1953년 일본 오사카에서 조선의 전통무용수 김홍주의 막내딸로 태어난 김만리金滿里, 1953~는 세 살 때 소아마비에 걸려 그 후유증으로 신체 대부분이 마비되었다. 어머니 김홍주는 무용과 가야금, 노래 등에 모두 능한 전통예술가로서 일제강점기 경상도 고성에서 일본 오사카로 이주한 재일조선인이었다.•• 김만리가 태어났을 때 아버지의 흔적은 없었고, 어머니가 태어나 자란 조선이라는 나라도 사라졌으며 한반도에는 두 개의 정부가 수립된 후였다. 대한민국, 북한, 일본 어느 나라에도 속하지 않았던 김만리에게는 공식적인 국적이 없었다(이후 대한민국 국적을 취득한다).

비록 조선이라는 나라는 없지만 김홍주가 자신의 집에 차린 '조선전통예술연구소'에는 조선 출신 예술가가 다수 드

©두산아트센터

"김지수는 네 명의 장애여성이 출연하는
공연 〈돌봄짓〉을 처음 보았을 때 깜짝 놀랐다고 회고한다.

'휠체어를 탄 분이 바닥에 내려오셨고 (……)
바닥에 하얀 천을 깔아놓고 그 위에서 몸을 움직였다.'

김지수에게는
'그 행위 자체가 〔장애여성들의 사회〕 운동'으로 다가왔다.
연극은 공공장소에 터부시되던
장애인의 신체를 드러낸다는 점에서 그 자체로 사회운동이었고,
그간 만나지 못하던 다른 몸들이 서로를 이해하는 기회였다."

김지수, 〈인정투쟁: 예술가 편〉, 2024

"여전히 장애인을 배척하던 일본 사회의 현실.
문명 전체를 부정하는 급진적이고 전복적인 장애인운동 경험.
그리고 그 운동에서 배운 한계와 가능성.
이 모든 것을 지나 김만리가 도달한 곳은,
가장 '비문명적'이고 '비인간적'인 신체로 취급받던 중증장애인의 몸으로
레오타드만 입은 채 무대 전면에 등장하는 공연팀, 타이헨態變이었다."

김만리, '극단 타이헨'의 〈니라이카나이-생명의 분수령〉, 2017, 오사카

나카야마 가즈히로 촬영

나들었다(한때 조선 춤으로 세계를 사로잡았던 최승희는 북한에 정착한 뒤 세계 무용계에서 사라지고 없었다). 어린 시절 김만리는 그곳에 모인 사람들의 춤, 노래, 가야금 연주를 접하며 자랐다. 그러나 세 살 때 소아마비가 발병했고 일곱 살에 가족이 있는 집을 떠나 신체장애가 있는 아이들을 위한 장애인 거주시설에 입소한다.

김만리에게 시설은 또하나의 '무국적' 지대였다. 그 장소에 시민을 보호하고 안전과 질서를 유지하는 국가(법)는 사실상 존재하지 않았다. 한겨울에도 아침저녁으로 난방이 들어오지 않았고 돌봄이 필요한 장애아들이 있었지만 직원은 턱없이 부족했다. 아이들은 자주 방치되었다. 누운 채 생활하던 한 언니의 몸에서 벌레들이 들끓었고 괴로운 냄새가 났다. 직원들은 그를 피했고 김만리 자신도 그와 거리를 두었다. 김만리는

•• 재일조선인이라는 명칭은 일본의 식민지배 당시 한반도에서 건너가 일본에 살았던 사람들과 그들의 후손 일반을 뜻한다. 해방 이후 이들은 어느 나라에도 소속되지 않은 무국적자가 되었는데, 일본은 이들을 우선 '조선적朝鮮籍'으로 등록해 관리했다. 이들은 점차 남한이나 북한으로 건너가거나, 일본에 살면서 한국 국적을 취득하거나 일본 국적을 취득하기도 했다. 한국 국적을 취득한 사람들은 공식적으로 대한민국 국민으로서 일본에 거주하는 재외국민이며, 이들은 재일한국인이라고 부른다. 하지만 식민지 시대 직간접적인 이유로 원치 않게 일본으로 이주했다가 해방 이후 부유浮遊하게 된 사람들 가운데는 식민통치에 저항하는 뜻으로 어느 나라의 국적도 취득하지 않는 경우가 있고, 설령 한국적이나 일본적을 취득했더라도 여전히 '조선'이라는 분단 이전 민족국가에 자신의 정체성을 귀속하는 경우가 있다. 이런 이유에서 재일한국인이라는 말은 식민지 시대 한반도에서 건너간 사람들과 그들의 2세, 3세들을 통칭하기에 한계가 있으므로 여기서는 재일조선인이라는 용어를 썼다. 한편 재일동포 일반을 묘사하는 용어로 '재일코리안'을 쓰기도 한다.

이 현실이 근원적으로 인간 본성에 관한 문제라고 생각한다.

> 일곱 살 나이에 이런 시설에서 보내야 했던 나로서는 이러한 일들이 복지정책 문제뿐만 아니라 훨씬 더 깊은 인간의 본질에 관한 문제라는 생각이 든다. (……) 내가 느낀 건 '나는 지금 극한상황에서 인간의 에고이즘이라는 본질을 보고 있다'는 것 (……) 그 본질은 내 안에도 존재한다고 느꼈다. 내 안에도 어느 틈엔가 직원들의 행동에 가담해 가장 배제당하는 이에 대해 모멸감을 갖게 되어버린 내가 있었다.[11]

10년의 시설 생활을 마치고 집으로 돌아온 김만리는 시설에서 만났던 장애인 친구의 권유로 한 모임에 참석한다. 거기서 조금 '이상한' 장애인들을 만나게 된다. 그들은 '푸른잔디회'라는 전국 조직의 오사카 지역 모임을 준비하는 사람들이었다.

푸른잔디회는 1970년대 일본 사회에 등장한 가장 급진적인 뇌성마비 장애인 운동단체였다. 이들은 "사랑과 정의를 부정한다" "우리는 비장애인의 문명을 거부한다" 등의 강렬하고 전복적인 행동강령을 내세웠다. 김만리는 오사카 푸른잔디회 지부에서 장애인운동을 시작했고, 뇌성마비 장애가 있지는 않았지만 같은 중증장애인으로서 연대했다. 어린 시절부터 김만리가 체득한 인간 본성에 대한 냉소적인 태도, 장애여성이자 재일조선인 2세로서 자신을 지켜주는 국가, 정의, 문명 따위는 허울뿐이라는 인식은 푸른잔디회의 급진적인 이념과 잘 맞았다. 김만리는 스물한 살 때 어머니의 집을 떠나 독립했고 푸른잔디회를 지원하던 비장애인단체 회원들에게 일상생활 지원을 받으며 혼자 살기 시작했다. 푸른잔디회에는 다양한 회원이 있었다. 그중 언어장애가 없고 총명했던 김만리는 그 안에서 행정당국과 협상하거나 외출하지 못하고 집 안에서 지내는 장애인들을 찾아가 그들과 가족을 설득하는 일을 주로 맡았다.

하지만 뇌성마비 장애 당사자가 아니라는 이유로 김만리는 푸른잔디회 안에서 임원이 될 수 없었고, 활동 전반에서 종종 소외당한다고 느꼈다. 왜 푸른잔디회는 뇌성마비가 있는 장애인만을 단체의 정식 구성원으로 인정했던 걸까? 김만리에 따르면 푸른잔디회가 거부하겠다고 선언하는 '비장애인의 문명'의 대척점에 뇌성마비를 가진 몸이 있기 때문이다. '문명인'의 상징처럼 여겨지는 일정한 속도나 리듬을 비롯해, 인간이면 마땅히 어떠어떠하다는 대전제들은 뇌성마비를 가진 몸들로부터 가장 먼 것이기 쉬웠다. 내가 보기에 이러한 '문명적 신체'의 핵심은 통제력이다. 음식을 흘리지 않고, 정확한 타이밍에 적절한 속도와 크기로 말하고, 사회적 환경과 조건에 부합하는 리듬으로 움직이도록 몸을 통제하는 능력. 아이와 노인, 장애가 있는(혹은 병이 있는) 몸의 공통점은 이 통제력이 취약하다는 점이며 따라서 '문명화된 시민'이 아직 되지 못했거나 거기서 거리가 먼 존재로 취급당한다(그런 이유로 공공장소에서 자주 배제된다. 노키즈, 노시니어, 노장애인 존을 떠올려보라). 푸른잔디회가 뇌성마비 장애인들로만 구성된 또다른 이유는 뇌성마비에 수반되기 쉬운 언어장애 때문이다. "문명사회라는 곳은 기본적으로 언어에 의존"하고 있기에 언어로 의사소통이 원활하지 않은 사람은 대등한 사회구성원으로 인정받기가 어렵다.[12]

김만리는 약 6년간 일본 장애인운동의 최전선에서 활동했다. 1970년대가 끝날 무렵 푸른잔디회 내부에서 단체의 방향성을 놓고 의견 대립이 심해졌고, 스물여섯 살 김만리도 장애인운동을 그만두었다. 그리고 난생처음으로 자신이 무엇을 좋아하는지를 찾아헤매며 친구들과 오키나와로 여행을 떠나고, 밤늦게까지 바에서 술을 마신다. 그러던 중 1981년 일본 정부가 선포한 '국제 장애인의 해'를 맞아, 그것이 얼마나 위선적이고 말뿐인 행사인지를 알리기 위해 콘서트를 기획했고, 이것이 계기가 되어 아예 극단을 만드는 데까지 나아갔다. 타이헨은 대사가 거의 없이 신체와 그 움직임을 공연의 중심에 두는 극단이다. 왜 하필 이런 공연팀이었을까? 김만리는 기본적으로 언어에 의존하는 '비장애인의 문명'을 거부하겠다고 선언한 푸른잔디회 안에서조차 운동가들이 각자의 논리로 맞서고 대립하는 상황 가운데서 좌절감을 맛보았다고 털어놓는다.

> 언어만 남아 있을 뿐인 그 세계에 이젠 진저리가 났다. 언어장애가 없는 장애인인 나의 어중간함. 그 경계를 허물고 있는 그대로의 나를 표현하기 위해 아무런 얽매임 없이 마음껏 온몸을 사용해보고 싶었다. 애초에 '장애' 자체를 받아

들이게 만드는 일이 장애인 해방의 원점이자 동시에 귀결점 이기도 하다. 그런데 그 수단이 장애인운동이었을 때는 아무래도 '논리'라는 언어에 의지하게 되는 자기모순. 거기서 벗어나고 싶은 욕구가 내 안에 최대한으로 차올라 있었다.[13]

국가도 아버지도 없이 태어난 이주민의 후손, 장애인 시설에서 벌레가 들끓는 몸으로 방치된 아이들 옆에서 보낸 어린 시절, 전후 급격한 경제성장으로 세계적인 선진국이 되었지만 '국제 장애인의 해'처럼 번지르르한 말들 가운데 여전히 장애인을 배척하던 일본 사회의 현실. 문명 전체를 부정하는 급진적이고 전복적인 장애인운동 경험. 그리고 그 운동에서 배운 한계와 가능성. 이 모든 것을 지나 김만리가 도달한 곳은, 가장 '비문명적'이고 '비인간적'인 신체로 취급받던 중증장애인의 몸으로 레오타드만 입은 채 무대 전면에 등장하는 공연팀, 타이헨이었다.

다리가 없는 우체부

2013년 대학의 연극동아리 친구들과 공연팀을 만들고 그 팀에서 본격적으로 공연을 제작할 때였다. 한 동료가 내게 유튜브 영상을 보여주었다. 영상은 2004년 DV8 피지컬시어터라는 단체가 만든 무용영화의 한 장면이었다. 영상은 연습실에서 발레를 연습하는 무용수들을 보여주며 시작된다. 잠시 뒤 연습실 밖에서, 굵은 두 팔과 다리가 거의 없는 몸, '불거진 가슴'을 한 남성이 휠체어를 타고 장애가 없는 다른 남성과 연습실 창문으로 다가온다. 두 사람은 연습실 안쪽을 들여다보고 곧 휠체어를 탄 남성이 두 손으로 바닥을 짚고 내려온다. 그는 성큼성큼 단단하고 긴 두 팔로 바닥을 기며 발레 연습실로 들어간다. 카메라는 이제 그 남자의 시점에서, 그러니까 바닥에서 가까운 위치에서 발레 연습실을 비춘다. 발레리나들의 두 다리가 화면을 위아래로 채운다. 남자는 그 ('건강'하고 아름다운) 다리들 사이를 가로지르며 두 팔로 지그재그로 긴다. 곧 발레리나 한 명이 자세를 낮추고 바닥에 있는 남자의 손을 잡는다. 두 사람은 같이 바닥에서 춤을 춘다. 남자가 발레리나의 등에 올라타기도 하고, 발레리나의 발목을 남자가 손으로 잡아 위치를 바꾸고 그 사이로 생긴 공간으로 미끄러져들어가기도 한다. 둘의 몸은 효과적으로 서로를 지지하면서, 유려하고 부드럽게 움직인다.[14]

3분가량의 영상을 다 본 후 동료가 말했다. "네가 이런 작업을 시도했으면 좋겠어." 그때 내 눈에 들어온 것은, 오로지 그 남자의 몸과 여성 발레무용수의 몸이 가진 차이였다. 두 몸의 결합은 흥미로운 움직임을 만들어냈지만, 이사도라 덩컨이 발레무용수의 몸이 '순수한 자연의' 아름다움과 거리가 멀다고 한 말이 무색하게, 발레로 다져진 몸은 대칭적이고 곧고 튼튼하고 '자연스러웠다'. 반면 남자의 몸은, '휘장'을 벗어던지고서 내가 김태훈과 땀을 한껏 흘렸던 307호의 그날처럼 불거진 흉곽에 아슬아슬 달라붙은 작은 다리가 안쓰럽게 흔들렸다. "나보고 이런 걸 하라고? 누구 좋으라고?" 내 머릿속에 떠오른 건 100년 전의 프릭쇼였다.

불거지지 말 것. 기어다니지 말 것. 20대를 막 지난 그때까지 내 원칙에는 흔들림이 없었다. 나는 휠체어 위에서만 연기할 거라고 동료에게 말했다.

'캔두코CandoCo' 무용단은 스물두 살에 공연중 추락 사고로 장애인이 된 영국의 무용수 설레스트 댄데커Celeste Dandeker와 비장애인으로 장애인재활시설에서 장애인을 위한 무용 프로그램을 진행하던 안무가 애덤 벤저민Adam Benjamin이 1992년 창단했다. 두 사람은 장애인과 비장애인이 함께 춤을 추는 무용단. 그러나 현대무용의 주류 관객이나 평단의 바깥에 예외로서 머물지 않는, 충분히 훈련된 무용수들이 당대 무용에 대한 인식과 가치에 도전하는 전문 무용팀을 만들기로 한다. 캔두코는 영국 중부에 있는 도시 리즈에 첫 연습실을 구하고 무용수를 모집하기 위한 워크숍을 열었다. 태어나서 한 번도 춤이나 움직임을 연습하고 배워본 적 없던 다양한 장애인이 참가 신청을 했다. 뇌성마비 장애인, 발달장애인, 시각장애인 등이 스튜디오를 찾았다. 양쪽 다리의 허벅지 아래가 없고 휠체어를 타고 다니던 우체국 직원도 있었다.

건물 3층 스튜디오에는 이제 다리가 없는 사람, 눈이 보이지 않는 사람, 근육이 강직되고 팔이 몸에 바짝 붙은 사람, 발달장애가 있어 의사소통이 어렵고 자기 행동을 통제하는 데 어려움이 있는 사람, 목을 다쳐 신체 대부분이 마비된 사람들이 모여 북적였다. 그 바로 아래층에는 발레 연습실이 있었다. 언젠가 왕립발레단에 들어가기를 꿈꾸는 소녀들이 가득했다. 그들은 모두 기능적으로 완전하고, 이상적인 비례와 균형에 부합하고, 마르고 팔다리가 긴 몸을 한 청소년들이었다. 이 풍경에는 어딘가 아이러니한 면모가 있었다. 애덤 벤저민은 당시를 다음과 같이 회고한다.

> 같은 건물, 같은 시간대에 무용에 대한 전혀 다른 접근이 나란히 존재했던 것이다. 3층의 우리 학생들 일부는 볼 수 없고, 걸을 수 없고, 다리가 없었다. 이들은 움직임을 통해 각자의 개인적 역량을 표현할 수 있다고 점점 더 믿었다. (……) 반면 아래층에는 발레무용수가 되기를 원하는 아이들이 모여 오디션에 합격하기 위해 뼈의 길이를 측정하고 있었다.[15]

워크숍이 진행되며 몸을 움직이고 춤추는 일을 정말 좋아하는 사람들이 캔두코에 남았다. 양다리가 거의 없지만 튼튼한 두 팔을 가졌던 우체국 직원 데이비드 툴David Toole, 1964~2020도 그중 하나였다. 데이비드는 영국 요크셔에서 천골무형성증이라는 희귀질환을 갖고 태어났다. 어머니의 몸속에서 하반신이 제대로 발달하지 않은 채 출생한 것이다. 생후 18개월이 되었을 때 몸에 불완전하게 붙어 있던 다리를 절단하는 수술을 받았고, 다리의 극히 일부만이 남았다. 학창 시절 연극에 참여한 후 무대를 동경하는 소년으로 자란 데이비드는 예술교육을 받을 기회가 없었다. 1983년 고등학교를 졸업한 데이비드는 리즈에 있는 우체국에 취직해 컴퓨터로 우편번호를 입력하는 직무를 맡아 9년간 일했다. 그에게 잘 맞지 않았다. "아침에 일어나면 일하러 갔고, 이른 오후 퇴근하면 집에 왔습니다. 집에서 술을 마시고 잠들었다가 잠깐 깨어납니다. 그럼 술을 더 마시고, 다시 자요. 아침이 되면 일어나고, 또 일하러 갔습니다. 그게 9년간 이어진 삶이었어요."[16]

어느 날 데이비드는 학창 시절 존경했던 선생님을 만났다. 선생님은 데이비드에게 리즈에 온 어떤 무용팀이 장애인과 비장애인이 함께하는 워크숍을 연다면서 홍보 리플릿을 건네주었다. 예술에 대한 열정을 품은 데이비드가 9년간 같은 일을 하며, 늘 술에 취해 생기를 잃어가는 사실을 알았던 것일까. 데이비드는 사랑하는 선생님의 제안을 받고 참가자 명단에 자기 이름을 올린다. 하지만 막상 워크숍이 열리기 직전까지 참가할지 말지 결정하지 못하고 주저했다. 옆에서 그를 지켜보던 친구가 말했다. "좀 그냥 가봐라, 이 한심한 인간아!"

애덤 벤저민과 설레스트 댄데커가 창단한 캔두코 무용단이 리즈에서 개최한 워크숍에 데이비드 툴이 합류했다. 데이비드는 6개월 후 다시 리즈에서 열린 워크숍에 참가했고, 캔두코에서 함께 활동하지 않겠느냐는 제안을 받았다. 그는 워크숍을 위해 잠시 휴가를 냈던 우체국을 완전히 퇴사한다. 얼마 지나지 않아 데이비드는 캔두코의 간판 무용수로 성장한다. 다이애나 왕세자비 앞에서 춤을 추고, 영화 〈반지의 제

왕〉의 마법사 '간달프'로 알려진 배우 이언 매켈런의 쇼에서도 함께 공연했다. 데이비드와 캔두코 무용단은 큰 관심을 받았고 점차 세계적인 무용팀으로 성장했다.

캔두코가 등장하기 이전인 1980년대에도 장애인과 비장애인 무용수들이 함께 하는 공연이 있었다. 다만 이 공연들에서는 주로 비장애인 무용수들이 장애인 무용수의 휠체어를 화려하게 밀거나 당기고, 장애인 무용수를 번쩍 들어올리는 식의 안무가 주목을 받았다. 이런 공연은 장애인 무용수의 몸이 지닌 차이를 적극적으로 긍정하기보다, 장애인의 몸과 움직임을 무대 위에서 연출된 환상 속에 감추고 마치 차이가 '없어 보이도록' 하는 것과 다르지 않았다.[•] 비장애인이 장애인과 함께 춤을 추며 그가 못하는 동작을 하도록 몸을 들어올려주거나, 그를 번쩍 안아 그가 이루지 못한 꿈을 이뤄준다는 상징을 담은 공연은 지금도 종종 볼 수 있다.

반면 캔두코의 무대에서 무용수들은 장애인이라는 이유만으로 특정한 역할을 부여받거나 주목받지 않았고, 무용수 한 명 한 명의 고유성을 적극적으로 드러냈다. 캔두코는 현대무용의 주요 방법론을 적극 활용하며 주류 무용계의 미학적 태도에 도전했다.[17] 특히 이러한 도전의 상징이 바로 데이비드 툴의 몸과 움직임이었다. 그는 '정상적으로' 보이는 몸으로 휠체어에 앉아 춤을 추는 무용수가 아니었으며, '정상적인' 무용수들에게 움직임을 의존하지도 않았다. 툭 튀어나온 흉곽, 거의 절단된 다리와 튼튼한 두 팔로 휠체어와 바닥을 오르내렸다. 가는 팔다리, 탄탄한 복근과 허벅지, 완벽한 비례와 균형, 긴 목을 가진 (우리가 보통 상상하는) 무용수가 하늘을 향해 높이 점프하는 모습과 모든 면에서 정반대되는 존재였다.

캔두코의 공연이 보여준 전복성과 새로운 가능성에 열광하는 사람이 많았지만, 이들을 도저히 받아들이지 못하는 사람도 적지 않았다. 어떤 사람들에게 데이비드 툴의 몸은 100년쯤 전 명성을 날리던 '프릭쇼'의 스타들을 연상시켰다(분명 그는 '다리 없는 불가사의'로 불리던 엘리 보언 같은 인물을 닮았다). 한 유명 평론가는 캔두코의 공연을 본 후 이렇게 쓴다.

• 1980년대 장애인과 비장애인 무용수가 함께 하는 이른바 '통합 무용'의 대표적인 사례로는 미국 오하이오를 기반으로 활동을 시작한 '댄싱휠 Dancing Wheels company'이 있다. 휠체어를 타는 장애인 무용수 메리 베르디플레처Mary Verdi-Fletcher가 1980년 창단한 댄싱휠은 장애인 무용수가 치료나 복지 프로그램 참여자로서가 아닌, 전문적인 무용수 자격으로 무대에 오를 수 있는 토대를 마련했다. 이러한 공헌에도 불구하고 '댄싱휠'의 무대는 비판도 받았다. 예를 들어, 메리 베르디플레처는 휠체어를 타는 사람도 발레를 할 수 있음을 보이기를 원해서 '클리블랜드 발레단'과 공동으로 발레공연을 제작했다. 베르디플레처는 자신의 몸을 잘 통제하는 재능 있는 무용수로서 휠체어를 탄 발레리나가 되어 비장애인 발레리노들과 춤을 추었다. 다리가 아닌 바퀴의 움직임을 기반으로 하는 발레는 분명 고전적인 무용 미학의 상징으로서 발레의 형식을 깨는 시도였다. 하지만 이 공연들에서 비장애인 남자 무용수들은 베르디플레처를 번쩍 들어올리고, 그녀의 휠체어 주위에서 역동적으로 춤을 추었다. 일부 비평가들은 댄싱휠의 공연을 보며 "몸에 대한 영혼의 승리"라거나, "그녀의 휠체어는 보이지 않았다"라는 식으로 칭찬했다. 댄싱휠은 프릭쇼 이후 장애인에게 열리지 않았던 무대를 개척한 선구적인 팀이었지만 적어도 1980년대에서 1990년대에 이르는 시기 그들의 작업은 사람들이 고전적인 발레무용수의 몸을 아름답다고 여기는 바로 그 전형적인 미적 태도에서 더 나아가지 못했고, 장애인과 여성의 신체를 수동적으로만 묘사하는 사회적 재현 방식을 답습했다는 비판을 받는다. 댄싱휠의 주요 공연들에 대한 비판적 논의는 다음을 참조했다. Ann Cooper Albright, *Choreographing Difference: The Body and Identity in Contemporary Dance*, Middletown, Conn.: Wesleyan University Press, 1997, pp.65~75.

캔두코를 보면 온몸 가득 소름이 끼친다. 가슴팍 밑으로 절단된 몸을 가진 남자가 무대 위에서 두 팔로 움직이는데, 그를 보려고 돈을 낸다는 것이 도덕적으로 정당한지 알 수 없어 속이 메스꺼웠다.[18]

데이비드는 별로 개의치 않았다.[19] 그는 캔두코에서 다양한 공연팀과 협업하며 세계 여러 지역을 누볐다(그는 아일랜드와 영국 전역의 술집을 빠삭하게 꿰고 있었다고 한다).•• 이런 부당한 평가보다 캔두코와 데이비드에게 중요한 비판적 평가는, 지나치게 기교virtuosity를 강조한다는 점이었다. 무용학자 올브라이트는 캔두코가 장애가 있는 무용수의 몸을 적극적으로 긍정하는 가운데 주류 무용계에 도전하는 과정에서 전통적으로 높게 평가받은 서양 춤의 기술적 탁월함에 지나치게 몰입한다고 지적한다. 데비이드의 신체는 틀림없이 발레무용수의 몸과 전혀 다른 미적 가치를 표현하지만 그가 양팔로 바닥에서 보여주는 움직임은 고도로 기교적이다. 게다가 이러한 움직임을 계속 추구하는 가운데 데이비드 툴의 신체에 무리가 갔고 의사는 그에게 이런 식으로 더이상 춤을 추지 말 것을 권고했다. 발레무용수들이 발레에 맞는 신체를 유지하

•• 이 이야기는 2023년 6월 슬로베니아의 도시 류블랴나에서 만난 무용수 우니타Unita Galiluyo에게 들었다. 그는 독일에서 활동하는 필리핀 출신 (비장애인) 무용수로 2008년 데이비드 툴과 함께 공연을 했다고 말했다. 공연을 간 아일랜드에서 데이비드는 동료 무용수들을 차에 태우고 직접 운전해 자신이 잘 아는 지역의 좋은 술집들을 소개했다고 한다. 그는 술고래에 엄청나게 재미있는 인간이었다고 우니타는 기억했다.

기 위해 종종 극단적인 식단 관리를 하고, 발 모양을 무리할 정도로 변형시키며 특정한 아름다움과 기교적 탁월성에 매달리는 관행을 캔두코도 결국 반복한 것이 아닌가?[20]

다양한 논쟁 속에서 캔두코는 영국의 공연예술계를 넘어 세계로 나아갔고 그들의 무대가 가진 가치와 의미를 이해하고 즐기는 관객이 늘어났다. 그러는 동안 장애가 있는 무용수는 점점 세계 현대무용계•에 받아들여지기 시작했다. 한국에서는 김지수를 비롯해 장애가 있는 공연예술인 1세대가 등장했다. '극단 타이헨'은 일본을 넘어 남미와 유럽의 관객을 만났다. 1996년 스코틀랜드의 한 평론가는 타이헨의 공연이 "결코 잊을 수 없는" 퍼포먼스라면서 (……) "장애가 있는 신체가 특이한 표현력을 갖는다는 (……) 철학을 분명히 보여주는 것"이라고 썼다.[21] 2004년 데이비드 툴은 DV8 피지컬시어터의 영화 〈코스트 오브 리빙The Cost of Living〉에 출연해 발레 스튜디오의 바닥을 성큼성큼 기어서 발레리나와 함께 정상과 비정상, 미와 추, 고전적 아름다움과 그로테스크라는 전형적인 경계를 가로지르며 춤을 춘다.

물론 그것은, 2013년의 나 같은 사람에게는 여전히 '프릭'한 것이었다. 하지만 데이비드 툴이 두 다리가 없고 가슴이 불거진 몸으로도 장애가 없는 발레리나의 몸들 사이를 거

• 물론 이때의 '세계'란 주로 유럽과 미국을 포함한 서양의 주요 국가들과 일본 등 일부 경제선진국을 의미할 뿐이다. 아프리카의 수많은 나라들, 중동 및 남미, 중국과 인도, 네팔, 몽골 등의 사정은 어땠을까.

침없이 누비는 장면은 내 안에 각인되었다. 그리고 그해, 나는 대학로에서 공연 〈고도를 기다리며〉를 관람했다. 백우람이 블라디미르를 연기하고 있었다.

이것은 현실이다

'극단 애인'의 단원들은 창단 이후 10년이 넘는 시간을 매주 만나 희곡을 읽고 연기론과 연출론을 같이 공부했다. 김지수는 "우리는 연극하는 사람이다. 우리는 연극하는 사람이니까 연극할 준비를 해야 한다"고 믿으며 공연이 있든 없든 매주 단원들과 만나 함께 배웠다.[22] 장애인이 복지 전문가나 가족에게 의지하지 않고 적절한 사회적 지원 속에서 자신의 삶을 살아가야 한다는 자립생활운동 활동가이기도 했던 김지수는 단원들 가운데 사회 경험이 적은 사람이 있으면 그 사람이 가보지 않은 곳에 함께 가고, 술도 마시고, 밥을 같이 먹었다. 늦은 시간이 되면 각자 집에 돌아가기, 활동지원이 필요하다면 극단 내에서 방법을 찾기 등 김지수는 사회적인 변화나 지원의 중요성을 잊지 않으면서도 단원들이 스스로 행동하고 실패할 기회를 주며 책임지는 문화를 만들기 위해 노력했다. 김지수는 단원들이 실패해도 자신에 대한 믿음을 버리지 않는 '자기 신뢰'를 갖기를 바랐다.[23]

자기 신뢰는 장애가 있는 배우가 자신만의 고유성을 찾는 데 핵심적인 역량일 것이다. 내가 종종 대사를 말할 때 말이 막히고, '침묵의 5~6초'를 보낸다고 하자. 관객은 모두 나를 쳐다보고 있고, 내 대사가 끝나고 자신의 대사를 말하려는 상대 배우는 나를 기다린다. 누군가는 내가 대사를 잊은 건 아닌지 걱정할지도 모르는데, 말은 혀끝에 걸린 채 저항을 계속한다. '말 막힘'은 배우로서 내가 실패하는 순간일 수도 있다. 그러나 지금 실패하더라도 내가 여전히 배우일 수 있다고 확고히 믿는다면? 5초라는 시간이 흐른 뒤 나온 내 말이 5초간 사람들이 경험한 초조, 불안, 불만, 동정심을 모조리 소급해 5초 후의 지금을 새롭게 구성할 가능성이 있다고 신뢰한다면? 물론 기대와 달리 5초 늦게 나온 말은 그저 공연을 맥빠지게 만들 수도 있다. 그건 나의 실패일 것이다. 하지만 이때 실패의 의미는 말이 '5초 늦게' 나온다는 사실 자체가 아니라, 5초 늦게 나온 말이 관객에게 어떻게 전달되었느냐의 문제다. 자기 신뢰는 몸에 대한 신뢰다.

'극단 타이헨'의 단원들과 무대를 만들며 김만리 역시 뇌성마비 장애가 있는 단원들의 몸, 중증의 소아마비 장애가 있는 자신의 몸을 신뢰했다. 김만리는 '나'가 아니라 '몸'을 믿었다. 김만리에 따르면 뇌성마비가 있는 몸에서는 그 몸을 움직이려는 개인의 의지와 그 몸의 불수의운동이 대립한다. "컨트롤에 대한 걸림돌을 갖고 있는 이러한 신체는 존재로서 자립성을 주장한다. 그 신체'를 가지고' 뭔가를 하려고 한다는 생각을 거두면, 그 신체'가' 무엇을 하려고 하는가, 그 신체가 무엇인가 하는 것이 전경으로 나타나게 된다."[24] 그 신체는 원초적 생명력을 무대 위에 구현한다. 그것은 이 세계에 나타날 가치가 있지만 늘 내 '의식'에 따라 통제되던 고유한 인간 신체의 미학이다. 타이헨은 "장애 자체를 표현력으로 승화, 전인미답의 미를 창출할 수 있다"고 선언한다. S자로 휘어진 몸으로 휠체어를 버리고 바닥에 내려와 레오타드를 입은 채 무대를 누비고, 의식적인 통제 아래에 있는 불수의적인 신체 움직임이 지닌 고유한 가치를 긍정하는 김만리의 무대 철학은 장애가 있는 몸에 대한 신뢰가 없다면 불가능할 것이다.•

이러한 신뢰가 언제나 굳건할 수는 없는 일이다. 누구보다 열심히 오랜 기간 배우고 훈련하고 고민한 '극단 애인'의 배우들도 다르지 않았다. 어느 날 김지수가 단원들과 함께 공연을 보고 나왔을 때였다.

> 연극 한 편을 보고 나와 밤늦도록 함께 술잔을 기울인 적이 있다. 한 배우가 유독, 공연이 너무 좋았다고 하면서도 굉장히 우울해했기 때문이다. 말이 중요한 연극이었다. 모든 등장인물이 어마어마하게 많은 대사를 소화해야 했다. 그 배우는 말할 때 발생하는 경직이나 떨림, 자연스러운 말 막힘

• 앞에서 김만리는 연극활동의 계기 중 하나로 '언어만 남아버린 장애인운동'에 대한 실망감을 표했지만, 동시에 자신이 푸른잔디회와 같이 사회를 향해 급진적인 사상과 실천을 퍼부을 수 있는 에너지를 얻었으며 이것이 타이헨의 원동력이었다고도 밝히고 있다. 김지수 역시 마찬가지일 것이다. 장애인의 '자기 신뢰'에는 장애가 의료적 결함이나 복지서비스의 요건이 아니라 인간의 정체성이자 고유한 경험, 사회적·법적 권리로 보장되어야 하는 인간의 기본적 조건이라는 믿음이 뒷받침되어야 했다. 이것을 장애가 있는 연극인, 무용수 들은 자신들의 세대에 분출한 장애인 인권운동 한가운데서 습득했던 것이다.

과 관련한 자신의 언어장애를 정확히 자각하고 있었고, 주어진 대사를 하는 데 필요한 자기만의 시간과 속도 또한 분명히 인식하고 있었다. 그래서인지, 아마 자신은 평생 저런 공연을 할 수 없으리라 생각했던 것 같다.[25]

김지수는 이때 뭐라고 말했을까? 뾰족한 수가 있었던 것은 아니다. '극단 애인'은 그날 오래도록 이야기를 나누었다. 비장애인 배우처럼 똑같이 할 수는 없다. 그렇다고 "저런 걸 못하겠지, 라고 생각하는 게 아니라 어떻게 하면 각자의 방식으로 그것을 표현할 수 있을지 고민해야 했다. 대사를 줄이되 다른 감각과 움직임을 활용하고, 장애배우의 표현을 통해 더 깊은 사유와 정서를 전달하는 방식도 있을 거라고 믿었다."[26]

데이비드 툴은 어떻게 휠체어에서 내려와 성큼성큼, 이 세상이 가장 아름답고 '정상적'이라고 평가하는 발레리나들이 가득한 스튜디오 바닥을 기어갈 수 있었을까? 공연을 본 사람들이 그의 공연이 프릭쇼가 아닐까 우려하고, 그래서 그의 춤을 똑바로 보는 것이 도덕적인 일인지 몰라서 '구토가 날 지경'이라는 평을 신문에 싣는 가운데서도, 그는 다리가 없는 그 몸의 움직임이 곧 자신의 춤이라고 신뢰할 수 있었을까? 그는 발레무용수들의 신체 앞에서 춤을 추며 우울하지 않았을까? 이러한 자기 신뢰에 이르는 길에 극적인 도약 따위는 없다. 캔두코 공연 초기 사람들은 동정심을 갖고 바라보거나 기괴하다고 생각했고, 데이비드 툴이 무용을 한다고 말하면 믿지 못하는 표정을 지었다. 데이비드는 자신들이 아주 열심히 노력했다고 말한다. 무용 작업에 진지하게 임하고 있음을 증명해야 했기 때문이다. 그렇게 시간이 흐르며, 수많은 공연과 워크숍을 통해 만난 사람들의 태도가 바뀌기 시작했다. 그걸 바라보는 건 정말 즐거운 일이었다. 춤을 바라보는 관점, 인간 신체의 가능성, 정상성, 아름다움과 추함에 대한 인식의 변화를 경험하는 사람들 앞에서 데이비드는 최선을 다해 춤을 추고 워크숍을 진행했다. "장애가 있다고 해서 공연할 기회를 가지는 것으로는 충분하지 않으며, 자기 일에 성실해야 한다."[27]

'극단 애인'의 〈고도를 기다리며〉는 나무 한 그루만 놓인 황량한 무대 위에서 공허하게 반복되는 무의미한 대사를 주고받는 성긴 작품이다. 이 작품은 제2차세계대전의 폐허 직후 사뮈엘 베케트가 두 달간 방에 칩거하며 쓴 원작 희곡으로 잘 알려져 있다. 작품 내내 특별한 사건도 벌어지지 않고, 그저 블라디미르와 에스트라공 두 인물이 이유도 목적도 불분명한 대화를 주고받으며 '고도'라는 존재를 기다리다 끝난다. 연출 이연주는 원작의 대사 일부를 언어장애가 있는 '극단 애인'의 배우들을 위해 각색하고, 블라디미르를 중심으로 간략하게 재구성했다. 그러나 작품의 기본적인 구도와 분위기는 원작에 거의 충실하다.

이 작품은 2010~2013년 여러 차례 공연되며 '극단 애인'을 연극계에 알린 대표작으로 꼽힌다. 특히 2013년 밀양여름연극축제에서 대상, 연출상, 남자연기상(블라디미르 백우람,

포조 강희철 공동수상)을 받았다. 장애인 공연자들의 작품을 진지하게 여기지 않던 당시 상황에서는 무척 이례적인 사건이었다. 그 분위기를 밀양연극제 심사평이 그대로 보여준다.

> 이 작품은 출연자 전원이 장애인임에도 연극의 진정성을 보여주었다. 장애인들이 정상인도 소화하기 어려운 텍스트를 소화하여 참가 작품 중 가장 높은 점수를 받았다. 이런 역설적 현상은 연극의 사회적 기능을 점점 잃어가고 있는 요즈음 한국 연극의 현실에 대한 반성과 성찰을 촉구하는 계기가 될 것으로 보인다.[28]

내가 이 공연을 본 것은 2013년 가을, 수상 기념 앙코르로 〈고도를 기다리며〉가 다시 대학로 무대에 올랐을 때였다. 그때 막 나는 '장애문화예술연구소 짓'이라는 공연팀을 만들었다. 장애인 배우들이 어떻게 무대에서 연기할 수 있는지 고민이 많던 때였다. '극단 애인'의 수상 소식은 장애인 배우의 가능성을 증명하는 것 같았다.

2003년 대학에 입학했을 때부터 나는 대학 총연극회에 가입하고 싶었다. 연극무대는 내 오랜 꿈이었다. 특수학교에 재학중이던 중학생 시절 당시 교회로 봉사활동을 오는 일반 고등학교 친구들과 연극을 만든 적이 있었다. 1997~1999년, 장애인들이 연극과 인연을 맺기 시작한 그 시기에 내게도 기회가 왔던 것이다. 엄청나게 부끄러웠지만, 처음 무대에서 대사를 말하고부터 나는 사람들의 시선 앞에 서는 일을 즐겼다.

연극활동에 참여하기 시작한 때부터 나는 주연배우였다. 장애인과 비장애인 청소년들이 함께하는 그 극에서 장애인이 주연을 맡는 건 당연하게 여겨졌다. 또하나는 언어장애가 없거나 적은 사람만이 주요 역할을 맡는 것이었다. 나를 포함해 우리 모두 그것을 당연하게 생각했다. 관객들이 대사를 알아들을 수 있어야 하지 않는가? 우리는 극 속에서 휠체어를 탔다는 사실은 상징적인 방식으로 아무렇지 않게 넘길 수 있었다. 연극은 어차피 허구의 이야기이고, 그 허구 속에서 휠체어를 탄 의사나 늦은 밤 신을 찾아 거리를 헤매는 '휠체어를 탄 남자'는 아무런 문제가 없었다(실제로는 휠체어를 타고 밤거리로 나갈 방법도 없었던 시절이지만). 하지만 '말'은 달랐다. 우리는 말을 잘할 수 있어야 한다고 생각했다. 뇌성마비가 있는 친구들은 언어장애가 없거나 경미한 경우에만 주요 배역을 맡았다.

일반 고등학교로 진학한 내게 그런 무대는 더이상 열리지 않았다. 강당은 계단을 올라야 했고, 학교는 연극팀보다 음악공연팀이 활발했다. 악기를 다룰 줄 모르는 내가 참여할 수 있는 활동도 없었지만, 무대에 오르는 일 자체가 쉽지 않았다. 고등학교 3년간 나는 학교 채플 시간이나 교내 합창단, 중창단의 공연이 열리는 대강당의 맨 뒷줄 왼쪽 창가 자리에 앉아서 친구와 수다를 떨었다.

대학생이 되었으므로 나는 오랜 꿈을 다시 꾸었다. 총연극회 동아리방은 학생회관 3층에 있었다. 엘리베이터는 없었다. 물론 내가 적극적으로 문을 두드렸다면, 아마 총연극회

학생들은 나를 도와 어떤 방법이든 찾아주었을지 모른다. 나는 용기를 내지 못했다. 안 그래도 자신이 없는 회사 면접 전날 볼에 뾰루지가 나면, 짜증을 내면서도 뾰루지 탓을 하며 면접을 포기하기 마련이다. 계단은 100도가 되기 직전에 냄비에 부은 찬물과 같았다. 나는 한 걸음을 내딛기 직전 99도까지 끓어올랐다가 계단 앞에서 식어버렸다. 한편으로, 당시는 장애인 인권운동의 시대였다. 학내에서 내가 해야 할 역할은 연극동아리가 아니라 계단 옆에 엘리베이터를 설치하는 일이었다. 나는 학부 시절 내내 혼란 가운데서 장애인 인권동아리 활동에만 집중했다. 그 활동에 후회는 없었지만, 무대에 오를 기회는 다시 멀어졌다.

시간이 흘러 대학원까지 졸업하고 변호사 자격을 딴 후였던 2013년에, 마침내 나는 총연극회 출신의 비장애인 동료들과 내가 중학교 시절 이후 이곳저곳에서 만난 다양한 장애인 친구들을 모아 공연팀을 만들었다. '장애문화예술연구소 짓'(이하 '짓')은 2013년 장애예술 담론을 연구하고 새로운 공연을 만들겠다는 거창한 포부를 안고 출발했다. 나의 동료들은 모두 유능했다. 우리는 금세 영국의 장애예술 사례를 조사했고, 지금은 활발하지만 당시에는 거의 논의되지 않던 배리어프리 연극에 관한 여러 정보를 수집했다. 전국의 공연장들을 돌며 공연장의 장애인 접근성 실태조사도 수행했다.

나는 꿈이 컸다. '짓'의 포부를 밝힌 한 글에서 "아름다울 기회를 평등하게" 만들겠다고 썼다.[29] 어떤 중증의 장애를 가진 사람이라도, 어떤 몸의 조건을 가진 이라도, 무대 위에서 빛날 수 있는 기회를 만들고 싶다고. 우리는 흥미로운 워크숍을 열었고 당시로서는 무척 드물게 다양한 배리어프리(접근성)를 시도한 연극을 만들었다. 나는 무대 위에서 동료 배우와 연기했고 그 가운데는 '왈츠'를 추는 장면도 있었다. 휠체어 위에 앉아서, 긴 바지와 구두를 신고, 엉덩이에 두꺼운 책을 여러 권 깔고, 나는 절대로 '불거지는' 일 없이 최대한 우아하게 나의 비장애인 동료 여성배우와 왈츠를 추었다. 데이비드 툴의 영상을 보았지만 그처럼 하고 싶지 않았다. 나는 프릭이 될 위험을 거부했다. 가능하다면 '발레리노'가 되고 싶었다.

> 블라디미르: 이젠 마음대로 웃을 수도 없어.
> 에스트라공: 웃지도 못한단 말이야?
> 블라디미르: 그냥 웃는 흉내나 내는 거지.[30]

2013년 나와 같은 공연을 본 연구자 최희범은 위 대목에서 블라미디르가 '그냥 웃는 흉내나' 낸다고 말할 때, 백우람의 얼굴이 "찡그리는 것 같기도 하고, 웃는 것 같기도" 하다고 썼다. 표정을 정교하게 통제하지 못하는 백우람의 얼굴에서 관객은 웃는 얼굴과 찡그리는 얼굴을 쉽게 분간할 수 없다. 백우람의 몸은 아무것도 기대할 것이 없는 공허한 무대 위에서 '고도'라는 정체를 알 수 없는 존재를 기다리는 블라디미르를 어떤 배우도 하지 못하는 방식으로 현실에 불러낸다. 다만 주의해야 한다. 이것을 백우람의 장애가 극 속의 인물과 '우연히' 잘 맞아떨어졌다는 식으로 해석해서는 안 된다. 물론

이연주 연출은 사뮈엘 베케트의 원작 희곡이 '극단 애인'의 배우들을 통해 가장 잘 표현될 수 있으리라 기대했고 그렇게 될 수 있는 방식으로 연출했다. 하지만 최희범이 지적하듯 "백우람의 연기가 자연스럽게 허구적인 맥락에 녹아들어가는 동시에, 그의 신체 자체가 주는 강렬한 문자 그대로의 아우라를 잃지 않았다는 것은, 백우람이 자신의 아우라를 조절하는 능력을 지닌 배우"이기 때문이다.[31]

2013년 공연의 세세한 장면이 기억나지는 않는다. 하지만 나무 한 그루가 서 있는 황량한 무대 위에 서 있던 두 명의 장애가 있는 배우, 그리고 조명 아래에서 종잡을 수 없을 만큼 깊고 풍부한 얼굴로 보이던 백우람만은 선명하다. 사실 나는 그와 같은 몸을 잘 알고 있었다. 뇌성마비 장애가 있는 몸. 이를테면 김태훈의 몸. 민교의 몸. 중학교 시절 탕비실에서 우리에게 말을 걸었던 선배의 몸. '히줄래기 춤'에 등장하는 '병신의 몸'. 그러나 내가 경험한 것은 '뇌성마비 장애가 있는 몸의 특별한 모습'이 아니라, 블라디미르가 된 배우 백우람의 몸이었다.

장애문화예술연구소 '짓'은 성공하지 못했다. 짧은 시간 우리는 장애와 공연예술에 대한 고민을 발전시켰고 이것을 한국 사회에 공유했지만 공연팀으로서 살아남지 못했다. 나는 '짓'을 시작하고 '짓'이 실패하는 기간 내내 변호사로서 경력을 쌓으려 노력했고, 결국 국가기관에 취업했다. 장애인의 몸이 언제나 추하고 이상하고 기괴한 소란덩어리로 취급되는 사회에서 섬세한 연출 기법과 무대 디자인, 연기 훈련이 만나면 어떤 몸이든 '아름답게' 표현할 수 있다고 믿었다. 그때 내가 생각한 아름다움은 데이비드 툴이나 김만리, 백우람의 몸이 결코 아니었다. 변호사라는 공식적인 자격을 유지하며 세상이 인정하는 '아름다움'의 세계 안으로 들어가고 싶었다.

2019년 '극단 애인' 소속 배우들과 이연주 연출이 함께 만드는 공연 〈인정투쟁; 예술가 편〉에 출연할 기회를 얻었다. 그들은 정말로 연극을 좋아하는 사람들이었고 좋은 무대를 만들고 싶어하는 전문 배우들이었다. 거기에는 '아름다움의 기회를 평등하게' 만들겠다는 대단한 포부 따위가 아니라 그저 성실하게 연습실에 나오는 배우들이 있었을 뿐이었다. 30대 중반의 백우람은 술을 좋아하고 간혹 어처구니없는 농담을 하는 아저씨였지만 연습시간에 지각하거나 빠지는 일이 없었고 어떤 장면을 연습하다가는 혼자 울음이 터지는 배우였다.•

장애가 있는 몸 깊은 곳에는 놀라운 예술적 잠재력이 숨어 있을까? 그럴지도 모르지만, 그건 아마 소수의 사람일 것이다. 김만리는 뇌성마비인의 '불수의한' 신체가 만드는 움직임이 "전인미답의" 미를 창출하는 원천이라고 주장한다. 그러나 이 말이 뇌성마비를 가진 사람 누구나가 좋은 춤이나 연

• 2024년 5월 이 공연이 다시 관객을 만나게 되었다. 이 책의 원고를 마무리하는 시점인 2024년 3월 말 우리는 첫 연습을 시작했다. 어떤 공연이 될지 지금으로서는 상상이 잘 되지 않는다. 이 책의 독자인 당신이 그 공연을 인상적으로 본 관객이기도 하기를 바라본다(욕심이 너무 많은 걸까?).

기를 보일 수 있다는 말은 아닐 테다. 그것은 장애에 관한 낭만주의적 태도다.

이번 장에서 내가 언급한 공연자들은 모두 '어쩌지 못하는 몸'과 다양한 방식으로 관계 맺으려 분투하는 가운데 자신들의 고유한 영역을 마침내 발견한 예술가들이었다. 이들은 무대 위에서 '말 막힘'에 빠지고, 다리 없이 최선을 다해 두 팔로 춤을 추다 건강을 해치고, 통제되지 않는 몸 위에 레오타드를 입고 무대에 섰다가 혹평을 받기도 했다. 그 과정에서 장애가 있는 신체로도 예상하지 못하는 일을 해낼 수 있음을 입증했고, 도저히 할 수 없는 일이 있다는 사실 앞에 좌절했다. 아마도 좋은 춤(연기)이란 장애가 결코 춤출 수 없는 결함이 아님을 깨달으면서도, 동시에 무엇이든 다 출 수는 없다는 근본적인 태도의 공존 가운데 나오는 것이 아닐까?

예술가든 아니든, 장애가 있든 없든, 우리 모두 각각의 '닫힌 세계'를 끌어안고 삶에서 각자의 춤을 춘다. 우리 안에 깊이 잠들어 있는 '맹수'(다시 말해 '힘')는 우리가 할 수 있는 일과 없는 일을 사회적 규범과 습관에 따라 미리 재단하지 말라고 소리친다(보통 우리는 이불을 뒤집어쓰고 그런 외침을 무시하지만). 맹수는 우리에게 순응을 거부하라고 한다. 왜 발레는 꼭 그런 식으로 추어야 하는가? 왜 대사는 꼭 그런 식으로 말할 수 있어야만 하는가? 왜 이 세계는 반드시 이런 식으로 돌아가야만 하는가? 반면 맹수를 깊이 품은 몸을 '가지고' 이불 밖으로 나와 현실을 살아가기로 한 우리는, 진정으로 부당한 순응을 거부하고, 지배적인 미적 가치를 전복하고, 관객에게 새로운 현실을 제공하기 위해서 매일 연습실에 나가고, 매주 모여서 희곡을 읽고, 공연과 워크숍에서 만난 관객들을 위해서 최선을 다해 훈련해야 함을 깨닫는다.

우리 안의 맹수를 세상의 규범에 종속시킨다면 우리 안에 잠재된 고유한 가능성은 꽃피우지 못할 수도 있다. 그렇다고 이 맹수의 '불수의성'(우연성)을 다루는 더 나은 방법을 찾지 말아야 할까? 백우람의 블라디미르가 진실했던 이유는 백우람이 자신의 몸안에서 작동하는 불수의적 움직임을 '정상적으로' 보이기 위해 애써 통제하지 않으면서도, 자신만의 방식으로 그 움직임을 끌어안았기 때문이다. 그것 역시 일종의 '통제'다. 다만 그 '통제'는 사회질서에서 벗어나는 흐름을 규제하는 일종의 치안policing 활동이 아니라, 그 예측 불허한 자신의 움직임을 더 깊은 차원에서 이해하고 그것과 협상하며 자신이 추고자 하는 춤, 하고자 하는 연기/표현의 과정에 통합하는 일종의 정치politics였다.

나는 '치안'이나 '정치'라는 표현을 사용했다. 그렇다. 춤을 출 때 우리가 자기 몸과 관계 맺는 방식은 곧 우리가 타인의 몸과 관계 맺는 방식의 기초가 되며, 이는 곧 더 큰 차원에서 공동체를 이루는 '몸들'과 맺는 관계의 바탕이기도 하다. 즉 이것은 말 그대로 '정치적인' 쟁점인 것이다. 3부에서 나는 좋은 춤과 민주주의의 관계를, 좋은 안무와 법/규칙의 관계를 살펴볼 것이다. 이 주제를 탐구하기 위해 다시 이사도라 덩컨이 춤추던 20세기 초로 돌아갈 것이다.

내 상상은 2023년 4월 (약간 다른 방식으로) 이뤄졌다. '극단 애인'에서 백우람과 함께 오래도록 배우로 활약해온 하지성이 제59회 백상예술대상 연극 부문에서 연기상을 수상한 것이다. 수상자로 호명되자 전동휠체어를 탄 하지성은 손을 위로 치켜들고 무대로 나갔다. 〈인정투쟁; 예술가 편〉을 같이 할 때 나는 하지성에게 '얼굴로 연기 쉽게 한다'며 놀린 적이 있다. 정장을 입은 그는 여전히 멋졌다.

하지성도 뇌성마비 장애가 있고 언어장애가 있다. 시상대에서 마이크를 잡은 하지성은 너무 긴장해서인지 평소보다 말하기가 더 어려워 보였다. 주최측은 하지성이 다른 수상자보다 길게 소감을 말하는 동안 기다렸고, 하지성도 "아 〈뉴스룸〉 할 시간인데……"라며 "장애를 이용해 1분만 더 쓰겠다"고 여유를 부렸다. 그는 약 9분 동안 천천히, 중간중간 쉬어가며 자신이 하고 싶은 이야기를 했다. 무대 아래서 소감을 듣는 일부 예능인, 배우들의 모습도 카메라에 자주 잡혔다. 그들은 하지성이 별 이야기도 하지 않았는데 벌써 눈물을 글썽거리고 있었다(아니 왜?).

'극단 애인'을 비롯해 한국에서 20년이 넘는 시간 동안 공연예술 현장을 지키고 발전시켜온 장애인/비장애인 창작자들에게 이 사건은 상징적인 의미가 있었다. 하지만 그 역사적 의미를 담아내기에 백상예술대상은 너무 작은 무대였다. 하지성이 마지막으로 말했다.

"연극을 한다고 하니 현실을 생각하라던 아버지, 이것도 현실이에요!"

좋은 무대는 가장 진실한 순간을 만든다. 좋은 공연자는 현실에 소란을 일으키고, 새로운 현실을 창안한다. 내가 어렸던 시절이라면, 이번 장에서 소개한 이 흥미로운 예술가들은 기껏해야 "병신 육갑한다"는 비난을 들었을 것이다. 그들이 새로운 현실을 만들었다.

"그는 '정상적으로' 보이는 몸으로 휠체어에 앉아
춤을 추는 무용수가 아니었다.
가는 팔다리, 탄탄한 복근과 허벅지, 완벽한 비례와 균형,
긴 목을 가진 (우리가 보통 상상하는) 무용수가 하늘을 향해
높이 점프하는 모습과 모든 면에서 정반대의 존재였다."

데이비드 툴, 〈아티피셜 싱스Artificial Things〉, 2020

"백우람의 블라디미르가
진실했던 이유는

백우람이 자신의 몸안에서 작동하는
불수의적 움직임을 '정상적으로' 보이기 위해
애써 통제하지 않으면서도,
자신만의 방식으로
그 움직임을 끌어안았기 때문이다."

백우람 제공

백우람, 〈인정투쟁: 예술가 편〉, 2019

〈침묵의 5~6초, 시를 그리다〉, 2023

3부

무용수가 되다

봄의 폭발

일곱번째

겨울, 상트페테르부르크

이사도라 덩컨은 승승장구했고 전 유럽의 스타가 되어 순회공연을 다녔다. 1904년 말에서 1905년 초에는 러시아제국의 수도 상트페테르부르크를 방문했다. 한겨울 오스트리아 빈에서 출발한 기차는 예정보다 열두 시간이나 지연되는 바람에 새벽 4시 상트페테르부르크역에 도착했다. 마부 외에는 마중나온 사람도 없었다. 영하 10도가 넘는 추위 속에서 마차를 타고 호텔로 가던 중 이사도라는 긴 행렬을 마주한다. 자세히 보니 사람들이 관棺을 짊어지고 비탄에 잠긴 채 걸어가고 있었다. 이사도라 자신의 기록에 따르면, 그들은 1905년 1월 22일 일요일• 러시아 황제 니콜라이 2세의 겨울궁전 앞에서 황실 근위대의 총격을 받아 사망한 수백 구의 시신이었다. 당시 러시아는 제국의 반열에 오르기 시작한 일본과의 전쟁(러일전쟁)에서 패했고 농민과 노동자들은 극도의 식량 부족에 허덕였다. 황제에게 탄원하기 위해 궁전 앞에 모인 비폭력 시위대를 학살한 이날의 사건은 이후 러시아제국이 소비에트혁명으로 몰락하는 시발점이 된다. 이사도라는 새벽 시간 희생자들의 죽음 앞에서 눈물을 흘리며 호텔에 도착했고 이틀 후 상트페테르부르크 귀족들 앞에서 춤을 추었다.••

상트페테르부르크는 18세기 초 건설된 러시아제국의 새

• 당시 러시아 달력(율리우스력) 기준으로는 1905년 1월 8일 벌어진 일로 역사에는 '피의 일요일'이라고 기록되어 있다. 이사도라 덩컨은 자서전에서 1월 5일로 표기하고 있다.

로운 수도였다. 그때까지 러시아는 유럽의 문화와 예술, 정치, 산업 발전과는 거리가 멀었다. 과학혁명도 종교개혁도 유럽과 아시아 일대에 걸친 이 광대하고 추운 땅에는 별다른 영향을 주지 못했다. 러시아에서 사람들은 넓은 영토 위에 흩뿌려진 농촌공동체를 중심으로 귀족과 농노들이 상대적으로 소박하고 단순한 삶을 이어갔다. 1689년 표트르대제가 황제에 오른 후 변화가 시작되었다. 표트르는 젊은 시절 유럽을 여행하며 펜싱과 발레를 접하고 과학혁명과 계몽주의 사상의 씨앗을 마주한 인물로 러시아가 '야만'과 '원시'의 상태에서 벗어나 유럽의 문명을 적극적으로 수용해야 한다고 믿었다. 그는 모스크바를 떠나 유럽과 바다로 이어지는 북해 인근에 새로운 제국의 수도 상트페테르부르크를 건설하고 러시아를 유럽의 일부로 개조하는 거대한 프로젝트에 돌입한다.•••

러시아 발레는 이 '유럽화' 프로젝트의 일환으로 프랑스에서 건너왔다. 프랑스에서 발레가 궁정의 예절, 질서, 품위를 규율하는 몸가짐으로 발전했던 것처럼 러시아 발레도 그저 공연이 아니라 러시아 귀족사회가 모방하고 온전히 받아들여야 하는 육체적 처신의 기준, 다시 말해 이상화된 몸의 규율

•• 이사도라 덩컨, 『이사도라 나의 사랑, 나의 예술』, 유자효 옮김, 고요아침, 2018, 176~177쪽. 하지만 러시아에 도착한 날 새벽, 시체를 수습하러 가는 사람들의 운구 행렬을 목격했다는 이사도라의 기록은 진실이 아닐 가능성이 높다. 이사도라 덩컨은 '피의 일요일' 사건이 있기 전인 1904년 12월 러시아에 갔기 때문이다. 이사도라는 이 사건이 벌어질 무렵 상트페테르부르크에 머물고 있었으므로, 아마 그동안 시내 어딘가에서 관을 든 사람들의 행렬을 보았을 것이다.

이었다.[1] 러시아의 사회와 문화는 급속히 변화했고 18세기 중반 러시아를 통치했던 예카테리나 2세는 상트페테르부르크에 국립극장 세 곳을 건립했다. 그중 하나가 오페라·발레단이었는데 이는 후에 유명한 마린스키 발레단이 된다. 러시아의 황제들은 유럽에서 발레 마스터들을 데려와 극진히 대우했고 그들이 무용수들을 길러냈다. 19세기 중반에 이르러 이탈리아와 프랑스에서 예술 춤으로 지위를 차츰 잃어가던 발레는 러시아에서 화려하게 꽃을 피운다. 지금까지도 겨울이면 국공립 공연장들의 대표 레퍼토리로 관객을 찾아오는 〈잠자는 숲속의 미녀〉 〈호두까기 인형〉 〈백조의 호수〉가 차이콥스키의 음악과 함께 탄생한 것이 이 시기다.

19세기는 러시아 문학의 황금시대라 불린다. 푸슈킨, 고골, 투르게네프, 톨스토이, 도스토옙스키, 체호프가 등장했다. 1812년 나폴레옹의 모스크바 침공을 계기로 유럽을 배우고 따라가는 데 급급하던 러시아는 '러시아는 도대체 무엇인가'라는 정체성 물음에 직면한다. 이 시대의 작가들은 각자의 방식으로 러시아라는 땅과 그곳에서 살아온 사람들의 정체성을 탐구했고 나폴레옹과 맞서 목숨을 걸고 싸운 농민들을

••• 이 '수도 이전 사업'은 세종시에 정부청사를 짓는 것과는 비교할 수 없이 엄청나고 험난한 프로젝트라, 바다에 면한 습한 이 땅에 흙을 들이붓고 목재와 석재를 몸으로 나르는 과정에서만 징집된 노동자 2만 명 중 절반이 사망했다(단 4개월 동안). 1703년 도시 건설이 시작된 후 50년이 지났을 때, 바다에 닿은 습지는 3미터 높이로 솟은 단단한 땅이 되었고 그 위로 유럽에서 가져온 석회암, 대리석, 건축 기술과 미술이 뒤섞인 건물과 대로가 웅장하게 펼쳐졌다. 올랜도 파이지스, 『나타샤 댄스』, 채계병 옮김, 이카루스미디어, 2005, 38~40쪽.

보며 러시아 농촌공동체의 종교와 민속문화에 관심을 가졌다. 농민들은 가부장적 폭력과 가난 속에 살았지만 고골은 그 안에 '러시아적 영혼'의 정수가 있다고 믿었다. 도스토옙스키는 이성적 근거를 따지지 않고 신을 믿는 러시아의 가난한 사람들, 농민들에게서 러시아적 신앙의 핵심을 보았고 근대인을 구원할 빛을 찾았다.[2] 톨스토이 역시 농민의 삶에서 깊은 생명력을 느꼈다. 유럽의 문화나 철학보다 더 가치 있는 소박한 지혜가 농민들에게 있다고 평생 믿었다(그는 농민들과 함께 농사를 짓고 농민의 삶을 개선하기 위해 노력했으나 귀족적 삶을 포기하지는 못했다). 농민의 삶, 농민공동체의 종교와 문화는 러시아 정체성에 관한 논의에서 빼놓을 수 없는 주제였다.•

황금시대에 러시아적 정체성과 농민의 삶에 관심을 기울인 작가들은 농민이 아니었다. 특이하게도 발레는 다르다. 귀족을 유럽인으로 만들기 위해 도입된 러시아 발레의 역사를 채운 무용수 다수는 농노의 자식들이었다. 그 기원에는 '농노 극단'이 있다. 막대한 영지를 보유한 귀족 영주들은 자신들의 영지에 속한 농노 소녀, 소년들을 발레무용수로 키웠다. 러시아 귀족은 수천 명에서 최대 100만 명에 이르는 농노를 소유했고 이들 가운데 선발된 농노들이 영주의 극단에 소

• 평범한 상공인의 자식으로 태어나 어린 시절부터 가난한 사람들, 농민들과 함께 성장한 체호프는 농민들에 대한 어떤 환상도 없었다. 체호프는 소설 속에서 농민들을 "야비하고, 정직하지 못하고, 더럽고, 술에 쩔어" 사는 사람들로 묘사한다(단편 「농부들」). 그러면서도 체호프는 의사로서 농민들을 무료로 진료했고 출산 후 산모와 영아의 높은 사망률을 개선하기 위해 평생을 헌신했다.

속되어 무용수로 무대에 섰다. 19세기 초까지 170개의 영지에 이러한 농노 극단이 있었다. 농노 극단은 나폴레옹전쟁의 여파로 점차 해산되었지만 그중 일부 극단들을 러시아 황제의 제국극장이 흡수했다(러시아에서 농노제는 1861년 공식적으로 폐지된다). 이런 배경 때문에 이후에도 러시아 발레무용수들은 농노의 자녀, 고아, 가난한 농민 등 하층계급 출신이 많았다. 이들은 국가에 소속된 극단의 완벽한 규율 아래서 훈련받았다. 황제를 중심으로 한 가부장적 예술교육 시스템은 억압적이었고 무용수들을 빈번하게 성적으로 착취했지만, 하층계급 출신 무용수가 가난과 폭력, 영주들의 착취를 피해 차르(황제)의 보호 아래서 부유한 삶을 누릴 기회이기도 했다. 무용수들은 당시 대다수 농민처럼 스스로의 지위를 무조건적으로 수용했다. 차르를 향한 그들의 헌신은 종교에 비견될 만했다.[3]

19세기 러시아 발레의 성취는 황실의 전폭적인 지원, 러시아로 초빙된 유럽 발레 마스터들의 영향이 없었다면 불가능했다. 하지만 자신의 운명을 받아들이고 무용수라는 역할에 종교적으로 헌신한 (그중 다수는 농민의 자녀들이었던) 무용수들의 정체성을 빼놓아서도 안 된다. 그들이 처한 사회적 조건, 몸에 깊이 각인된 러시아 민속형식은 발레의 근본에 새겨진 유럽의 귀족주의적 이상과 긴장을 일으켰다. 그 경계면에서 이전까지 존재하지 않았던, 오직 러시아에서만 가능했을 러시아 고전주의 발레가 탄생했다.[4]

12월 말 추운 겨울 아침. 황실무용학교 연습실에는 어린 학생들이 모여 한창 연습중이었다. 그때 이사도라 덩컨이 찾아왔다. 학교를 둘러보고 학생들의 연습을 참관한 이사도라는 자신의 춤을 조금 선보였다. 학생들은 충격에 빠졌다. 환상적이어서가 아니다. 춤을 너무 못 추었기 때문이다. 철저한 규율 속에서 몸을 갈고닦던 상트페테르부르크 황실 무용학교의 어린 무용수들에게 이사도라의 춤은 질서도 기교도 없는 움직임이었다.[5] 이사도라는 며칠 전인 1904년 12월 26일 러시아 황제의 친인척들과 우아한 귀족들이 모인 공연장에서 춤을 추었다.[6] 한 러시아 비평가는 이사도라의 춤에 대해 "언뜻 보기에는 아무것도 아닌 그의 춤을 잘 살펴보면, 거기에는 많은 것이 함축되어 있음을 발견하게 된다"면서 "놀랍도록 유연한 감성"과 "표현력이 풍부한 손"을 강조했다.[7] 당시 높은 신분의 관객들이 대단한 인상을 받았는지는 잘 모르겠다. 이사도라는 자서전에서 "그 요란한 장식과 배경 장치를 가진 발레를 애호하던 사람들에게 내 춤은 얼마나 이상하게 보였을까? (……) 얇은 튜닉을 입고, 쇼팽의 음악에 맞춰 쇼팽의 사상을 다 알고 있다는 듯이 자신의 영혼으로 춤추는 것을 보고 말이다. 그러나 첫번째 춤이 끝나자 우레와 같은 박수갈채가 터졌다"고 쓴다. "나의 영혼은 그 새벽 장례 행렬의 죽은 사람들을 생각하며 불타오르는 분노를 느끼고 울었다. 나의 영혼이 저 돈 많고, 부패하고, 귀족적인 관객들을 일깨워 박수갈채를 보내도록 한 것이다"[8]라고도 덧붙인다.

아무래도 이사도라 덩컨은 그날 공연의 반응을 다소 부

풀린 것 같지만, 그가 당시 러시아에서 꿈틀대던 새로운 문화적 열망에 부합하는 춤을 추었고 20세기의 젊은 러시아 예술가들을 열광시킨 건 틀림없다.• 19세기를 러시아 예술의 '황금세기'라고 부른다면 학자들은 19세기 말부터 소비에트혁명이 일어나는 1917년까지를 '은세기the Silver Age'로 칭한다. 이 시기 러시아에서는 시, 철학, 건축, 문학과 연극 등 문화예술 전반에서 전통에 도전하고 혁신을 시도하며 새로운 표현수단을 모색하는 움직임이 일어났다. 은세기의 젊은 예술가들은 도스토옙스키나 톨스토이, 체호프처럼 현실을 있는 그대로 묘사하며 도덕적 교훈이나 종교적 이념을 전파하는 예술가 역할에 동의하지 않았다.•• 이들은 예술이란 개개인의 정신 깊은 곳에서 작동하는 영성spirituality과 고유한 경험을 드러내야 한다고 믿었다.[9] 19세기 작가들이 러시아 농민들의 삶을 사실적으로 관찰하고 재현함으로써 '러시아적 정체성'을 탐구했다면 20세기 예술가들은 러시아 사람들의 내면에서 꿈틀대는, 신화적이고 신비로운 기원에 연결된 러시아적 영혼

• 이사도라 덩컨은 이후에도 여러 차례 러시아를 방문한다. 그 가운데 초기에 속하는 1904~1905년, 1907~1908년, 1909년 순회공연은 러시아 문화·예술·역사에 특히 중요한 영향을 미쳤다. 관련해서는 다음을 참고할 것. Elena Yushkova, "Isadora Dancan's Dance in Russia : First Impressions and Discussions, 1904~1909", *Journal of Russian American Studies* 2.1, May 2018.

•• 체호프는 예외다. 그는 당대 현실을 세부적으로 묘사하면서도 특별한 교훈을 전달하려 시도하지 않았다. 그는 사실주의 전통에서 황금세기 마지막 예술가로 불린다. 체호프는 이사도라 덩컨이 러시아를 처음 방문하기 5개월 전인 1904년 7월 폐결핵으로 44세 나이에 죽었다.

을 찾았다.

앞서 살펴보았듯 이사도라 덩컨은 질서와 규칙, 철저한 훈육과 기술 연마를 통해 인간 신체와 그 움직임을 이상에 부합하도록 개선하기를 꿈꾸는 발레의 전통을 거부했다. 이사도라에게 춤은 인간 내면에 침잠해 있는 순수한 영혼을 일깨워 자연과 합일되는 영적인 실천이었다. 당대 러시아 예술가들이 이사도라 덩컨에게 매료된 것은 당연했다. 러시아의 시인 볼로신은 "춤은 가장 원초적인 리듬, 인간의 심장박동에 내재한 리듬으로서 예술 가운데 가장 높은 수준의 예술"이라고 생각했다. 파리에서 이사도라의 공연을 본 그는 "다른 이들이 말로, 노래로, 글로, 음악으로, 그림으로 표현하는 모든 걸 춘다"고 극찬했다.[10] 한 비평가는 이사도라가 "고대 그리스 무용을 재구성, 복원, 부활시켰다"고 믿었다.•

전통적인 발레교육을 받은 뛰어난 현역 무용수 가운데도 이사도라 덩컨의 춤을 인상적으로 본 사람이 있었다. 당시 러시아 발레계의 스타 미하일 포킨Mikhail Fokine, 1880~1942이다. 포킨은 "뛰어난 도약, 활기찬 동작, 표현력이 월등한 두 팔, 젊은 바이런 같은 두상"으로 관객뿐 아니라 발레학교 여학생들의 관심을 한몸에 받는 인물이었다.[11] 그는 전통에서 해방된 발레 형식을 탐구하고 있었고 이사도라가 러시아를 방문

• 발레리안 스베틀로프의 말, Elena Yushkova, ibid., p.22에서 재인용. 한편 같은 맥락에서 전혀 다른 평가도 적지 않았다. 한 러시아 비평가는 "매력적이지도, 관객에게 감동을 주지도 않으며, 골동품 꽃병에 그린 무용수를 연상시키는 특이한 자세만 취할 뿐이다"라고 혹평했다. ibid., p.40.

했을 때 안무가로서 경력을 시작한 참이었다.[12] 포킨은 이사도라 덩컨이 미국 서부 해안가에서 성장하던 시절 제기한 물음을 똑같이 던졌다. "왜 발레무용수들은 그렇게나 부자연스럽게 꼿꼿한 등과 우스꽝스럽게 턴아웃한 양발로 서는 것인가?" 또한 19세기 선배 예술가들이 주목했던 러시아 농민의 삶과 민속문화에 관심을 가졌다. 민속악기 발랄라이카 연주법을 배웠고 다른 나라 도시들과 러시아의 먼 지역으로 여행을 다니며 그 지방의 춤과 민담을 수집했다. 그는 유럽 전역으로 확산되던 사회주의 사상에도 매력을 느꼈다. 그런 포킨의 눈앞에, 이사도라 덩컨은 러시아 황제의 친인척과 귀족들 가운데서 맨발에 맨다리로 '원시적이고 꾸밈없고 자연스러운' 춤을 추고 있었다.[13]

반면 황실무용학교의 어린 학생들은 이사도라 덩컨의 춤을 이해하기 어려웠고, 이사도라 또한 어떻게 아이들이 그런 곳에서 춤을 배우는지 이해할 수 없었다.

> 줄줄이 늘어선 어린 학생들이 그 고문 같은 연습을 해나가고 있었다. 그들은 몇 시간이고 발끝으로 서 있었다. 그건 마치 잔인하고 불필요한 심문을 당하는 희생자들 같았다. 그 넓은 무용실은 아무 장식도 없었다. 아름다움이나 영감을 일으키는 어떤 장식물도 없고, 단지 황제의 초상화만이 걸려 있어 꼭 고문실 같았다. 왕립발레학교가 자연과 예술의 적이라는 생각이 그전보다 더욱 굳어졌다.[14]

자서전에 비춰보면, 이사도라 덩컨에게 러시아 상류층은 가난한 농민들이 황제의 총에 맞아 죽어가는데도 화려한 장식으로 가득한 발레를 즐기는 위선적인 인간들이었다. 황제는 억압적으로 소년과 소녀들을 고문하듯 무용수로 길러내는 사악한 포주였다. 발레를 배우는 어린 무용수 중에는 가난한 농민과 제국 식민지 거주민의 자녀, 부모가 없거나 아버지가 누구인지 모르는 아이도 많았다. 러시아에서 황제의 보호와 지원 아래 무용수로서 훈련받는 삶은 고단하고 억압적인 경험이지만 가정폭력과 가난에서 벗어나 예술가로서나 경제적으로 성공할 수 있는 효과적인 진로였다. 무용수 지망생들이 이 학교의 철저한 규율에 성실히 복종한 데는 미국 서부에서 자라고 파리를 근거지로 활동하던 이사도라 덩컨이 다 이해할 수 없는 동기가 있었을 테다. 그럼에도 1905년을 전후한 상트페테르부르크는 더이상 19세기 러시아의 수도가 아니었다. 황제의 학교와 극단에 소속된 무용수들은 권위에 전적으로 복종하지 않았다. 미하일 포킨을 비롯한 마린스키극장의 젊은 무용수들은 가난한 사람들에게 책을 보내는 일에 후원자로 나섰고, 극장의 부패와 비리에 민감했으며, 기존의 발레교육, 안무, 무대 디자인이 고루하다고 생각했다.

'피의 일요일'로 역사에 기록된 학살(이사도라 덩컨이 목격했다고 쓴 사건)의 여파로 상트페테르부르크 전체는 반동의 기운이 가득했다. 노동자들이 파업에 돌입했고 시내 이곳저곳에서 시위가 벌어졌다. 황제에게 보호받으며 춤에 헌신해온 발레단도 예외가 아니었다. 마린스키극장 무용수들은 극장의 자치권을 요구했다. 1905년 10월 미하일 포킨과 당시 떠오르던 젊은 발레리나들인 안나 파블로바와 타마라 카르사비나 등이 포킨의 집에서 비밀 회합을 열었다. 무용수들은 황제에게 제출할 청원서를 쓰고 마린스키극장에서 열릴 예정이었던 공연에 불참하기로 결정했다. 카르사비나는 분장실에 대기중인 여자 무용수들을 설득해 철수시키려 애썼지만 대다수는 시위에 동참하지 않았다.[15] 시위는 실패로 끝났다. 당국은 무용수들에게 발레단에 남고 싶으면 진술서에 서명하라고 강요했다. 극장을 떠나면 살길이 막막한 무용수들은 서명할 수밖에 없었다. 시위를 주도했던 무용학교 교사이자 뛰어난 안무가 한 명은 죄책감을 못 이겨 스스로 목숨을 끊었다.

당연한 듯 수백 년을 군림한 러시아제국과 황제에 대한 불만, 전통이라는 이름으로 고수되어온 고전주의 무용을 혁신하고픈 욕망이 발레단 안에 쌓이고 쌓였다. 20세기 새벽의 젊고 뛰어난 마린스키극장 무용수들의 열망은 제국의 성벽 바깥을 향하고 있었다. 학교도 예외는 아니었다. 아직 황실 무용학교 학생이었던 열다섯 살 바츨라프 니진스키는 학교에 와서 춤 시범을 보인 이사도라 덩컨을 보고 이상하다고 생각했지만, 사실 그는 '이상한' 것에 이미 익숙한 사람이었다. 무용학교의 규율에 따라 누구보다 열심히 고전주의적 발레 훈련에 참여했던 니진스키의 영혼은 기존의 춤이 형상화하기에 너무 이상하고 기묘하고 복잡했다.

커버댄스와 춤의 영혼

'영혼'이라는 개념은 21세기를 사는 우리에게 어딘가 수상쩍다. 영혼이라는 말은 물질적인 한계를 넘고 오래된 시간도 가로지를 것 같다. 우리는 인간의 정신조차 세상의 기본 물질로 구성된 수조 개의 신경세포가 상호 연결돼 만드는 전기신호 패턴임을 안다. 한 과학자는 이 이야기를 멋지게 썼다.

> 우리는 강렬한 햇살이 일정하게 쏟아지고, 극히 안정적인 원자들로 구성된 물체들이 가득 들어찬 커다란 행성 표면에서 촛불처럼 켜졌다 꺼지는, 특이하게 조직된 물질의 일시적 패턴이다. (……) 그 원자들이 재배열되어 나나 여러분을 만들어내고, 토양 박테리아를 만들어내고, 그런 뒤 예로부터 덧없음의 상징으로 통하는 봄날의 일본 벚꽃을 만들어낸다. 우리의 몸은 영구적인 것들의 일시 배열이다.[16]

과거 사람들은 우리의 물질적인 몸은 일시적일지라도, 정신 혹은 영혼은 영구적일 수 있다고 생각했다. 현대과학이 밝혀낸 진실은 반대다. 우리 몸을 구성하는 물질적 근원들, 즉 수소나 질소, 탄소 같은 원자는 우주 탄생 초기에 생성되었고 우주가 소멸할 때까지 계속 존재할 것이다. 우리의 몸과 마음은 다르다. 신체도 정신도, 물질들의 '일시적 배열'일 뿐이며 배열이 바뀌면 영구적으로 소멸한다.

거창한 이야기로 시작했지만 이를 통해 제기하고 싶은

물음이 있다. 유튜브에는 K팝 아이돌 그룹의 퍼포먼스를 따라 하는 이른바 커버댄스 영상이 가득하다. 세계 여러 도시를 배경으로 춤을 추는 이 영상들에는 가지각색의 특색이 녹아 있다. 모방하는 그룹과 유사한 외모의 멤버들로 구성된 팀도 있고, 걸그룹의 춤을 남성 멤버가 포함된 팀이 추기도 한다. 인종이나 문화, 춤을 추는 도시의 풍경은 제각각이지만 K팝 퍼포먼스를 훌륭하게 재현한다. 이 경우, 우리는 이들의 커버댄스가 원래 아이돌 그룹의 춤과 '동일한' 춤이라고 말해도 괜찮을까? 만약 그럴 수 있다면 그 기준은 무엇일까?

이른바 '춤의 동일성 문제'는 어떤 춤을 전파하고 계승한다고 말할 때 그 의미가 무엇인가라는 현실적인 쟁점이다. 소설에서는 동일성 문제가 발생하지 않는다. 당신과 내가 톨스토이의 『전쟁과 평화』를 각각 다른 출판사에서 낸 세계문학 전집으로 읽더라도 우리는 '동일한' 책을 본 것이다. 우리는 화성에 정착한 미래의 인류에게 지구에서 발간된 60세 김초엽, 80세 김연수 작가의 신작 소설을 곧바로 전송할 수 있고, 그렇게 전송된 소설은 지구에서 읽은 소설과 아무런 차이가 없다(번역서라면 문제가 조금 복잡해진다).

어떤 사람들은 영상 기록과 전송이 편리한 오늘날 춤도 소설과 다를 바 없다고 생각한다. 어떤 춤을 촬영한 후 영상을 보며 그 춤의 움직임 패턴들을 세부적으로 분석하고 추출해 순서대로 몸에 익히면, 그 춤을 복사한 것 아닐까? 이런 견해는, 말하자면 춤을 복잡한 '종이접기'로 전제한다. 유튜브는 커녕 인터넷망도 깔리지 않았던 1990년대 중반 고립된 마을에 살던 때에도 나는 종이학을 접을 수 있었다. 종이학을 만들고 싶다면 "1. 종이를 대각선 반으로 접는다. 2. 반으로 접은 쪽을 다시 반으로 접는다. 3. 대각선으로 접은 선을 펴서 직각삼각형 모양을 만든다……"는 식으로, 일련의 독립된 행동 절차를 따르면 된다. 내 종이학은 서울 대치동에서 공부하던 10대 소년의 종이학과 다르지 않았다. 사람마다 손재주가 다르고 종이의 크기나 질감도 다르지만 각각의 절차를 수행하기만 하면 그 종이학의 핵심은 전혀 변하지 않는다.• 춤도 종이접기처럼 독립된 움직임의 패턴으로 쪼개어 기록할 수 있다면, 우리는 '원본'의 동일성을 잃지 않고서 먼 시공간까지 춤을 전파할 수 있을 것이다.••

간결한 스텝과 명료한 포즈, 특정한 무용수들의 구성("남녀가 짝을 맞춰 8쌍이 무대에 선다") 등 몇 가지 분명하고 독립적인 절차를 따르면 수행 가능한 일부 민속춤은 '종이접기'와 구조가 유사하다. 그 덕에 이런 춤들은 영상 기록이 없던

• 이런 종류의 문화적 구조물은 디지털 방식으로 기록될 수 있고, 현대의 각종 디지털 테크놀로지를 통해 신속히 확산된다. 나는 종이학 접는 방법을 마이크로소프트의 Bing AI에 물어보았고, 위에 인용한 종이접기 절차는 Bing이 알려준 것이다. 하지만 내가 Bing에 뉴진스의 〈디토〉 안무를 알려달라고 하자 뮤직비디오를 찾아보라거나 압구정 댄스학원을 추천했다(이때는 2023년 봄이었다. 이 책이 출간된 시점에는 더 세부적이고 정교한 방법을 안내해 줄까?).

•• 리처드 도킨스는 '중국배 접기'를 예로 들어 이러한 문화적 구조물의 특성을 설명했다. 그는 이것을 쉽게 확산되는 밈meme(문화적 복제단위. 지금은 유행어나 화제가 된 특정 현상을 일컫는 대명사가 된 이 말을 애초에 제시한 사람이 도킨스이다)의 특성이라고 이해한다. 리처드 도킨스, 『만들어진 신』, 이한음 옮김, 김영사, 2007, 295~300쪽.

시절에도 핵심적 특성이 크게 변하지 않고 후대로 이어졌다. 반면 특유의 호흡법이 중요한 한국 전통춤처럼, 일정한 동작의 패턴으로 분할해 기록하기가 어렵거나 거의 불가능한 춤도 많다. 그럼에도 춤에는 그 춤을 만든 창시자들, 안무가들이 어떻게든 자신의 춤을 후대에 남기려 시도한 다양한 방식의 무보舞譜가 있으며, 작곡가가 악보를 쓰듯 자신이 만든 춤을 바로 그 춤으로 만드는 핵심 요소들이 표시되어 있다.••• 미국의 예술철학자 넬슨 굿맨과 같은 사람들은 이러한 이유에서 우리는 어떤 춤이든 소설처럼 먼 미래와 장소의 사람들에게 '동일성'을 유지하며 전송할 수 있다고 주장한다.••••

소설과는 달리 그림(회화)은 동일성을 유지하며 먼 곳으

••• 현대에는 영상 녹화가 어느 것보다 훌륭한 무보의 기능을 하지만, 영상은 안무가 자신이 생각한 그 춤의 '핵심'을 정확히 강조하기에는 부족하다. 대신 영상은 폭넓은 세부사항을 거의 놓치지 않고 담아낼 수 있다는 장점이 있다.

•••• 넬슨 굿맨은 예술형식을 대필적인allographic 것과 자필적인autographic 것으로 구별한다. 대필적 예술은 원본을 다른 사람이 구현해도 원본의 동일성이 깨지지 않는 예술형식이다. 베토벤의 음악이 그 예다. 베토벤이 작곡한 음악들은 전 세계의 여러 오케스트라가 다양한 방식으로 연주하고, 연주마다 현장에서 발생하는 차이와 연주자 간 해석의 다양성에도 불구하고 여전히 베토벤의 음악으로 인정될 수 있다. 반면 이중섭이 그린 회화는 자필적 예술이다. 이중섭이 아니라면 어느 것도 결코 '원본'이 될 수 없기 때문이다. 그런데 넬슨 굿맨은 춤을 '대필적 예술'로 분류한다. 불완전하더라도 무보를 통해 기록된 춤을 보고 따라서 출 수 있고, 그때 그 춤은 음악처럼 해석의 차이가 있을 뿐 원작과의 동일성이 깨진 것은 아니라고 주장한다. 넬슨 굿맨의 주장을 비롯해 주로 미국에서 춤의 동일성 논의가 어떻게 전개되었는지에 대해서는 다음을 참조할 것. Julie C. Van Camp, "Identity in Dance: What Happened?", *Midwest Studies in Philosophy*, 44(1), 2019, pp.81~91.

로 전송하기 어렵다는 데 많은 이가 동의한다. 이중섭이 그린 소의 형상은 아무리 그의 그림을 뛰어나게 모방하는 재능을 가진 화가라도 결코 지금 시점에 '똑같이' 그릴 수 없을 것이다.• 당대 이중섭이 처한 상황, 그가 받은 미술 훈련의 내용, 방식, 그의 사상, 기질, 손과 머리가 이루는 각도의 해부학적 차이 등 모든 면에서 그와 같은 사람은 아무도 없다. 무수한 개인의 신체적·정신적·상황적 세부사항은 종이접기처럼 독립된 행동 패턴으로 쪼개어 기록할 수도, 그 기록대로 모방할 수도 없다. 그림 그리기의 이런 요소는 춤에서도 마찬가지 아닐까? 어떤 사람이 춘 춤은 그 사람의 성격과 기질, 습관, 오랜 시간 몸이 적응해온 환경의 특성, 해부학적 고유성이 총체적으로 표현된 산물이다. 이런 생각을 끝까지 밀고 가면, 다른 사람이 춘 춤을 똑같이 추기란 애초에 불가능하다는 결론에 이른다.••

춤의 동일성 문제를 꽤 상세하게 언급한 이유는, 어떤 종류의 문화, 사상, 기억, 경험의 동일성identity이란 곧 개인의

• 이중섭의 그림을 고성능 복사기로 완벽하게 복사하면 간단한 문제가 아닐까? 원본과 사본은 시각적으로 완전히 동일하기에, 사본에도 이중섭이 직접 그리며 투영한 그의 고유한 인격의 흔적이 똑같이 표현되어 있을 것이다. 두 그림은 그럼에도 다른가? 그것들은 객관적인 대상(산물)으로서는 비록 동일하지만, 이중섭이라는 인간 화가가 원본에 투여한 수행적 가치performative value를 결여하고 있으므로 여전히 원본과는 다르다는 설명이 가능하다(철학자 로널드 드워킨이 그렇게 생각한다). 원본과 복사본이 질적으로 다르지 않다면 우리가 굳이 미술관에 가서 그림을 볼 이유가 없을 것이다. 이 역시 어떤 존재의 수행performance을 다른 존재가 동일하게 반복하기란 불가능하다는 생각을 전제로 한다.

중대한 정체성identity과 깊이 관련되기 때문이다. 이를테면 당신과 나는 '동일한' 소설을 읽음으로써 그 소설을 계기로 모종의 정체성을 공유할 수 있다. 당신이 『전쟁과 평화』를 인상 깊게 읽었다면 나는 당신과 어떤 정체성을 지닌 집단을 이룰 수 있다. 마찬가지로 우리는 같은 춤을 보고, 이왕이면 같은 춤을 출 때 깊은 연결감과 소속감을 경험할 수 있고, 그 춤의 경험이 나를 설명하는 중요한 정체성이라고 여길 수 있다. 광범위한 곳까지 쉽게 도달하는 15초짜리 영상 밈을 따라 한다고 특별한 공동의식이 생겨나지는 않겠지만, 영상매체를 통해 전파된 K팝 아이돌의 춤을 따라 출 때 그 춤을 좋아하는 사람들은 하나의 정체성을 공유하는 집단을 이룰 것이다. 특히 그 춤이 아티스트의 삶과 세계관에 밀접히 관련되어 있고, 어떤 사회적 기억과 결부되어 있다면 그 춤을 나누는 일은 훨씬 깊은 연결감을 불러일으킬 것이다.

그러나 K팝 아이돌의 춤이 어떤 것이든, 영상을 보고 세부사항을 철저하게 모방해 순서대로 수행하는 것만이 '동일하게' 그 춤을 옮겨오는 방법이라면, 예를 들어 방탄소년단(BTS)을 사랑하는 대만의 10대 척수장애인 중학생은 절대로 그 춤을 출 수 없을 것이다. 척수장애가 있는 몸이 BTS의 춤

•• 극단적으로 이 관점을 취하면, 같은 사람이 같은 무대에서 추는 같은 구성의 춤조차 매번 '동일하지' 않다고 말하는 것이 얼마든지 가능하다. 그날의 건강 상태, 관객의 반응, 날씨, 오전에 먹은 음식, 그 밖에 도무지 파악하기 어려운 요소들이 공연을 '질적으로' 변화시킨다. 사실 공연 현장에서 이는 전혀 극단적인 경우가 아니다. 같은 공연을 여러 번 보는 진지한 관객은 이런 말을 자주 한다. "그 작품은 화요일 저녁 공연이 제일 좋았어."

동작을 정확히 수행하기란 어려우니까. 이 중학생은 BTS를 사랑하고 성장기에 그들의 음악에서 깊은 영향을 받지만, 그 춤을 함께 추며 공유할 때 고양되는 모종의 정체성 형성 과정에서는 배제될 것이다. 다시 말해 춤이 '종이접기'라면, 시공을 넘어 먼 곳까지 춤을 전파하는 일이 가능한 반면 그 '종이접기'를 수행하지 못하는 어떤 몸들에게는 결코 접근할 수 없는 '닫힌 세계'로 남는다.

춤이 독립된 동작들의 정확한 수행이 전부가 아니라면? 즉 춤이 종이접기와 다르다면 어떨까? 세상에 똑같은 춤은 하나도 없는 셈이고 완벽한 '커버댄스'는 누구도 가능하지 않다. 이 견해를 취한다고 춤의 전파나 계승이 불가능하다고 생각할 필요는 없다. 오히려 현실에서 우리는, 춤이 실제로 계승되고 전파된다는 점을 잘 안다. 춤을 움직임 패턴들의 세부적인 모방으로 환원하지 않을 때, 우리는 어떤 춤을 바로 그 춤으로 만드는 요소가 무엇인지 더 폭넓게 상상할 수 있다. 예를 들어 휠체어를 탄 대만의 10대 학생이 영상으로 기록된 BTS의 동작을 정확히 수행할 수는 없지만, 그가 BTS의 춤에 담긴 핵심적인 구성요소를 포착하고, 세부사항을 적절히 변경하고, BTS 멤버들이 춤을 출 때 마주했던 상황, 그들 각각의 기질, 희망, 좌절, 고민, 욕망을 자기 몸과 조건에 조응시킨다면 어떤 일이 벌어질까? 정교하게 동작을 따라 하지 않고도 BTS가 '되기'를 시도할 수 있지 않느냐는 것이다.

동일성identity에 관해 열린 태도를 취하면 폐쇄적인 정체성identity 담론에서 벗어날 길이 생긴다. 어떤 춤을, 그 동작을 똑같이 모방할 수 없더라도 그 춤이 '되기'를 시도하는 사람이 존재하고, '춤-되기'에 관해 폐쇄적이지 않은 공동체가 진지하게 그에 반응한다면, 대만의 10대 장애청소년은 BTS 공연을 설득력 있고 훌륭하게 자신만의 '커버댄스'로 출 날이 올 것이다. 그는 BTS 춤 공동체를 더 다채롭고 풍요롭게 만드는 일원이 될 것이다.

춤은 그야말로 특정한 조건 위에서 촛불처럼 켜졌다 꺼지는 일시적인 사건이다. 춤은 결코 반복될 수 없다. 동시에 춤은 멀리까지 뻗어가며 반복될 수 있다(우리는 그렇게 믿는다). 선조들의 춤을 배우고 거기서 깊은 연결감을 느끼는 이주민들은 드물지 않다. 그들이 동작을 정확히 반복했기에 연결감을 느끼는 것은 아니다. 어떤 이주민의 후손은 부모의 나라를 찾아와 자신이 자란 땅과는 언어도, 음식도, 문화도 모두 다른 가운데 어려움을 겪다가, 살풀이를 추는 전통무용가의 공연을 처음 본 순간 넋을 잃고 사랑에 빠진다.• 이처럼 춤

• 1980년대 서울에서 유학하던 재일교포 소설가 이양지는 유학생활 내내 한국과 일본의 문화적·경제적 격차, 자신이 결코 넘을 수 없는 모국어의 벽 앞에서 좌절해 우울한 나날을 보낸다. 그러던 어느 날 서울의 한 소극장에서 전통무용가 김숙자의 공연을 본다. 이양지에게 "그때의 충격과 감동은 가야금과의 만남과도 필적하는 것, 아니 그 이상의 것으로, 춤을 보고 있는 동안의 십 분이나 이십 분 사이의 경험이 마치 오랜 시간의 경험처럼 그 무엇인가가 제 가슴 깊이 커다란 자국으로 남겨진 것"이었다. 이양지는 김숙자를 찾아가 도살풀이 춤을 배우고, 한국과 일본에서 공연을 하면서 소설가이자 무용수로서 살아가게 된다. 이양지, 「나에게 있어서의 母國과 日本」, 『돌의 소리』, 신동한 옮김, 삼신각, 1992, 232쪽.

을 둘러싼 이해하기 어려운 현상이 도처에 있다. 동작 패턴들의 묶음으로 환원할 수 없는 춤의 '영혼'이 있다고 생각하는 이유다.

춤의 '영혼'을 형이상학적이고 설명 불가능한 힘이라고 단정할 필요는 없다. 분명히 20세기 초 예술가들에게 '영혼'이란 신화적이고 신비한 무엇이었다. 이사도라 덩컨은 고대 그리스와 아무 관련이 없었지만 그곳에 자신의 기원이 있다고, 고대 그리스의 '영혼'이 자신의 움직임을 통해 구현된다고 믿었다. 다분히 신화적이며 사실에도 별로 부합하지 않는다. 이사도라 덩컨이 열광하고 모방했던 그리스식 자세와 패션 일부는, 1900년 크레타섬 유적의 발굴 과정에서 당대 고고학자들이 상상력을 동원해 "평범하다 싶은 유적지와 단조로운 벽화 조각들을 (……) 20세기 초반의 세계가 원하던 원시 문화의 이미지"로 재구성한 것이었다.[17] 그럼에도 미국 서부의 자연 속에서 자라나 유럽에서 활동한 이사도라 덩컨이라는 사람의 특이한 인생 경로에서 새겨진 몸의 기질, 흔적, 그가 읽은 책들, 당대의 조류, 이사도라가 사랑한 사람들, 타고난 신체적·정신적 개성은 그의 춤을 통해 당대 사람들을 뒤흔들었다. 수많은 사람이 살아가며 남긴 흔적, 이야기, 분위기, 변화시킨 물리적 조건, 자연에 대한 이해, 세계를 바라보는 철학적 관점은 우리 몸에 은연중 새겨질 것이고, 그렇게 새겨진 것들은 춤을 통해 한 사회의 시공간과 상호작용하며 실체를 얻는다. 춤의 '영혼'이란 한 민족이나 개인 속에 폐쇄적으로 깃든 신화적인 요소가 아닌, 한 사람이 당대 사회를 살아가며 그 몸으로 만난 구체적 타자들의 '물질적인' 종합일 것이다.

내 몸에 이 땅을 살다 간 장애인들의 '영혼'이 새겨져 있을지도 모른다고 말하면 '예술가병'에 걸린 수상한 인간처럼 보일까? 그럴 것 같다. 다만 장애인이라는 이름으로 살아온 사람들의 수많은 이야기와 경험이 내 몸과 내 삶을 만드는 데 영향을 주었고, 이 몸안에 어떤 식으로든 깃들어 내 몸을 특정하게 배열했다고 말하는 건 가능해 보인다. 이 책을 쓰기 시작할 때 나의 관심사는 이 '일시적인 배열'을 만든 것들의 역사였다. 학교에서 가르치는 공인된 무용사 교재에서는 '장애를 가지고 살다 간 사람들의 영혼'을 찾기가 어려웠다. 프릭쇼와 병신춤에서 그 흔적을 만났을 때는 슬프고 반가웠다. 그것이 다일까? 나를 비롯해 장애가 있다고 여겨지는 몸들, 병신의 몸, 비정상의 몸, 뒤틀리고 추하다고 여겨지는 몸들이 기꺼이 '커버댄스'를 추며 합류하고 싶은, 현대무용의 역사적 순간은 없을까?

높이 뛴 다음 그냥 공중에 잠시 머물면 됩니다

1904년 12월 이사도라 덩컨은 황제의 친인척과 귀족들 앞에서 첫번째 공연을 마친 후 며칠 뒤 러시아 발레단의 공연을 보았다. 안나 파블로바가 주연을 맡은 〈지젤〉이었다. 발레를 싫어하는 이사도라의 눈에도 무용수들은 요정처럼 움직였다. 공연이 끝나고 파블로바의 집에서 열린 저녁식사 자리에 초대를 받았다. 거기서 이사도라는 30대 중후반의 무대 디자이너와 미술평론가, 전시기획자를 만났다. 그들은 모두 『예술세계』라는 잡지를 만들어 러시아에서 새로운 예술적 실험을 선도하던 상트페테르부르크의 남성들이었다. 이사도라는 이들과 춤에 대해 긴 시간 토론했다. 그들은 동의하기도, 반박하기도 했다. 그날의 저녁식사는 『예술세계』 창간을 주도했고 그날 막 러시아 황제들의 초상화 전시회를 성공적으로 개최한 세르게이 댜길레프Sergei Pavlovich Dyagilev, 1872~1929를 축하하기 위한 자리였다. 댜길레프는 대학에서 법학을 전공했지만 음악과 미술을 사랑했고 사업가로서 탁월한 재능이 있었다. 그는 그 자리에 있던 안나 파블로바, 『예술세계』 멤버이자 오랜 친구들인 무대 디자이너 레온 박스트, 알렉상드르 브누아, 마린스키극장에서 전통적 권력에 맞서 파업을 주도할 미하일 포킨, 타마라 카르사비나 같은 젊고 탁월한 예술가들을 끌어모아 파리에서 공연으로 큰 성공을 거두겠다는 야심을 품는다.

댜길레프는 여러 면에서 모순적인 인물이었다. 르네상스 시대의 문화적 성취를 찬양했고 러시아 민중에 대한 교육 활동에도 관심을 가졌지만, 동시에 그의 성장환경은 보수적인 러시아 전통에 뿌리내리고 있었다. 한편으로 그는 러시아 민속예술에도 관심이 많았다. 그는 자신의 이런저런 기질과 관심사를 비범한 비즈니스 감각으로 통합하고 재구성했다. 파리에서 러시아 미술작품을 전시하고, 상트페테르부르크에서는 황제들의 초상화를 개최하며 문화예술기획자, 경영자로서 감각을 뽐낸다. 1900년 전후 파리의 풍경을 떠올려보자. 미국에서 건너온 무용수 로이 풀러와 이사도라 덩컨이 환영받고, 일본에서 온 무용수 사다야코가 로댕, 피카소 같은 예술가들에게 영감을 주던 도시다(1930년대가 되면 최승희가 춤을 추고 있을 것이다). 파리로 대표되는 세기말 유럽은 '원시적인 것'과 '이국적인 것'에 열광하고 있었다. 동양적 아름다움과 야만성은 서구의 부르주아 문화를 정신적으로 재생시키는 힘으로 여겨졌다.[18] 경영자로서 감각이 뛰어난 댜길레프의 촉수는 '러시아 민속문화'가 파리에서 '팔릴 감'이 되리라 생각했을 법하다. 러시아 민속문화에 대한 댜길레프의 관심이 단지 경영자로서의 감각에서만 비롯된 건 아니라는 의견도 있다. 그는 농노 출신 유모에게서 자랐고(그의 어머니는 그가 태어난 후 사망했다) 유모를 깊이 사랑했다. 유모가 알려준 러시아 농민의 미신을 평생 의식했다. 검은 고양이를 보면 도망갔고 사진 찍기를 싫어했다.[19] 그뿐이었을까. 유모가 부르던 노래, 취향, 그를 돌볼 때의 몸짓은 파리 사람들이나 베네치아 사람들과는 분명 달랐고 상트페테르부르크의 러시아 귀족들과도 달랐을 테다. 그는 유모에게서 러시아적 '영혼'을 물려받았을 수 있다. '영혼'이 그렇게 신비로운 개념일 필요가 없음을 다시 생각해 보자. 우리는 스스로 취약하고 아무런 분별력이 없을 때 돌보아준 사람들에게서 큰 영향을 받는다. 돌보는 사람은 돌봄을 받는 사람에게 영혼의 일부를 건네준다.

바츨라프 니진스키Vaslav Nijinsky, 1889~1950의 부모는 러

시아제국이 지배하던 폴란드 출신 발레무용수였다. 두 사람 모두 무용과 상관없는 가정에서 태어나 자랐지만 독자적으로 무용계에 입문해 탁월한 무용수로 성장했다. 둘 다 출중한 실력에도 러시아 황실 소속 발레단에서 활동하지는 못했다. 니진스키의 할아버지는 러시아제국에 맞서는 폴란드 봉기에 참여한 이력이 있었다. 1881년 러시아 황제 알렉산드르 2세가 폴란드인에게 암살당하는 사건이 벌어졌다. 폴란드인들의 처지가 좋을 수 없었다. 결혼 후 두 사람은 세 아이를 낳았고 가족들은 다 같이 북극지방에서 시베리아를 지나 대륙의 동쪽 끝까지, 서쪽 끝 카스피해까지 여행하며 순회공연을 다녔다. 둘째로 태어난 바츨라프 니진스키는 부모님을 따라 유라시아 대륙 곳곳을 여행하며 다양한 기후에서 살아가는 여러 민족의 사람들과 다채로운 민속문화를 경험했다. 니진스키는 때때로 부모와 같이 춤을 추었다.[20]

어느 날 니진스키의 아버지 토마스는 어머니 엘레오노라를 버리고 떠나버렸다. 생활이 궁핍해진 어머니는 아홉 살이 된 니진스키의 손을 붙잡고 1898년 상트페테르부르크의 황실무용학교에 데려가 입학시험을 치르게 했다. 100명이 넘는 지원자 가운데 니진스키는 15명에 선발되었고 2년 후 최종 10명에 들었다. 어머니와 형, 여동생도 상트페테르부르크에 정착했다. 바츨라프의 여동생 브로니슬라바 니진스카도 이후 황실무용학교에 입학해 니진스키와 함께 당대 최고의 무용수로 활약한다.

바츨라프 니진스키의 형 스타니슬라프 니진스키는 뛰어

난 무용수가 될 재능을 일찍부터 보였으나 6세 때 창문 밖으로 떨어져 뇌를 다치고 만다. 그는 살아남았지만 뇌손상에 따른 정신적 장애를 가지게 되었다. 어머니 엘레오노라는 다정하고 헌신적인 사람이었지만 스타니슬라프를 혼자 돌보는 데는 한계가 있었다. 스타니슬라프는 결국 국립정신병원에 입원했고 이후에는 대규모 수용시설로 옮겨졌다. 당시 이런 종류의 시설은 병원이나 요양시설이라기보다 정신장애인, 발달장애인, 중증 신체장애인들이 뒤섞여 지내는, 지금으로 따지면 장애인 수용시설이었다. 스타니슬라프는 1918년 그곳에서 폐렴과 간질환으로 사망했다. 니진스키는 형을 무척 사랑했다.[21]

바츨라프 니진스키는 무용학교에서 일찍부터 재능을 드러내 학생들은 모두 그의 실력을 알았지만, 소심한 성격 탓에 친구가 거의 없었고 괴롭힘도 자주 당했다. 외모는 놀림의 대상이었다. 그는 발레리노 지망생치고는 키가 작고 얼굴은 몽골계와 튀르크계 유목민을 연상시켰다. 다른 학생들은 그를 '꼬마 일본인'이라고 불렀다.[22] 니진스키의 얼굴에는 러시아제국이라는 거대한 땅에 흩어지고 뒤섞이며 살아온 민족들의 흔적이 혼재되어 있었다(아버지에게서 물려받은 것이다).• 그의 허벅지는 신기할 정도로 굵어서 그가 죽은 뒤에도 '의학적' 논쟁이 있었을 정도다. 그 허벅지 덕분에 그는 엄청나게 높이, 오래 점프하기로 유명했다. 니진스키의 허벅지와 그의 서툰 성격을 잘 보여주는 일화가 있다. 그의 명성이 유럽 전체에 본격적으로 알려지기 시작한 1909년 파리 공연이 끝난 후, 발레무용수들을 만나러 몰려든 관객과 있던 일이다.

> 누군가가 니진스키에게 점프할 때 당신처럼 공중에 머무르는 것이 힘들지 않냐고 물었다. 처음에는 니진스키가 그 질문을 못 알아들었지만 곧 매우 친절하게 "아닙니다! 아닙니다! 어렵지 않습니다. 당신도 그냥 높이 뛰고서 그 위에서 잠깐만 멈추면 됩니다"라고 했다.[23]

천재라는 인간들은 정말 답이 없다. 학생 니진스키의 재능은 금방 미하일 포킨의 눈에 들어왔다. 안무가 포킨의 사랑을 받으며 마린스키극장 무대에 섰던 발레리나 카르사비나는 니진스키를 연습실에서 본 날을 이렇게 기억한다.

> 편하게 연습하는 모습을 바라보다가 믿을 수 없는 광경을 보았다. 도약을 하는 어느 소년이 다른 학생들의 머리 위로 높이 치솟았고 마치 공중에서 머무는 듯이 보였다. (……) 어느 천재가 내 앞에 있었다. 그가 춤을 보여줬을 때 나는 이 모든 것이 실제 상황이 아닌 것 같았고 있을 수 없는 일

• 당시 러시아에서 이런 외모의 사람들은 (폄하의 의미가 섞인) '타타르인'으로 불렸다. 이들은 몽골계와 튀르크계 유목민의 후손으로 러시아제국에서 주로 서비스 업종에 종사했는데, 소설 『안나 카레니나』에는 귀족 스테판과 레빈이 레스토랑에서 만나 식사를 하는 장면에서 서빙을 맡은 타타르인이 등장한다. 톨스토이는 이 종업원을 어설픈 프랑스어를 구사하는 속물로 묘사한다. 러시아 발레단의 무대 디자이너가 되는 알렉상드르 브누아는 니진스키를 처음 보았을 때 그의 춤에 너무 놀라면서도 "평범하고 특징 없는 얼굴"이라 "영웅이라기보다는 상점 조수에 더 잘 어울려" 보였다고 했다(리처드 버클, 『니진스키: 인간을 넘어선 무용』, 이희정 옮김, 을유문화사, 2021, 157쪽에서 재인용). '타타르'라고 분류된 사람들에 대한 인종적 편견이 녹아 있는 묘사일 것이다.

이라고 느꼈다. 그 소년은 자신의 실력에 대해 의식하지도 않았고 평범하고 오히려 수줍어했다. (……) 나는 미하일[포킨]에게 이 뛰어난 소년에 대해 왜 아무도 이야기하지 않는지 물었다. 미하일은 껄껄 웃으면서 "곧 알게 될 거야, 걱정 마라"는 말을 남겼다.[24]

니진스키가 마린스키극장 무대에 오를 무렵까지 발레의 주인공은 발레리나였고, 남성 무용수는 발레리나를 지지하는 역할에 주로 머물렀다. 발레의 혁신을 도모하는 예술가 포킨의 생각은 달랐다. 그는 무용수의 엄격한 성역할을 무시하고 중성적인 매력의 무용수를 찾고 싶었다. 니진스키는 마린스키극장에서 여러 명의 무용수와 함께 추는 군무로 데뷔했고, 1906년에는 안나 파블로바와 파트너가 되어 처음 춤을 춘다. 안무가로서 포킨은 역량을 인정받고 있었다. 파블로바, 카르사비나, 니진스키, 브로니슬라바 등 한 시대를 호령하게 될 뛰어난 무용수들이 대거 같은 무대에 서기 시작했다.

니진스키는 열여덟 살을 앞두고 있었다. 그에게는 여전히 친구가 없었다. 가족을 부양할 돈도 필요했다. 러시아 황실과 귀족들은 매력적인 발레무용수들을 '선택'해 후원자 역할을 하며 성적인 관계를 맺는 경우가 빈번했다. 니진스키도 황실의 한 남성 공작의 파트너가 되었다. 댜길레프는 그 무렵 파리에서 러시아적인 음악과 이야기로 구성된 오페라를 기획하고 있었다. 그의 목표는 음악, 미술, 춤, 이야기가 혼합된 가장

종합적인 러시아 예술작품을 유럽에 선보이는 것이었다. 어느 가을 극장에서 마주친 공작은 니진스키를 댜길레프에게 소개했다. 두 사람은 이미 서로를 알고 있었다. 1908년 가을의 만남 이후 둘은 연인 사이가 되었다. 니진스키는 댜길레프에게 재정 후원을 받았고 댜길레프의 추천으로 다양한 예술교육도 받았다. 1909년 댜길레프는 파리에 오페라가 아니라 러시아 발레를 통째로 들고 가서 파리 시민들을 충격에 빠뜨리기로 결심한다.

봄의 제전

1913년 파리 샹젤리제극장에서 벌어진 소동은 세계 무용 역사상 가장 유명한 사건이다. 댜길레프의 기획 및 제작, 바츨라프 니진스키의 안무, 러시아 작곡가 이고르 스트라빈스키의 음악으로 만들어진 〈봄의 제전〉이 첫 공연을 한 날이었다. 발레뤼스Ballet Russes라는 이름으로 기억되는 러시아 발레단은 1909년부터 파리와 런던을 비롯한 유럽의 관객들을 열광시켰다. 러시아를 문화적 변방으로 여긴 서유럽의 상류층 관객들에게 러시아 발레단은 충격 그 자체였다. 공연은 이국적이고 신비한 '동양적' 요소가 가득한 음악과 무대미술, 이야기로 무장했을 뿐 아니라 무용수들은 유럽의 누구도 따라갈 수 없는 최고의 테크닉을 선보였다. 아무도 그렇게 움직일 수 없었다. 이사도라 덩컨은 발레가 담지 못하는 원시주의적 환상과 자연적인 아름다움을 유럽에 전달했지만 테크닉 면에서는 평범했다. 그의 매력은 기교와 무관했다. 사다야코는 게이샤 시절부터 훈련된 특유의 움직임과 이국적 환상이 가득한 이야기 속에서 이색적인 춤을 추었지만 당대 유럽인들에게 표현적으로 세련되다고 여겨지지는 않았다. 발레뤼스는 전혀 달랐다. 이들은 19세기 후반부터 소위 모더니즘이라는 문화적 조류 이래 유럽인들을 열광시키던 모든 요소의 가장 세련된 총체였다.

발레뤼스의 파리 초기 공연은 프랑스 발레에 기초해 19세기 러시아에서 발전해온, 프랑스 출신 발레 마스터들이 세공한 러시아적 발레 작품이었다. 무용수들의 탁월한 기량과 무대미술을 앞세워 유럽에 충격을 주었다. 파리 관객들은 자신들이 잊고 있던 발레의 아름다움이 다시 소생한 모습을 보았다.• 1910년부터 댜길레프와 포킨은 이제 자신의 세대가 재구성한 '러시아적' 발레 작품을 선보이기 시작한다. 〈불새〉가 그 시작이었다. 댜길레프는 이 작품의 곡을 러시아 민속과 전통에 관심이 많고 뛰어난 재능을 보이던 젊은 음악가 스트라빈스키에게 맡긴다. 스트라빈스키는 러시아의 토착 노래를 연구하고 대륙 곳곳에서 살아가는 민족들에 대해 공부하며 음악을 만들었다. 발레뤼스의 디자이너 레온 박스트는 러시

• 발레뤼스는 1909~1910년 〈아르미드의 관〉 〈지젤〉 등을 포킨의 안무로 선보였다. 발레뤼스의 무대 디자이너는 『예술세계』 시절부터 댜길레프와 함께한 알렉상드르 브누아로, 그는 프랑스계 러시아인이었고 프랑스 고전주의 문화의 예찬자였다. 그가 디자인한 화려한 무대 위에서 카르사비나, 파블로바, 니진스키가 날아다니는 공연은 파리 관객들을 사로잡기에 충분했다.

아 농민의 복식과 전통공예품을 참고해 의상과 소품을 제작했다. 사악한 마법사에게 사로잡힌 공주, 사랑에 빠진 황제의 아들, 그 아들을 구하기 위해 죽을 때까지 춤추는 새가 등장하는 이야기는 낭만주의 발레부터 빈번히 등장하는 주제이지만, 〈불새〉는 발레리나의 역할과 춤을 완전히 다르게 표현했다. '불새' 역을 맡은 카르사비나는 발레리나의 전형적인 의상 튀튀가 아닌 속이 비치는 동양풍의 바지를 입고, 머리를 황금색으로 땋은 채 타조 털과 공작 털로 꾸민 의상을 입었다. 한쪽 다리로 뛰어올라 반대 다리로 착지하는 발레 동작 주테jete를 수없이 반복하며 왕자에게 호소하는 고난도 동작을 수행하는데,[25] 이때 카르사비나는 하늘하늘한 옷을 입고 요정처럼 움직이는 전형적인 발레 무대 속 여성과 거리가 멀다. 카르사비나는 신비롭고 위엄 있게 마법의 힘을 부리는 존재 같았다. 표트르대제가 상트페테르부르크를 건설하며 열어젖힌 러시아의 서구를 향한 창이, 이제 동쪽을 향한 것이다.[26]

발레뤼스는 그들이 재창조한 '러시아적인 것'을 주제로 파격적인 발레 작품을 잇달아 선보였다. 이 작품들에서 니진스키는 흑인 노예(《셰에라자드》), 요정(《장미의 정령》), 꼭두각시(《페트루슈카》) 등을 맡는다. 여성 무용수가 요정 역할을 맡던 관행은 무시했다. 니진스키는 중성적이고 에로틱한 매력을 발산하고, 예측 불허하고 파편적인 음들이 연속되는 스트라빈스키의 음악에 맞춰 망가진 팔다리로 덜그럭거리는 인형을 춤추었다. 이 공연들을 현대무용수들이 재현한 영상과 당시의 사진 일부는 온라인에서 쉽게 찾을 수 있다. 이를테면 〈장미의 정령〉을 검색해보라. 무도회가 끝난 후 지친 소녀가 소파에 앉아 잠들었을 때, 손에 쥔 장미가 바닥에 떨어지면, 몸에 달라붙고 노출이 심한 빨간색 옷을 입은 장미의 정령이 나타나 소녀를 유혹한다. 이 이야기에서 남성 무용수 니진스키가 맡은 정령은 공중으로 날아갈 듯이 번쩍번쩍 뛰고, 탁월한 춤 실력과 높은 지성, 아름다운 얼굴로 당대 관객들을 사로잡은 카르사비나가 소녀 역을 맡아 듀엣으로 춤을 춘다.

니진스키의 키는 163센티미터 정도였다. 목이 굵고 어깨는 아래로 처졌다. 다리는 짧고 엄청나게 굵었다. 그의 신체 조건만 보면 2020년대 한국의 예술학교 입시는 단념하는 편이 좋을 정도다("여학생의 경우 160센티미터가 안 되면 솔직히 무용하는 걸 다시 생각해"보라던, 유튜브에서 내가 들은 입시 조언이 떠오른다). 하지만 완벽한 테크닉과 표현력으로 그는 무대에 오르면 온전히 작중 인물이 되었다. 한 비평가는 "무대 위에서 니진스키는 자신이 의도하는 대로 자신을 주조한다. 그는 키가 크거나 작게 보이게 할 수 있고 멋지거나 흉하거나 혹은 매혹적이거나 거부감을 주거나 자기가 원하는 대로" 보이게 할 수 있다고 기록했다.[27] 그의 이런 역량은 복잡한 정체성, 부모에게 물려받은 뛰어난 재능, 엄청난 훈련을 통해 가능했다. 공연이 끝난 후에도 연습실에 남아 바를 잡고 훈련했고, 혼자 연습할 때는 50분 안에 속도를 극도로 높여서 다른 무용수들이 세 시간 동안 쏟아낼 힘과 에너지를 분출했다.[28]

댜길레프는 더 강하고 더 충격적인 걸 원했다. 1912년 무렵 댜길레프는 미하일 포킨의 안무가 이제 충분히 새롭지 않다고 생각했다. 포킨은 스트라빈스키의 음악이 너무 난삽해서 춤을 추기에 적합하지 않다고 생각해 그와 자주 대립했다. 댜길레프는 단호하게 안무가를 교체한다. 발레뤼스의 전성기를 만들어준 미하일 포킨 대신 아직 20대 초반에 불과한 니진스키에게 안무를 맡긴 것이다.

1913년 5월 29일 저녁 샹젤리제극장을 가득 메운 관객들 앞에서 〈봄의 제전〉이 시작되었다. 스트라빈스키는 꿈에서 어떤 신화를 떠올리고 이를 바탕으로 러시아 화가이자 고고학자 니콜라이 레리히와 함께 이 작품을 만들었다고 알려져 있다. 고대 러시아 민족의 한 신화에 따르면, 길고 긴 러시아의 겨울을 지나 봄이 올 때쯤 봄을 축복하며 태양의 신에게 희생제물을 바치는 제의가 있었다. 스트라빈스키는 문명 이전의 원시적인 생명력, 이교도적 영성, 문명과 도덕이라는 이름으로 규정되기 이전 시대의 약동을 표현하는 음악을 만들고자 했다. 그렇게 탄생한 〈봄의 제전〉에서 리듬 체계는 완전히 뒤집혔고, 박자는 종잡을 수 없을 만큼 복잡했다. 당시로는 예외적으로 현악기와 관악기를 동시에 사용했다.[29] 니진스키는 이 음악에 맞는 안무를 짜기 위해 무용수들을 극한으로 밀어붙였다. 무용수들에게 곡은 너무 난해했고 박자에 맞춰 제대로 춤을 추기는 거의 불가능해 보였다.

니진스키의 안무 스타일은 그의 첫번째 안무작 〈목신의 오후〉라는 작품에서 이미 논란을 불러왔다. 그리스신화에 등장하는 목신牧神으로 직접 출연한 이 작품에서, 니진스키는 그리스 화병에 새겨진 그림처럼 이차원으로만 움직이는 독특한 춤을 선보였다. 님프(자연의 정령)로 무대에 함께 서는 무용수들에게 어떤 종류의 표정이나 연기도 금지했다(안무에 모든 것이 담겨 있다고 강조했다고 한다).[30] 현대무용에서도 특정한 감정에 너무 심취하거나 얼굴로 연기하는 무용수는 촌스럽다는 소리를 듣기 쉽다. 극적 은유나 상징을 배제하고 오로지 '움직임'들의 특정한 양식화를 통해 주제를 표현하려는 이런 시도로 니진스키는 무용의 혁신을 가져왔다.

발레 〈봄의 제전〉에서도 니진스키는 스트라빈스키의 원시적 약동과 변칙, 불협화음이 난무하는 이 '무질서한' 시스템을 촘촘하게 양식화된 동작들로 가득 채웠다. 멀리서 바순 소리가 들려오고, 호른이 합류한다. 갑자기 관악기들이 끼어들며 분위기가 뒤바뀐다. 헐렁한 거적을 뒤집어쓴 기묘한 모습의 무용수들이 무대 위에 둥글게 서서 아래위로 뛰며 바닥을 쿵쿵 울린다. 늙은 여인의 모습을 한 무용수가 그 앞을 오가는데, 등은 굽고 손은 경직되어 비틀거린다. 목관이 꽥꽥거리고 무용수들도 경련하듯 움직인다. 무용수들은 바닥에 쓰러지고, 허리를 굽혔다 펴고, 두 그룹으로 나뉘어 드럼 소리에 맞춰 들어왔다 나가고, 여성들을 폭력적으로 붙잡는다. 그렇게 1부를 마치고 2부에 접어들면 '제의'가 시작된다. 대결과 탄원, 짧은 전투를 거쳐 희생자로 선택된 소녀는 나머지 무용수들이 원을 그리며 도는 가운데 서서 폴짝폴짝 반복해서 뛰어오른다. 지쳐서 바닥에 철퍼덕 쓰러지면 나머지 무용수들이 그녀를 허공으로 들어올리며 공연이 끝난다.[31]

공연이 시작되고 얼마 지나지 않아 객석에서 야유가 흘러나왔다. 음악도 의상도 춤도 파리의 관객들이 보기에 너무 추하고 기괴했던 것이다. 춤이 계속될수록 야유는 더 심해졌다. 한쪽에서는 예술도 모르면서 조용히 하라고 소리지르고, 한 상류층 여성은 쿵쿵거리는 소리에 맞춰 앞자리 관객의 머리통을 때렸다는 기록도 있다. 이날 소동에 관한 기록이 꽤 과장되었다는 것이 학자들의 의견이지만,[32] 공연장 안에서 소란이 벌어졌고 이후 이 공연이 엄청난 논란의 대상으로 남았다는 점은 의심의 여지가 없다.

이 사건에 대해 알았을 때 나는 조금 의아했다. 당대 파리는 이미 세상에서 가장 이상하고 새로운 것들이 자유롭게 자기를 드러내는 도시였다. 모든 전통과 억압에 반대하는 아방가르드 예술은 더이상 충격일 것도 없었다. 미술, 음악, 연극 모든 분야에서 모더니즘이라는 이름으로 새로운 실험이 수행되고 있었다. '일반 시민'인 관객들은 아무래도 더 보수적이었던 걸까? 작가 슈테판 츠바이크는 회고록에서 세계대전 이전의 파리가 얼마나 다양성에 열린 도시였는지를 상기한다. "중국인, 스칸디나비아인, 스페인인, 그리스인, 브라질인, 캐나다인 등 모두는 센 강변에서 자기 집에 있는 것처럼 편안함을 느꼈"으며 "사람들과 어울리든 혼자 있든 (……) 사치스럽게 지내든 보헤미안적이든, 각자 자기 마음이 내키는 대로 생활"할 수 있었다. 파리에서는 "노동자들도 푸른 블라우스를 입거나 셔츠 바람으로 무사태평하게 가장 고상한 거리들을 걸어다녔"고 아름다운 아가씨들이 "흑인과 팔짱을 끼고 가장 가까운 호텔로 가는 것을 부끄럽게 생각하지 않았다". "파리에서 누가 훗날에 와서야 비로소 등장한 인종, 계급, 출신 같은 도깨비에 구애받았다는 말인가?"[33]

그런 파리의 시민들이 고상하게 차려입고 공연을 관람하던 도중 참지 못하고 소동을 일으킨 이유가 무엇일까? 자신들이 기대한 발레뤼스의 에로틱하고 화려한 무대가 아니어서 실망했을 수 있다. 당시 파리 시민이라면 극장에서 소란을 일으키다가는 '촌스럽게' 보일 수 있다고 생각하지 않았을까? 난해한 전시나 공연을 볼 때, 나는 이해가 안 가고 재미없어도 괜히 둔감해 보일까봐 흥미로운 척한다. 20세기 초 유럽제국의 문화 수도 파리 시민들이 나만큼의 속물적인 예의도 갖추지 못했을까?

〈봄의 제전〉이 실제로 어땠는지는 2020년대를 살아가는 이 누구도 모른다. 관객들의 스케치, 니진스키의 안무 기록, 당시 공연을 본 사람들의 증언만이 있다. 〈봄의 제전〉은 총 8회 공연되고 영원히 사라졌다. 그야말로 일시적인 '배열'로, 촛불처럼 켜졌다가 꺼졌다. 다만 후대 안무가들이 여러 기록을 토대로 재현한 공연 영상들을 온라인에서 확인할 수 있다. 2011년 영화 〈샤넬과 스트라빈스키〉의 도입부에도 공연 장면이 나온다. 영화 속에서 관객의 야유가 점점 더 심해지며 경찰까지 출동하자 스트라빈스키는 객석을 빠져나온다. 무대 뒤편으로 가보니 니진스키는 관객들의 야유 가운데 무용수들에게 박수를 쳐서 박자를 알려주고 있다. 각종 추측을 통해 재현한 것이지만 영상 속에서 춤추는 무용수들의 움직임을 가만히 보자. 무용수들은 우아함과 아름다움을 위한 발레의 기본 포즈와 반대로 움직인다. 그들은 몸을 굽히고, 뻣뻣하게 움직이고, 양발 끝을 안쪽으로 모은다(턴아웃 자세와 반대다).

> 구부정한 형상들이 발을 질질 끌었고, 쿵쿵거렸고, 팔을 구부리고 고개는 삐딱한 채로 발을 어색하게 돌려서 안짱다리 포즈를 취했다. 움직임들은 요동치고 급작스러웠다. (……) 빙빙 돌다가, 원에서 마지못해 빠져나오거나 거친 점프 동작으로 뛰어들었다. 니진스키는 한 리듬에서는 팔들을 움직이고 다른 리듬에서는 다리를 움직이는 거북할 정도로 투박한 움직임을 고안했다.[34]

이 춤을 머릿속으로 상상해보라. 이 책을 처음부터 여기까지 읽은 여러분에게는 어떤 몸이 떠오르는가? 나와 같다면, 그렇다. 병든 몸들, '병신'의 몸이다. 강직, 경련, 급격하고 불안정한 균형잡기. 307호에서 나와 함께 투덕대던 김태훈의 몸, 레오타드를 입고 휘어진 척추로 무대로 굴러나오는 김만리의 몸, 침묵의 5~6초를 버틸 때의 강렬한 백우람의 몸이 떠오른다.

혁신적이고 비非발레적인 움직임을 내가 개인적으로 익숙한 장애가 있는 몸에 무리하게 연결 지은 걸까? 니진스키 평전을 쓴 피터 오스왈드가 한 가지 근거를 제시한다.

니진스키의 이 비범한 안무에 대한 '비전'은 어디에서 기원한 걸까? 니진스키가 1909년 이사도라 덩컨의 춤을 보고서, 다른 러시아 무용수들처럼 비전통적인 방식으로 음악을 해석하고 감정을 표현하는 그녀의 방법에 놀랐다는 사실은 잘 알려져 있다. (……) 가능성 있는 또다른 영감의 기원을 생각해보자. 니진스키는 그의 형 스타니슬라프가 수용된 병원을 여동생 브로니슬라바와 자주 방문했다. 1911년 스타니슬라프는 아주 거대한 (960개의 병상이 있는) 도시 수용시설로 전원되었다. (……) 당시에는 관행적으로 정신과 환자들과 신경질환을 가진 사람들이 같이 수용되었다. 꽤 높은 확률로, 니진스키는 어머니, 형, 동생과 함께 간질[뇌전증], 뇌성마비, 파킨슨, 경련, 긴장 등 여타 신경학적 이상을 가진 사람들을 보았을 것이다.[35]

니진스키는 '이상한' 사람들과 병동을 같이 쓰는 형을 보러 가길 꺼렸던 것 같다. 브로니슬라바는 엄마와 스타니슬라프를 방문하자고 하면 니진스키가 정색했다고 썼다.[36] 하지만 그는 형을 사랑했고 여러 차례 만나러 갔다. 1920년이 되면 니진스키 자신이 정신의 붕괴를 겪고 정신병원에 입원한다. 그는 입원하기 전 노트에 "나는 광인들을 사랑한다. 그들과 이야기하는 법을 나는 알고 있다"고 썼다.[37] 니진스키는 친구가 별로 없고 사회생활에 서툴렀지만, 무용학교 시절에도 후배들을 존칭으로 불렀다. 그는 사회적인 위계나 관념에 구속되지 않고 모두에게 친절한 사람이었다(자신이 몰두한 안무 작업의 무용수들에게는 그렇지 못했다).

니진스키가 근대 서양의 중심 파리에서 불러낸 건 기실 '러시아적 영혼'이 아니었다. 이사도라 덩컨, 가와카미 사다야코, 최승희에 이르기까지, 서양의 중심에서 문화적·정신적 '타자'로 무대 위에서 춤추는 몸은 20세기 파리의 관객들에게 유별나지 않았다. 발레뤼스는 타자의 매혹적인 몸짓에 열광한 20세기 파리인들을 위한 최첨단의 상품이었다. 니진스키가 안무한 공연 앞에서 그런 파리 시민들이 화를 참지 못했던 이유는 물론 스트라빈스키 음악의 파격성, 발레뤼스의 이국적 매력을 철저히 집어던진 니진스키를 향한 분노와 실망 때문일 것이다. 여기에 하나 더 추가한다면, 그가 바로 '장애인의 몸'을 무대로 불러와서가 아닐까? 타자들의 문화에 마음을 열 준비가 된 '교양 있는' 시민조차 생각지 않은, 오페라와 발레를 위한 상젤리제극장 무대 위에서 그는 일종의 '프릭쇼'를 펼친 것이다.• 니진스키를 경유해 출몰한 이 영혼들은 문명화된 서구에 반대되는, 동방의 동물적이고 야만적인 존재를 표상하는 신화로서의 추상적인 러시아가 아니었다. 역사상 어떤

• 이질적이고 이국적인 것들에 관대하고 열광하던 20세기 초 파리 시민들도 프릭쇼는 허락하지 않았다. 장애인의 몸, '기형'의 몸이 등장하는 엔터테인먼트, 즉 프릭쇼는 〈봄의 제전〉이 공연될 무렵 파리에서는 광범위하게 법적으로 금지되었다. 예외적으로 '예술성'을 허락받은 장애인의 신체 외에 장애인의 몸은 공공장소에서 공연이나 전시를 목적으로 자기를 드러낼 수 없었다. 프랑스에서 19세기 후반 시작된 '신체 기형'에 대한 경찰의 통제에 관해서는 이 글을 참고할 것. 다이애나 스니구로비치, 「기형의 딜레마: 19세기에서 20세기 초반 파리에서의 비정상 인간에 대한 경찰통제와 기형학」, 『푸코와 장애의 통치』, 셸리 트레마인 엮음, 박정수·임송이 옮김, 그린비, 2020, 229~243쪽.

발레 무대에도 오르지 못했고 오르리라 상상한 적도 없는, 수용시설에 감금되어 평생을 보내던 구체적이고 실재하는 몸들, 즉 '병신'의 유령이었다.

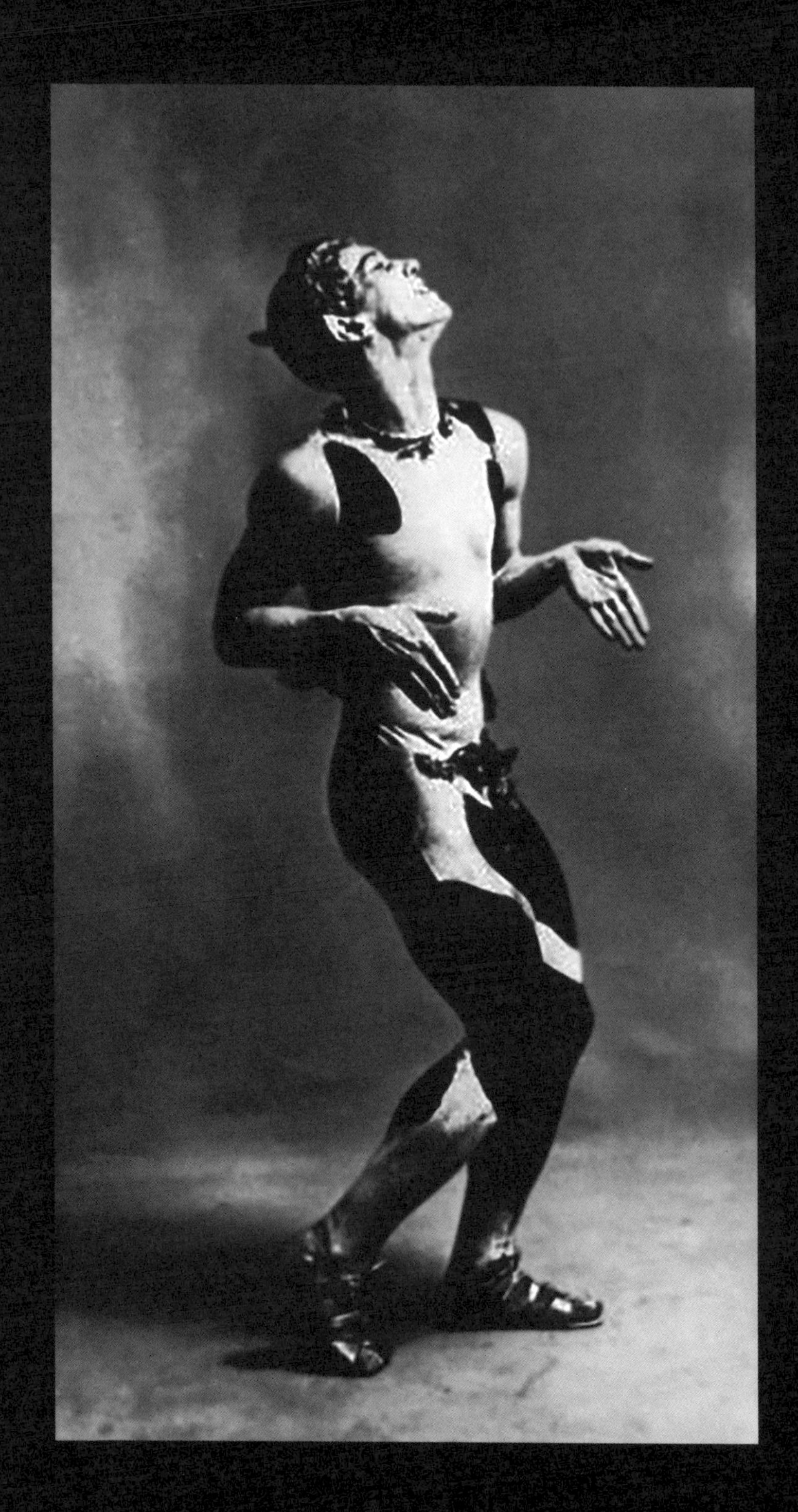

"니진스키는 그리스 화병에 새겨진 그림처럼
이차원으로만 움직이는 독특한 춤을 선보였다.
님프(자연의 정령)로 무대에 함께 서는 무용수들에게
어떤 종류의 표정이나 연기도 금지했다.

극적 은유나 상징을 배제하고
오로지 '움직임'들의 특정한 양식화를 통해
주제를 표현하려는 이런 시도로 니진스키는
무용의 혁신을 가져왔다."

바츨라프 니진스키, 〈목신의 오후〉, 1912

춤의 민주주의

여덟 번째

어제의 유령

니진스키는 〈봄의 제전〉을 1913년 파리와 런던에서 총 7회 공연한 후 이어진 발레뤼스의 남미 순회공연 때 결혼식을 올렸다. 갑작스러운 일이었다. 상대는 남미 공연을 위해 객원 무용수로 처음 합류한 로몰라 드 풀츠키Romola de Pulszky, 1891~1978였다. 로몰라는 헝가리 출신으로 부다페스트에서 니진스키의 공연을 본 후부터 그를 흠모했다. 남미로 향하는 거대한 여객선에서 두 사람은 처음 만났고, 로몰라가 적극적으로 다가오자 니진스키는 마법에 걸리듯 그녀와 사랑에 빠졌다. 댜길레프는 배를 무서워했고(그는 갖가지 미신을 믿었다) 남미 지역을 좋아하지 않아 투어에 동행하지 않았다. 1913년 8월 16일 프랑스 셰르부르항에서 니진스키가 여객선에 탑승한 이후• 남미대륙으로 향하는 동안 두 사람은 약혼했고, 아르헨티나에 도착해 발레단의 첫 리허설을 마친 직후인 9월 10일 부에노스아이레스 시청에서 결혼식을 올렸다. 댜길레프와 니진스키가 오랜 연인관계임을 아는 발레단 사람들은 충격에 빠졌다.

베네치아에서 휴가를 보내던 댜길레프는 이 사실을 듣고 분노했다. 얼마 뒤 계약 위반을 구실 삼아 니진스키를 발레단에서 해고했다. 유럽으로 돌아온 니진스키는 나름대로

• 여객선 에이번S.S.Avon호는 8월 15일 영국 사우샘프턴에서 출발했고 로몰라도 그곳에서 탔다. 다음날 8월 16일에는 프랑스 셰르부르항에서 니진스키가 배에 오른다.

공연 기회를 만들어봤지만 댜길레프가 그의 공연에 출연하는 무용수를 상대로 소송을 거는 등 훼방을 놓았다. 한 해가 지났고, 1914년 6월 28일 오스트리아·헝가리제국(오스트리아)의 황태자 부부가 세르비아 민족주의자에게 암살당하는 사건이 발생했다. 유럽 전체가 순식간에 민족 간, 동맹국 간 대결로 치달았다. 공연 기회를 얻지 못해 낙심한 니진스키는 로몰라의 고향인 헝가리 부다페스트에 머물고 있었다. 8월 2일, 세르비아의 슬라브 민족주의를 지원하는 러시아제국을 상대로 오스트리아의 동맹국 독일이 전쟁을 선포하며 제1차 세계대전이 발발했다.

이 모든 상황은 1914년 7월 한 달간 숨가쁘게 전개되어서 전쟁이 정말 일어나리라고 생각한 사람은 7월 말까지도 드물었다. 댜길레프는 전쟁의 소문이 감도는 그 여름까지도 발레뤼스의 10월 독일 투어를 예정하며 단원들에게 휴식 후 베를린에서 모이자고 공지했다.[1] 오스트리아 국적의 슈테판 츠바이크는 1914년 7월 벨기에의 한 휴양지 카페에서 친구들과 느긋한 시간을 보내고 있었다. 어느 날 군인들의 행진을 보았던 누군가가 전쟁이 날지도 모른다고 말했다. 같이 있던 이들은 어처구니없다는 반응이었고 츠바이크도 "수천 수만 명의 독일인이 여기서 무료하고 즐겁게 이 작은 중립국의 따듯한 대접을 받고 있는데" 전쟁은 터무니없는 소리라고 생각했다(독일은 중립국 벨기에에 쳐들어가 러시아의 동맹국인 프랑스로 향했고 이를 계기로 영국이 참전한다).

며칠 후 수많은 관광객이 서둘러 자기 나라로 돌아갔고

츠바이크도 간신히 기차표를 구해 빈에 도착했다. 역 사방에 동원령 공고가 붙어 있었다. 전쟁터로 나가기 위해 입대한 신병들이 가득했고, 군중이 모여 이들을 배웅하고 있었다. 깃발이 휘날리고 음악이 울려퍼졌다. "국민도 정부도 원하지 않았던 전쟁"에 어느새 전 국민이 열광하고 있었다. "신분, 언어, 계급의 모든 구별은 그 순간 넘쳐나오는 형제애의 감정으로 덮였다. 낯선 사람들도 거리에서 서로 말을 나누었고, 오랫동안 서로 피하고 지내던 사람들도 손을 맞잡았으며, 도처에 생기 넘치는 얼굴이 보였다." 사람들은 전쟁 앞에서 좌절과 두려움에 빠진 것이 아니라, 그 열기에 도취한 상태였다.[2]

1914년은 먼 옛날 같지만 당대 유럽인은 21세기 우리가 느끼는 삶의 안정과 허무를 유사하게 경험했다. 사람들은 부모 세대보다 여유 있고 풍족하게 살았다. 종교의 권위는 사라지고 성과 사랑에 대한 보수적인 가치관은 해체되고 있었다. 풍요롭고 안전하며 흥미로운 문화적 여흥이 쏟아지는 가운데, 개인의 삶을 규정하는 전통적 가치나 종교적·도덕적 질서를 상실한 개인들이 허무주의에 빠진 채 서성였다. 전쟁은 이들을 하나의 공동체로 결합했다.

> 월요일부터 토요일까지 쉬지 않고 분류를 계속하던 보잘것없는 우체국 직원, 서기, 구둣방 주인이 갑자기 로맨틱한 다른 가능성을 그의 인생에 가질 수 있게 되었음을 의미하는 것이기도 했다. 그는 영웅이 될 수 있었으며, 재빨리 여자들은 군복을 입은 모든 사람을 찬미하고, 후방에 남는 사람들

은 미리 외경심을 갖고 이 영웅이라는 로맨틱한 이름으로 인사를 보냈다. 그들은 자기들을 일상적인 평범에서 빠져나오게 하는 미지의 힘을 알았다. (……) 수백만 명의 사람들의 신비스러운 도취는, 거의 말로 표현하기 어렵지만, 우선은 우리 시대의 초대형 범죄에 대해 하나의 거칠고 거의 감동적인 의기양양함을 주었던 것이다.[3]

전쟁을 열광적으로 지지하는 사람들은 파리와 상트페테르부르크, 런던에도 있었지만 독일인과 오스트리아인 들이 가장 뜨거웠다. 이들은 7월 내내 전쟁을 선포하라고 정치인들을 압박했다. 독일이 러시아에 선전포고를 한 8월 2일 독일 뮌헨의 광장은 사람들의 환호로 들끓었다. 군중 가운데는 니진스키와 동갑내기(1889년생)인 스물다섯 살 청년 아돌프 히틀러가 환희에 찬 얼굴로 섞여 있었다.

역사 속에서 전쟁은 정치지도자 집단의 탐욕이나 이권 경쟁을 위해 수행되고 대중은 원치 않게 휘말린다. 1914년은 달랐다. 이 전쟁도 제국주의적 팽창 경쟁에 몰두하던 유럽의 주요 국가/세력 간 이해관계를 둘러싼 대결이라는 점에서 그 배경에 본질적인 차이는 없지만, 대중에게 그 의미는 달랐다. 전쟁은 지루하고 평범하고 공허한 일상에 찾아든 일종의 '해방이자 전복'이었다. 토마스 만, 헤르만 헤세처럼 세계문학사에 이름을 올릴 작가들도 문명을 위기에서 구할 생명력을 이 전쟁에서 기대했다.

역사학자 모드리스 엑스타인스는 전쟁이 발발하기 약

1년 전 파리 샹젤리제극장에서 벌어졌던 〈봄의 제전〉 소동이 이 전쟁을 예고한 상징적인 사건이라고 주장한다. 〈봄의 제전〉은 그야말로 20세기 "현대적 반란"을 대표하는 작품이며, 1914년 전쟁 앞에 사람들이 그토록 도취한 이유가 바로 그 현대적 반란이 제공한 충격과 매력에 기인한다는 것이다. 그는 이 반란의 특징으로 문명에 반하는 '원시주의'에 대한 열광, 물려받은 문화적·사회적 형식에 대한 노골적인 적대감, (영국적 또는 프랑스적 가치로 대변되는) 합리주의-계몽주의 정신에 대한 반발, 사회적 관습에 맞서는 개인의 심리적 내면성 강조 등을 꼽는다.[4]

우리가 지금까지 살펴본, 가와카미 사다야코의 춤과 연기가 보여준 동방의 '원시적' 매혹, 이사도라 덩컨의 춤과 철학이 강조했던 인습적 질서에 대한 반감, 내면의 영혼과 고대 그리스적인 원시성 추구 등이 이 '현대적 반란'에 해당할 것이다. 춤은 일부다. 이런 문화적 조류는 19세기 중반 시작되어 20세기 초까지 미술, 문학, 음악, 건축, 연극 등 모든 예술 분야를 아우르며 서구 사회 전반에 나타났고 이를 사람들은 모더니즘이라고 통칭한다.• 이 현상은 너무나 다채롭고 광범위해서 정의하기 어렵지만, 문화사학자 피터 게이는 그 공통 요소로 "관습적인 감수성에 저항하려는 충동"과 "철저한 자기 탐구"를 든다.[5] 2020년대를 살아가는 우리 모두 모더니즘

• 물리학을 중심으로 전개된 혁명적인 과학이론들도 이러한 흐름을 촉발했다. 아인슈타인의 상대성이론은 뉴턴이 포착한 계산 가능하고 안정적인 물리적 시공간이 실은 관찰자에 대해 상대적이라는 새로운 '사실'을 보여준다.

의 후예다. 이 책도 어떤 면에서 그 연장이다. 장애가 있는 몸들의 춤을 '관습적인 감수성'에서 벗어나 새롭게 바라보기를 촉구하고, 내 몸의 경험을 '철저히 탐구'하니까. 그런데 이게 100년 전 전쟁 앞에서 매혹을 느낀 사람들과 무슨 상관이라는 말인가?

경이로움에 참여하기

현대인에게 재밌는 일은 적지 않지만 '경이로운' 일은 드물다. 우리은하 반대편에서 초신성이 폭발해 밤하늘이 빛나면 깜짝 놀라겠지만, 그 현상을 상서로운 징후나 위대한 운명의 징표라고 생각하기 전에 천문학자가 유튜브 채널에서 이 현상을 설명해줄 것이다. 아버지가 꿈에서 자신이 지지하는 전직 대통령과 식사를 하셨다 해도 나는 아버지가 정치 유튜브를 과잉 시청하는 건 아닐지 걱정할 뿐 복권을 구매하지는 않는다. 물리적·정신적 현상은 자연과학적으로 설명이 가능하며, 당장 신기해 보이는 일도 아직 그 원리를 모를 뿐이다. 이런 기질은 내가 시골 마을에서 고양이를 잡아먹거나 기도원에 처박히기보다 집을 떠나 먼 곳에 있는 특수학교에 들어가 공교육을 받기로 결심하는 데 도움이 되었을 테다.

내 생각으로는, 당신에게 장애가 있다면(혹은 당신이 그에 비견될 수 있는 어떤 불리한 조건에 처해 있다면) 세속적이고 합리주의적인 기질과 삶의 태도는 특히 중요하다. 당신이 삶을 '운명 지어진' 것으로 여기지 않기를 바라서다. 당신의 삶은 저주도 은밀한 축복도 아니다. 장애disability는, 유전적 변이 혹은 후천적 외상이나 감염에 따른 생리적 손상impairment에 사회를 구성하는 여러 관습과 실천, 제도가 반응한 결과다. 그러니 당신은 삶을 개선하기 위해 우선 손상에 필요한 의학적 처치를 받고, 그 손상에 덧붙여진 각종 사회적 힘에 맞서기 위한 정보를 모으고, 기술을 습득하고, 장애인이라는 이름으로 묶인 공동체의 일원이 되어 법률과 사회제도를 바꾸는 활동(사회운동, 정치, 기업활동 뭐가 되었든)에 참여하는 편이 좋다. 이 과정은 자주 실패하고 때로 성공하겠지만, 그 이유는 결정된 운명이나 신의 보살핌, 역사의 필연적 진보와 상관이 없다.

이런 세계관은 실용적이지만 어떤 면에서는 삶 전반을 황량하고 성긴 〈고도를 기다리며〉의 무대로 만든다. '고도'는 영원히 오지 않는다. 우리는 영구적인 물질들의 우연한 배열이며 이 순간 잠깐 켜진 촛불이다. 물리학이 설명하는 우주 자체는 경이롭기 그지없지만 그 경이는 우리가 인식할 수 있는 삶의 너머에 있다. 김초엽의 소설 제목처럼 "우리가 빛의 속도로 갈 수 없다면" 물리적 경이로움이란 우리에게 '닫힌 세계'에 불과하다.

냉소적인 척 그만하고 이제 정신을 차려보겠다. 〈고도를 기다리며〉의 황량한 무대 위에서 백우람의 연기는 경이롭지 않았던가? 우리 삶은 대개 평범하고 지루하지만 그렇기에 드물게 찾아오는 비범한 순간이 은하 반대편에서 폭발한 초신성 못지않은 빛을 낸다. 이 책 초반부에 소개한 뉴욕 지하철역의 영웅 웨슬리 오트리를 보라. 누군가가 지하철 선로로 추락하는 걸 목격한 순간 그는 거침없이 뛰어내려가 떨어진 사람을 끌어안고 전동차를 피해 생명을 구했다. 그 현장에 있던 사람들은 수천 년 전 초신성 폭발을 목격한 사람 못지않은 경이로움을 느끼지 않았을까? 이렇게 비범한 인물까지 가지 않아도 좋다. 고교 시절 그날 새벽 천명륜이 나를 안고 구급차를 향해 달렸을 때, 봄날의 체육시간 이신형이 내게 말을 걸었을 때, 나는 마음과 몸이 조금 붕 떠오르는 어떤 고양감을 느꼈다. 이렇듯 삶에서 이례적인 사랑과 우정, 이해할 수 없는 연결감을 경험할 때 우리는 설명하기 어렵고 설명하더라도 반감되지 않을 경이로움에 참여한다.

경이wonder에 관한 한 가지 설명은 우리가 그것을 체험할 때 개인을 초월하는 경험을 한다는 것이다. 웨슬리 오트리의 사례를 언급하며 철학자 드레이퍼스는 이런 사람이 '스스로를 그 행동의 원천으로 생각하지 않'기에 겸손한 반응을 보인다고 말한다. 어떻게 그런 일을 해냈느냐는 질문에 오트리가 "대단한 일을 해냈다고 생각하지 않아요. 단지 도움이 필요한 사람을 보았을 뿐입니다"라고 답한 이유다. 그는 움직인 것이 아니라 '움직여졌다'. 니진스키가 관객의 물음에 한 대답도 떠오른다. "어렵지 않습니다. 당신도 높이 뛴 다음에 공중에서 잠깐 멈추면 됩니다." 니진스키는 사회생활에 서툰 천재이지만, 놀라운 일을 하는 사람들은 평소 자신을 초월해 놀라운 그 순간의 일부가 되므로 종종 천진난만해 보인다. 누군가를 위기에서 구한 우리나라 사람들도 뉴스 인터뷰에서 비슷하게 말한다. "대단한 일이 아니고요. 누구라도 아마 그 상황이면 그렇게 했을 겁니다".

누구나 그렇게 할 수는 없다. 대학 시절 비가 엄청나게 오는 날 밤, 기숙사로 돌아오던 길에 숨을 헐떡이는 개를 발견했다. 이면도로 한가운데 누운 개의 눈동자가 내 차 라이트에 반사되며 번쩍했다. 다친 개 앞에 차를 멈추고 비상등을 켠 채로, 나는 그 개를 구할지 머뭇거렸다. 비를 맞으며 휠체어를 꺼내고, 축축한 개를 안고 휠체어를 다시 밀며 차로 돌아온 후, 아마도 휠체어가 접근할 수 없을 동물병원까지 데려갈 수 있는가를 계산하고 있었다. 5분 정도 이러지도 저러지도 못하던 중 개가 천천히 몸을 일으키더니 절뚝거리며 인도로 피신했다. 그 개는 아마 어딘가에 쓰러져 오래 살지 못했을 것이다. 망설임 없이 구했다면 얼마나 좋았을까. 치료 후 그는 좋은 곳으로 입양되어 누군가와 행복한 시간을 나누었을 수도 있고, 내 평생의 친구가 되었을지도 모른다. 당시는 일상의 특별하고 비범한 순간을 콘텐츠로 만들어 구독자를 모은다는 생각이 드물었으므로, 그를 구했다면 오래도록 내 삶을 지탱하는 내밀하고 경이로운 순간으로 남았을 것이다(지금이라면 블랙박스가 녹화된다는 사실을 의식하고, 휠체어를 탄 채 비를 맞으며 개를 구한 후 '한문철TV'에 영상을 보내지 않았을까?). 그 동물을 구하기 위해 감수할 일은 지하철 선로에 뛰어드는 것과 비교할 수 없이 사소했지만, 내 몸은 결코 저절로 움직이지 않았다.

삶의 경이로운 순간에 참여할 때 우리는 '수동적'이 되지만 그런 몸이 기꺼이 되려면 어떤 종류의 준비나 훈련이 필요하다. 추측이지만, 교통사고를 당한 개를 만났을 무렵 내가 공연을 하는 사람이었다면 달랐을지도 모른다. 대학 시절 나는 몸을 쓰지 않았다. 연극을 하지도, 운동을 하지도 않았다. 고교 시절처럼 두꺼운 책을 휠체어 방석에 덧대고 그 위에 다소곳하게 앉아 있었고, 얇은 파일로 허벅지를 감고 커다란 바지를 입어 하반신을 부풀린 상태였다. 이걸 풀어버린 건 스물일곱 살 대학원에 간 뒤였다.

대학원에서 법을 공부하며 나는 장애를 이유로 무시당하거나 배제되지 않는 데 필요한 제도와 지식을 쌓았다. 외부세상과 내 몸의 거리는 계속 멀어졌다. 그럴싸한 어른이 되었으나 나는 비가 쏟아지는 밤 차창 밖 개의 눈동자를 바라보며 머리만 굴리던 시절에서 달라지지 않았다. 몸으로 실제 세계를 만지고 쓰다듬고 조작하고 춤추는 일과는 끔찍하게 멀리 있었다. 기꺼이 '저절로' 달려나가는 몸이 되기 위한 훈련이 필요했다. 다시 그런 상황을 만난다면 휠체어를 굳이 차에서 꺼낼 필요도 없이, 바닥을 후다닥 기어서 그 개를 한쪽 팔로 끌어안고 차로 돌아올 수 있지 않을까? 그런 몸이 되어가기를 바라고 있다.

2021년 가을 한국예술종합학교 무용원 시험을 보던 날, 위화감 가득한 시간이 얼마쯤 지나자 내 몸은 무용원 교수들 앞에서 저절로 움직였다. 집에 와 이불에 누웠을 때 비로소 내가 무슨 짓을 했는지 정신이 났다. 그날 나는 홀려 있었다.

오디션을 잘 봤을까? 무용원에 합격하지 못한 결정적인 이유는 내가 제대로 춤추지 못해서다. 확신하는 이유는 단순하다. 연습이 부족했고 내 몸을 깊이 연구하지도 않았다. 〈고도를 기다리며〉 무대 위 백우람이 비범한 연기로 어떤 경이로운 순간을 창안했다면 그건 장애인으로서 그 순간에 그저 몰입해서가 아니다. 배우로서 그가 극단의 구성원들과 함께 보낸 시간 때문이다. 준비된 사람만이 경이로운 순간에 뛰어들어 자신을 초월하고, 그 경이로움의 일부가 되어 이전까지 알지 못했던 세계에 접속하는 문을 연다.

이 차이가 중요하다. 우리가 경이로운 우정, 경이로운 사랑, 경이로운 춤, 경이로운 정치적 순간을 경험할 때, 설명하기 어려운 이유로 우리의 몸과 정신은 고양되고, 지루하고 공허한 삶에 예상치 못한 의미가 들어선다. 그 순간 우리 개개인은 협소한 자아를 초월해 더 큰 세상의 일원이 되는, 어딘가 '저절로' 존재하는 느낌을 받기도 한다. 하지만 우리가 아무런 준비, 훈련, 누군가의 도움과 교류, 연마의 과정 없이 어느 영역에서든 자기 혼자 황홀경에 취하면 그 세상은 진실과 거리가 멀 뿐 아니라 그저 꼴사나울 수 있다. 누군가에게 완전히 매료되어 홀린 듯 사랑의 편지를 보내는 사람을 생각해보라. 그 편지는 참고 읽어주기 어려운 내용일 것이다. 더 나아가 밤늦게 짝사랑하는 사람의 집을 찾아가 운명적인 사랑 앞에 용기를 내는 자신에게 도취된 남자를 생각해보라. 이런 종류의 주관적이고 폐쇄적인 도취는 꼴사나움을 넘어 타인에 대한 폭력이다. 춤도 그렇다. 관객, 동료 무용수, 공간, 작품의 문화적 맥락과 상호작용하지 않은 채 혼자 황홀경에 빠져 저절로 몸을 움직이면 주위 사람들은 그저 어안이 벙벙할 것이다. 심한 경우 그 춤은 성적이고 물리적인 폭력을 촉발할 수도 있을 것이다.

우리가 몸이 움직여지는 어떤 경이로운 순간에 나를 기꺼이 내던지면서도, 결코 폐쇄적인 도취 상태에 빠지지 않기란 말처럼 쉽지 않다. 남의 눈에 어떻게 보일지, 혹시 타인에게 실수하지 않을지 걱정하기 시작하면 오래전부터 내 안에 자리잡은 타인의 시선이 나를 계속 검열할 것이다. 그렇다고 타인의 시선 따위 무시한 채 내 안에서 일어나는 충동에 오롯이 집중하고, 나라는 존재의 심연에 놓인 진실을 표현하겠다며 온몸을 던지면, 최소 그날 밤 이불을 스무 번쯤 걷어찰 실수를 범하거나 최악으로는 타인을 향한 어처구니없는 폭력에 가담할 가능성도 있다. 나를 속박하는 각종 규범을 뛰어넘어 기꺼이 경이로운 순간의 일원이 되면서도, 객관적인 외부 상황과 조건, 타인들의 존재를 의식하며 그 세계에 접속하는 춤은 고도의 기예art다. 이를 익히기 위해서는 훈련이 필요하다. 나는 뒤에서 이 기예에 도움이 되는 방법 하나를 제안할 것이다. 다만 그전에, 우리가 훈련하고자 하는 이 기예란 좋은 춤이나 개인의 경이로운 체험을 위한 조건에 그치지 않는, 매우 정치적이고 공동체적인 폭력을 예방하는 일과 관련되어 있음을 강조하고 싶다. 전쟁이 끝난 유럽으로 돌아가보자.•

정당한 '우리'를 넘어서

1918년 10월 독일이 패전을 예상하며 휴전을 요청했다. 전쟁 초기 흥분과 열광으로 가득했던 군중은 수많은 젊은이가 전쟁터에서 죽고 나라 경제가 붕괴하며 삶이 파탄에 이르자 전쟁의 참혹한 현실을 인식했다. 전쟁을 주도한 군부와 독일제국 황제 빌헬름 2세를 몰아내려는 대중의 혁명이 독일 곳곳에서 일어났다. 민주주의를 향한 열망이 폭발했는데 '민주주의'가 무엇인지에 대한 사람들의 의견은 일치하지 않았다. 왼쪽 끝에서 오른쪽 끝까지 입장이 제각각인 사람들이 세력을 이루고 충돌했으며 극단적인 폭력 사태로 수많은 사람이 죽었다. 혼란 속에서 사회민주당이 주도하는 독일국Deutsches Reich, 일명 바이마르공화국Weimarer Republik이 수립되었다.••

• 이번 장의 내용은 철학자 휴버트 드레이퍼스와 숀 켈리의 책 『모든 것은 빛난다』(김동규 옮김, 사월의책, 2013)에 빚지고 있다. 저자들은 공허한 현대 자유주의-개인주의적 삶에서 의미를 찾기 위해 우리는 삶에 존재하는 '경이로움'에 주목해야 한다고 말한다. 동시에 그들은 어떻게 적절하게 그 경이로움에서 '거리'를 둘 것인가라는 문제도 제기한다. 예를 들어 엄청나게 탁월한 테니스선수나 야구선수의 경기를 볼 때, 또는 마틴 루서 킹 목사의 흑인민권운동 현장에서 연설을 들을 때 우리는 자아를 초월해 더 큰 세계의 일부가 되는 충만한 경험을 한다. 그런데 이런 경험에 기꺼이 뛰어드는 용기는, 연설의 달인이었던 아돌프 히틀러가 각종 연극적 장치로 무장한 극장 무대에 올라, 국가사회주의(나치)와 독일 민족의 위대함을 외치는 자리에서는 결코 발휘되면 안 될 것이다. 결국 우리는 언제 '경이로운' 삶의 순간들에 기꺼이 뛰어들고, 언제 거리를 두어야 하는지 배워야 한다. 저자들은 이 기술을 '메타포이에시스'라고 명명하지만, 아쉽게도 구체적인 예를 보여주지는 않는다.

바이마르공화국은 당시로서는 가장 진일보한 민주주의를 제도화했다. 바이마르공화국 헌법은 1948년 7월 17일 제정된 대한민국헌법이 중요하게 참고한 법규범으로도 알려져 있다. 예를 들어 바이마르공화국 헌법은 "독일국은 공화국이다. 국가권력은 국민으로부터 나온다"(제1조)로 시작한다. 대한민국헌법 제1조는 "대한민국은 민주공화국이다. 모든 권력은 국민으로부터 나온다"고 선언한다.•••

민주주의적 이상에서 출발했지만 현실은 혼돈 그 자체였다. 우파들의 눈에 바이마르공화국은 파멸 상태에 빠진 독일을 수습하기에 너무 '민주적'으로 보였다. 좌파들은 공화국을 부르주아들의 이익을 대변하는 허울좋은 시스템이라 의심했다. 극한 대립과 소요 사태 속에서 바이마르공화국은

•• 바이마르는 독일 튀링겐주에 있는 도시로 괴테의 고향이다. 여기서 공화국 헌법 제정자들의 회의가 열려서 '바이마르공화국'이라는 명칭이 탄생했다. 괴테는 독일에서 철학과 평화, 세계주의, 독일적 지혜를 상징하는 인물이다. 바이마르공화국은 무엇인가에 홀린 듯 전쟁을 일으킨 후 처절하게 파멸한 독일인들이 새로운 이상과 독일적 전통을 조화시키려 한 의지의 산물이었다.

••• 이뿐만이 아니다. 우리가 자유, 민주주의, 평등, 인권에 관한 주장을 할 때 가장 중요한 법적 근거로 삼는 헌법의 '기본권 보장' 조항 상당 부분이 바이마르공화국 헌법에서 기원한다. 예를 들어 바이마르 헌법 제109조는 "모든 독일인은 법률 앞에 평등하다"(제1항), "남녀는 원칙적으로 동등한 국민으로서의 권리와 의무를 지닌다"(제2항)고 선언하고, 제114조는 "신체의 자유는 불가침이다. 공권력에 의한 신체의 자유 침해 또는 박탈은 법률에 근거해서만 허용된다"(제1항)라고 한다. 게다가 이 법은 폐쇄적인 민족주의적 공동체가 되기를 거부한다. 제113조는 "외국어를 말하는 독일국 국민은 입법과 행정에 의해서 자유로운 민족적 발달을 저해당하지 아니하며, 특히 교육에 관하여 국내 행정과 소송에 관하여 모국어를 사용할 권리가 침해되어서는 아니된다"고 선언한다. 우리나라 헌법에는 이런 명시적인 규정이 없다.

1920년대 유럽의 중심에서 조금씩 자리를 잡았다. 불안정했지만 민주적이고 다원적인 공동체를 지향한 공화국의 주요 도시들은 다시 세계 곳곳에서 온 예술가들로 활력을 되찾았다. 20세기 미술과 공예, 건축에서 독창적인 스타일을 창안한 교육기관 바우하우스가 이 시대에 등장했고 막 시작된 영화예술이 본격적인 꽃을 피웠다. 극작가 브레히트를 비롯해 베를린에는 당대 가장 뛰어난 연극예술가들이 몰려왔다. 베를린에서 배우도 연출가도 각자의 재능을 마음껏 발휘할 수 있었다. 국내외 고전은 물론이고 가장 최신의 동시대 창작연극이 관객을 만났다.[6] 베를린에서는 성소수자들이 당대 유럽의 어느 도시보다 자유롭게 활동할 수 있었다. 장애인을 위한 교육기관, 장애인 당사자들이 주도하는 장애인단체도 설립됐다. 상이군인단체뿐 아니라 유전적이거나 후천적으로 장애를 가진 민간인들이 주도하는 당사자 단체가 등장했다.[7] 같은 시기 상이군인과 선천적 장애인을 다르게 취급하고, 후자에 대해서는 불임시술이 필요하다고 주장하는 우생사상의 영향력도 커지고 있었다.

이사도라 덩컨과 함께 현대무용의 창시자로 불리는 마리 비그만이 바이마르공화국을 기반으로 자신의 춤을 발전시켰다. 비그만은 1910년대부터 루돌프 라반의 무용공동체에서 춤을 배웠고, 전쟁이 끝난 1920년대에는 드레스덴에 교육기관을 설립하고 작품을 발표하며 본격적으로 주목을 받았다.****

이때 유럽을 방문한 일본의 무용수 이시이 바쿠는

1923년 바이마르공화국에 왔고 베를린에서 비그만의 춤을 보고 충격을 받았다고 전해진다. 일본으로 돌아간 후 이시이는 1926년 조선에서 자신이 연구하고 익힌 새로운 춤을 추었다. 그 공연을 열여섯 살 최승희가 본 후 이시이 바쿠의 제자가 되어 도쿄로 간다.•••••

경제적인 궁핍, 이념을 둘러싼 극한 대립 가운데서도 안정을 찾아가던 바이마르공화국은 1929년 세계적인 경제 대공황에 큰 타격을 받았다. 실업률이 급등했다. 19세기 말부터 독일에 뿌리를 내려온 극단적인 민족주의 세력이 다시 고개를 들었다. 1913년까지 오스트리아 빈과 독일 뮌헨에서 평범한 그림을 그려 생계를 유지하던 아돌프 히틀러는 전쟁에 참전하며 인생의 전환점을 맞았고 군인 신분을 발판 삼아 정치단체에서 영향력을 키운다. 1928년 바이마르공화국이 안정되

•••• 비그만은 〈마녀의 춤〉으로 특히 유명하다. 이 작품은 영상 기록이 있다(유튜브에서도 볼 수 있다). 비그만은 가면을 쓰고 바닥에 앉아서, 무릎을 구부린 채 다리를 벌리고, 목을 꺾고, 팔을 경직되게 위로 올리고, 두 발을 앞으로 내밀어 몸을 잡아끌며 바닥에서 움직인다. 이후 '표현주의'라는 이름이 붙은 이 춤 사조는, 개인의 내면에 있는 충동과 혼돈, 자연적인 생명력을 억압하지 않는 움직임을 추구했다.

••••• 이시이 바쿠가 마리 비그만의 영향을 어느 정도나 받았는지 분명하지 않다는 견해도 있다. 연구자 김채원은 학계에서 마리 비그만—이시이 바쿠—최승희를 경유하여 한국에 독일 표현주의 무용이 수용되었다는 의견이 많지만, 이시이 바쿠는 유럽의 여러 나라에서 훨씬 다양한 춤 조류에 영향을 받았으며 나름대로 독자적인 근대무용을 (최승희가 그러했듯) 창작했다고 주장한다. 김채원, 「이시이 바쿠의 신무용과 한국 유입 알려진 것과 다르다」, 〈춤웹진〉, 2017.7. http://koreadance.kr/board/board_view.php?view_id=40&board_name=research&page=5 (최종접속 2024.2.14.)

며 국민의 지지를 받을 때, 히틀러가 이끄는 국가사회주의 독일노동자당Nationalsozialistische Deutsche Arbeiterpartei, 즉 나치당은 총선에서 2.6퍼센트의 득표율을 기록한 군소 정당이었다. 그러나 경제공황 속에서 진행된 1930년 총선에서 나치당은 640만 표, 약 18퍼센트의 득표율로 원내교섭단체가 된다. 히틀러는 1933년 1월 독일연방의 총리로 임명되고, 같은 해 2월 말 연방 대통령의 권한을 위임받으며, 8월 독일군 통수권까지 확보해 무소불위의 권력자가 된다. 의회 민주주의와 자유주의를 기초로 설계된 바이마르공화국은 그렇게 몰락했다.

어떻게 이 모든 일이 순식간에 일어난 걸까? 히틀러와 나치당의 선전술, 대중을 황홀경에 빠뜨리는 극장정치의 힘, 전쟁과 경제공황으로 피폐해진 당시 독일인들의 객관적 상황, 소련의 지원을 받는 공산당의 존재와 이에 대한 극도의 경계심, 서구 열강들 가운데 독일의 위치 등 수많은 관련 연구가 있다. 여기서는 히틀러가 절대권력자가 되는 과정에 있었던 재판을 소개하려고 한다. 이 재판은 1932년 7월 프로이센 주정부가 독일연방 대통령을 상대로, 우리나라의 헌법재판소에 해당하는 독일 국사재판소에 소송을 제기하며 시작되었다. 당시 보수적 성향의 연방 대통령과 연방 총리는 나치당과 히틀러가 급격히 세를 확장하는 가운데 자신들이 가장 큰 위협이라고 생각하는 공산주의 세력을 제압해야 했다. 바이마르공화국 헌법에는 국가 비상사태시 대통령이 긴급명령권을 발동해 의회를 일시적으로 해산하고 대통령이 국가 운영에 관한 권한을 단독으로 행사할 수 있다는 규정이 있었다(우리 헌법에도 유사한 규정이 있다). 권위적이며 상당히 강경한 보수주의자였던 신임 총리는 헌법 제48조에 따른 대통령 긴급명령권을 통해 연방의회를 해산했고, 사회민주당과 공산당이 의회의 상당한 의석을 차지한 프로이센 주정부의 권한을 정지시켰다. 세력을 확장하는 나치를 일단 달래고 공산주의자들을 견제하기 위해 독일연방에서 가장 규모가 큰 프로이센주를 장악하려는 의도였다. 프로이센 주정부는 반발했다.[8]

프로이센주는 재판에서 졌다. 그후 연방 대통령과 총리는 연방의회와 주정부의 권한까지 모조리 '합법적'으로 가져간 다음 국가가 전복될까 두려움에 떨며 히틀러에게 그 권한을 통째로 넘겨주었고, 그후 일어난 일들이 우리가 아는 역사다. 프로이센이 재판에서 이겼다고 한들 이 역사는 달라지지 않았을 가능성이 높다. 다만 이 재판을 통해 히틀러는 완전히 '합법적'으로 권력을 독점하는 길로 나아갈 수 있었다. 당시 법정에서 연방정부를 옹호했고 후에 나치당의 법률고문이 되는 법학자 카를 슈미트Carl Schmitt의 논리가 이 과정을 법적으로 뒷받침했다.

슈미트는 히틀러와 니진스키보다 1년 일찍 태어난(1888년생) 당대의 저명한 법학자였다. 그는 바이마르공화국처럼 자유주의 사상과 의회제도에 기초한 민주주의는 비현실적이며 심지어 위선적이라고 생각했다. 다양한 정치적 견해를 가진 집단들이 정당을 이루고, 국회에서 상호 견제하고 경쟁하며 국가를 운영하는 모델은 이상적이지만 현실의 긴급한 순간 정치적 결단을 누가 내려야 하는가라는 중요한 문제를 무책임하게 방기한다고 보았다. 재판의 쟁점이 된 바이마르공화국 헌법 제48조에 관해서, 그는 내용상 연방 대통령이 주정부의 권한을 다 가져올 수 있는지 명시된 것이 아니므로, 그 헌법 조문을 어떻게 해석하느냐는 국가와 독일 국민을 대표하는 대통령에게 주어진 권한일 수밖에 없다고 주장한다.• 법률은 '정상 상태'를 전제하므로, 비상상황에서 법을 어떻게 적용할지에 관한 정답이 늘 존재하기는 어렵다. 슈미트는 그런 비상사태에서 무엇이 합법인지 불법인지를 결정하는 것이 바로 주권의 본질이라고 본다.[9]

고상한 척하는 법학자들은 인간공동체의 근본에 마치 이 공동체를 규율하는 추상적이고 논리적이며 이상적인 규범(대한민국헌법, 바이마르공화국 헌법, 또는 그 헌법보다 상위에 있다고 여겨지는 자연법 등등)이 있는 것처럼 말하지만,•• 실은 '정치적인 것'이 있을 뿐이라고 그는 주장한다. 여기서 '정치적인 것'이란 하나의 공동체를 성립시키고 지키는 "적과 동지의 구분"이다. 동질적인 '우리' 그리고 우리와 다른 '적'을 구별하

• 바이마르공화국 헌법 제48조는 다음과 같다. "(제1항) 주가 연방 헌법이나 연방 법률로 규정된 의무들을 이행하지 않을 경우 연방 대통령은 병력을 투입하여 그 의무 이행을 강제할 수 있다." "(제2항) 연방 대통령은 독일연방의 공공의 안전과 질서에 중대한 장애가 발생하였거나 발생할 위험이 있을 때에는 공공의 안전과 질서를 회복하기 위하여 긴급조치를 취할 수 있고, 필요한 경우에는 병력을 동원할 수 있다." 참고로 제3항은 연방 대통령이 위 제1항과 제2항의 조치를 연방의회에 통보하고 의회의 승인을 받지 않으면 그 조치는 효력을 상실한다는 내용이지만, 이 사건에서는 이미 연방 대통령이 연방의회를 해산해버린 상태였기에 제3항이 실제로 기능할 수 없었다. 카를 슈미트, 『합법성과 정당성』, 김도균 옮김, 도서출판 길, 2015, 202쪽에 소개된 번역을 참조했다.

고 결정하는 공동체의 행위. 이것이 정치적인 것이다. 정치적인 것의 구심력하에서 하나의 공동체('우리')가 성립된 다음에야, "법의 권위와 도덕의 권위"도 성립할 수 있다.[10] 그러므로 정치적인 것이 문제되는 상황, 즉 '우리'가 위협받는 예외 상태 앞에서 주권자의 정치적 결단보다 우선하는 초월적 규범이란 가상fiction이다.[11] 공동체의 정치 행위가 정당한지 아닌지는 오직 주권자로서 '우리'의 결단이 무엇이냐의 문제일 뿐이다.

이런 맥락에서 슈미트에게 헌법이란 국가를 안정적으로 운영하기 위한 수단이 아닌, 공동체 구성원들의 의지와 결단 그 자체, 곧 국가의 영혼이자 몸이다.[12]

비교하자면, 슈미트는 이사도라 덩컨이 당대 춤에서 했던 일을 정치와 법에서 한 셈이다. 이사도라는 춤을 위해 마련된 각종 안무와 레퍼토리라는 '형식'으로 가득한 발레는 춤추는 인간의 영혼과 몸에서 거리가 먼 권위적인 규칙의 묶음이라고 보았다. 발레에 맞서 춤추는 사람의 영혼이자 몸 그 자체인 진정한(정당한) 춤을 추어야 한다고 주장한 이유다. 두 사

•• '법실증주의'라고 불리는 당대 법학의 주류 이론은 법을 각 조문 간의 논리적 체계로 이해하고, 법률이 예상하지 못한 현실이 발생하면 논리적으로 다른 법조문을 유추하거나 확장 해석하고, 그것이 어려우면 법률에 공백이 있다고 인정했다. 카를 슈미트는 이런 법이론이 정치 현실과 거리가 먼 추상적인 체계일 뿐이라고 비판했다. 정치 현실에서 발생하는 수많은 상황은 결국 인간의 구체적인 결정이 필요하며, 법은 고상한 논리나 추상적인 규범에서 연역되는 것이 아니라 현실의 '인간들'을 통해 작동한다. 헌법은 구체적인 인간들 그 자체이며 그들이 만든 국가다. 이런 철학에 따라 카를 슈미트는 국가-헌법-국민이 삼위일체라고 여겼다. 카를 슈미트, 같은 책, 김도균의 역자 해설, 234~235쪽.

람 모두 추상화되고 비인격화된 규칙의 집합에 부응하기를 거부하고 인간의 의지, 영혼, 몸에서 비롯되는 실질적이고 진정한 것에서 정당성을 찾고자 했다.

두 사람은 각각 법/정치와 예술의 영역에서, 관료적이고 형식적인 힘에 우리가 속박되지 않도록 격려한다. 법은 단지 거대한 비인격적 시스템이 아니다. 춤은 정해진 규칙(안무)을 기계적으로 습득한 후 기술로 구현하는 반복이 아니다. 그러나 문제가 있다. 두 사람 모두 이 '형식'을 초월하는 '정당성'의 근거를 다분히 신화적인 동질성identity에서 찾았다는 점이다. 이때 '우리'란 순수하고 진정한 통일체로 상상되었다. 이사도라 덩컨은 지배적인 발레 레퍼토리와 안무의 권위에 저항했지만, 그가 생각하는 이상적인 '미래의 무용수'는 고대 그리스로 표상되는 공동체로부터 선형적으로 진화하며 미래로 나아가는 몸-영혼을 지니고 있었다. 춤을 진정 춤답게 만드는, 그 춤의 '정당성'이 기원한다고 믿는 이사도라 덩컨의 영혼-몸에는, 이를테면 프릭쇼에 출연하는 공연자들이 들어설 여지가 없었다.••• 마찬가지로, 헌법을 곧 순수하고 완전무결한 공동체의 의지이자 결단으로 보는 카를 슈미트의 세계관에, '우리'와 '적' 외에 다른 존재가 들어설 자리는 없다. 우리와 적으로 결코 분류할 수 없는 구체적인 존재들이 들어설 여지가 없을 때 정치적인 것은 결국 적과 맞서는 모든 행위가 언제나 정당하고 나아가 합법적이라고 주장하는 극단적인 정체성 정치의 다른 이름일 뿐이다. 이 법철학은 가치중립성, 다원성을 내세우는 자유주의 법학의 위선과 한계를 폭로하고, 법을 공허한 형식이 아닌 실질적인 인간의 활동임을 일깨우지만, 슈미트와 그의 사상이 역사에서 어떻게 작동했는지 우리는 잘 알고 있다. 슈미트는 프로이센 주정부에 대한 독일연방 대통령의 조치를 정당하고 합법적인 것으로 만드는 데 공헌한 후, 얼마 지나지 않아 나치의 계관 법학자가 되었다. 그는 히틀러가 내세운 독일 민족의 순수한 동질성, 그 민족을 지키기 위한 투쟁에 정치적·법적 권위를 부여했다. 아돌프 히틀러는 독일인들이 생각하는 가장 정당하고 합법적인 통치자가 되었다.

히틀러의 제삼제국은 우리를 지킨다는 '정치적인 것'을 앞세워, 바이마르공화국에서 활발히 활동했던 창조적이고 개성 강한 예술가들을 쫓아냈다. 1933년 5월 10일 나치 소속 독일학생연합은 여러 도시에서 '독일 정신'에 부합하지 않는다며 무수한 책을 불태웠다. 나치는 모더니즘 계열 작가들의 그림을 퇴폐미술로 규정하고 전시회까지 연다. 이 작품

••• 이런 점에서 이사도라 덩컨의 춤 사상은 20세기 전반 제국주의, 나치즘적 인종주의와 무시하기 어려운 관련성을 지닌다. 이사도라는 (우생학의 시각으로 곡해된) 찰스 다윈의 애독자였고, 그가 말한 이상적인 고대 그리스적 '미래의 무용수'는 그에 대비되는 미개하고 열등한 신체, 민족, 인종적 존재와 구별되는 선형적인 진화의 과정을 전제하고 있었다. 이사도라 덩컨도 세르게이 댜길레프도 (한때 니체도) 열렬히 추종했던 독일의 예술가 리하르트 바그너는 자신이 생각하는 미래의 예술가로 '민족'을 꼽았다. 이사도라가 말하는 이상적인 무용수, 즉 '미래의 예술가'란 고대 그리스인들에 대한 바그너식의 해석을 반영한, "근대인들의 기억 속에 여전히 유일하고도 완전무결한 예술혼으로 남아 있던 존재, 그와 동시에 '민족'이라는 하나의 통일체로 표상되던 존재"였다. 손옥주, 「해석되는 미래: 서양 근대 무용에 나타난 미래 담론—이사도라 던컨, 『미래의 춤』(Der Tanz der Zukunft, 1903)을 중심으로」, 『대중서사연구』 제28호, 2012, 387~410쪽.

들 가운데는 다양한 정신적·신체적 장애인들의 초상이 있었다.••••

나치는 이상적인 독일 민족의 순수한 아름다움에서 벗어나는 모든 것을 독일 땅에서 추방하고 제거했다. 19세기 말부터 유럽과 미국에서 세를 불려가던 우생학이 나치 정권에서 공식적이고 광범위한 힘을 얻었다. 나치는 바이마르공화국이 참전용사를 홀대했다고 비판하며 전쟁에서 다친 영웅적인 군인과 '열등하고 자격 없는' 장애인을 명확하게 구분했다. 히틀러는 상이군인들을 만나 그들이 민족의 영웅이라고 치켜세웠다(그동안 휠체어에 앉은 군인들의 절단된 다리부분은 모두 담요로 가렸다). 나치 집권 직후인 1933년 7월에는 「유전질환자의 자녀 방지를 위한 법률Gesetz zur Verhütung erbkranken Nachwuchses」(일명 단종법)이 시행되었다. 이 법은 선천적인 발달장애, 조현병, 만성 우울증, 유전성 시각장애와 청각장애, 신체기형과 중증의 알코올중독을 가진 사람 등에 대해 불임 시술을 강제할 수 있는 근거를 마련했다.[13] 우생사상이 국가 및 사회제도 전반으로 확산되면서 맹학교와 농학교, 지체장애학교 등 특수학교에 다니는 학생들이 이 사상의 주요 표적

•••• 바이마르공화국에서 장애인의 신체는 회화와 사진에 자주 등장했다. 주로 진보적인 성향의 예술가들이 장애인의 몸을 작품에서 표현했는데, 그들이 구체적인 장애인들 개개인에게 관심을 둔 것은 아니었다. 그들은 전쟁 이후의 폐허, 상처, 고통을 드러내는 대상으로서 장애인의 몸에 주목했고 이를 통해 독일 군국주의 세력과 자본주의의 폭력성을 비판하고자 했다. Carol Poore, *Disability in Twentieth-Century German Culture*, Ann Arbor, MI: the University of Michigan, 2007, pp.19~21.

이 되었다. 특수학교에 대한 국가의 교육비 지출은 비판을 받았고(열등한 학생에게 돈을 지출하는 것이 부당하다는 이유였다), 1938년에는 특수학교 가운데서도 학업능력이 없다고 여겨진 발달장애학생들을 별도로 분리하는 법률이 시행되었다. 이런 분위기 속에서, 1939년 유전질환이 있는 3세 미만 아동에 대한 '안락사'(학살)가 집행되었다. 같은 해 9월 정신병원에 수용된 환자 가운데 재활의 여지가 없다고 판단된 사람 7700명이 총살당했다. 나치에 의해 체계적으로 집단학살을 당한 첫번째 희생자는 장애인들이었다.[14•] 1940~1945년 약 20만 명의 장애인들이 나치에 의해 체계적으로 살해당했다.[15]

히틀러와 나치당, 그를 지지하는 군중이 보인 행태는 어떤 면에서 분명 '모더니즘적'이었다. 지루한 반복이나 관습, 실용적이고 타협적인 방식 대신 극단적이고 폭발적이고 충동적인 방식으로 군중을 동원했고, '독일 민족' 같은 상징적이고 관념적인 언어에 자주 기대며 극적이고 생생한 삶을 강조했다. 덩컨, 댜길레프, 니진스키, 비그만, 토마스 만과 헤르만 헤세 등 우리가 '모더니즘'(현대적 반란) 예술가라고 여기는 인물 모두가 열렬히 탐독했던 독일의 철학자 니체의 책은 제1차세계대전 당시 독일 군인들을 위해 특별판이 출간될 정도였고, 나치 독일에서도 필독서로 취급되었다. 그러나 다른 한편, 모

• 단종수술은 나치 독일뿐 아니라 미국에서도 광범위하게 시행되었다. 일제강점기 조선, 1970년대 초까지 대한민국에서 살아가던 한센인들 역시 강제 불임시술을 당했다. 우생학에 입각한 폭력은 '악마적인' 나치에서만 벌어진 사건이 아니었다. 다만 집단적인 안락사와 체계적인 장애인 학살로까지 나아간 것은 나치였다. 이 차이는 사소하지 않다.

더니즘으로 분류될 많은 예술작업이 히틀러의 독일에서 가장 억압받고 추방당했다.•• 모더니즘 예술가들은 창조성, 충동, 개개인의 내면에 깃든 생명력을 외부의 권위로부터 해방하고자 노력한 사람들이었다. 이사도라 덩컨은 전통이나 기성 권력에 맞서 춤을 해방하고자 한 무용수였지 특정 개인이나 민족의 이익에 복무할 생각은 없었다.••• 철학자 니체는 일부 글에서 전쟁을 찬미하기도 하지만, 기본적으로 그의 사상은 권위에 맞서 한 사람의 개인으로, 온전히 자신으로 살라는 주문이다.[16] 이처럼 당대의 문화적·사상적 배경이 정치 상황에 어떤 영향을 주었는지를 해명하기란 간단하지 않다.

니진스키의 〈봄의 제전〉은 정말 이 모든 유럽의 파국을 알리는 상징인가? 이 작품의 소재나 안무의 측면에 모더니즘적 요소가 있다고 해도, 니진스키가 이 작품을 창작한 과정은 지극히 합리적(이성적)이었다. 안무의 그 어떤 속성에서도 모더니즘 댄스를 대표하는 특정한 의미나 '영적' 요소의 표현을 의도하지 않았다. 춤을 이루는 각각의 동작은 촘촘하게 양식화되었고 황실 무용학교에서 고전 발레를 배운 발레뤼스

•• 히틀러는 청년 시절 모더니즘이 꽃핀 도시 오스트리아 빈과 독일의 뮌헨에서 살았다. 하지만 그가 모더니즘 때문에 그 도시들에 간 것은 아니었다. 그는 특히 꿈꾸던 도시 뮌헨에 입성했을 때 감격했지만, 모더니즘의 중심으로서의 뮌헨이 아닌, 고풍스럽고 고전적인 풍경의 뮌헨을 좋아했다. 히틀러의 문화적 취향은 아방가르드와 거리가 멀었다. 이언 커쇼, 『히틀러 1』, 이희재 옮김, 교양인, 2010, 146쪽.

••• 동시에 앞서 언급했듯 이사도라 덩컨의 춤 사상이 당대 유럽의 제국주의, 나치의 인종주의와 관련있다는 점도 유의해야 한다. 손옥주, 같은 글, 387~410쪽.

단원들은 그런 양식화된 움직임을 익히고 구현하는 데 질리도록 훈련된 무용수들이었다.• 니진스키는 당대 독일이나 러시아의 일부 예술가들처럼 전쟁에 열광하지도 않았다. 그는 제1차세계대전이 벌어졌을 때 전선으로 나가는 군인들의 행렬을 보며 "이 젊은이들은 도대체 무엇을 위해?"라며 탄식했다.[17]

모드리스 엑스타인스는 니진스키가 "극도로 과장되게 안쪽으로 향한 발, 구부린 무릎, 안쪽으로 구부린 팔, 몸은 앞을 본 상태로 옆으로 돌린 머리"를 기본자세로 삼아 고전무용에서 이탈하고자 했다면서, "비대칭성이야말로 〈봄의 제전〉의 본질이었다"고 강조한다.[18] 이런 서술에서 '정상과 표준'을 이탈한 신체 이미지를 '문명'을 위협하는 힘과 연결 짓는 흔한 경향을 본다. 나는 장애인의 몸에 문명이니 문화니 합리성이니 하는 이름이 붙은 고상한 가치들의 위선을 폭로하고 그 한계를 전복하는 힘이 있다고 믿는다. 장애인의 몸에서 억압적인 규범과 질서에 맞서는 해방적 가능성을 본다. 그렇다고 그 몸과 움직임이 항상 모든 종류의 질서나 규범에서 벗어난 상태라는 뜻은 아니다. 장애인의 몸이란 '다른 방식으로 질서 잡힌' 것이다(1부에서 인용했던 배우 강보람의 말을 다시 가져오

• 이처럼 감정을 배제한, 철저히 양식화된 움직임의 추구는 1950년대 이후 등장하는 이른바 '포스트모던 댄스'(9장의 머스 커닝햄 부분을 참고하라)를 연상시킨다. 넓은 의미에서 포스트모던 댄스 역시 '모던댄스'의 일부다. 그러나 모드리스 엑스타인스가 전쟁의 배후로 지목하는 모더니즘의 경향, 즉 원시주의, 충동, 내면성, 질서에 대한 반감과 〈봄의 제전〉은 분명 거리가 있다.

겠다. "나는 비틀거리는 게 아니라 나만의 균형을 찾아 걷고 있는 거야"). 모든 문화적 형식, 규범에서 이탈한 '원시적인 충동'은 장애와 별 관련이 없다.[19] 장애가 있는 몸, 그 몸의 실존과 춤은 오히려 '시민적인' 삶을 상징한다. 1960년대 이후 세계적으로 전개된 민권운동은 이 상징을 공고하게 만들었다. 장애인차별금지법을 제정하기 위해 워싱턴에서 백악관 계단을 기어서 오르고, 런던 도로 한복판에서 버스를 세우고, 서울역을 온몸으로 점거하며 권리를 외치는 장애인의 신체는 진부한 문화적 규범에서 멀리 이탈하면서도 압도적으로 '시민적'이다. 2022년 봄 대한민국 여당의 당대표는 출근길 지하철 시위에 참여하는 장애인들을 '비문명적 행동'이라고 비판하며 역설적으로 진실을 드러냈다.•• 장애인들의 지하철 시위에 관한 다양한 논쟁이 가능하겠지만, 바로 장애가 있는 사람들이 대중교통 한가운데 등장해서 '시민들의 출근길'을 붙잡을 수 있기에 이 공동체가 문명의 일부로 남는 것이다.

우리는 각자의 행위를 규율하는 다양한 사회적 안무 가운데서 살아간다. 당신과 나에게는 우리의 장애, 젠더, 사회계급, 문화 등에서 비롯된 행동규범이 있다. 그 규칙이 당신

•• 2021년 12월부터 전국장애인차별철폐연대는 서울 지하철 혜화역, 삼각지역 등에서 장애인이동권, 탈시설 등을 위한 예산 확보를 주장하며 지하철을 지연시키거나 지하철 안에서 팻말을 들고 구호를 외치는 시위를 진행했다. 당시 여당의 당대표였던 정치인 이준석의 발언은 2022년 3월 자신의 페이스북 계정을 통해 이 시위를 비판하며 나온 것이다.

과 나를 만든다. 한국인으로서 배운 행동거지는 우리를 한국인으로 만들고, 일본인으로서 배운 행동거지는 일본인을 만든다. 동시에, 당신과 나는 그 규칙보다 크다. 그 규칙의 권위보다 더 큰 정당성의 원천이 우리 안에 있다. 지하철을 점거하는 장애인 시위대는 장애인에게 허용된 안무를 파괴한다. 그들은 안무에 합치하는 것보다, 다시 말해 법에 합치하는 것(합법성)보다 더 큰 정치적 정당성의 원천을 믿는다. 합법성을 수호할 책임을 진 사법부도 종종 법률의 내용보다 더 큰 법적 정당성의 원천이 있음을 고백한다. 예를 들어, 2018년 대법원은 양심적 병역거부도 병역법에 따라 소집 통지를 받고 소집에 응하지 못하는 '정당한 사유'에 해당할 수 있는지를 심리했다. 대법원은 병역법을 제정할 당시 입법자들이 '정당한 사유'의 한 사례로 '양심적 병역거부'를 상상도 하지 못했을 것이지만, 2018년 법률이 정한 '정당한 사유'에는 양심적 병역거부도 포함된다고 해석할 수 있다고 하면서, "입법자의 의도를 고려해야 하지만 그에 구속될 것은 아니다. 오히려 구속되어야 할 것이 있다면 그것은 법 그 자체이다. (……) 법은 입법자보다 현명하다"고 판시했다.[20] 여기서 대법원은 구체적인 인간 입법자들이 의도했을 현행 법률의 내용보다 더 현명한 '법'이, 더 정당한 '법'이 있으리라는 믿음을 드러낸다. 이사도라 덩컨은 예술의 영역에서, 특정한 안무와 레퍼토리로 형식화된 춤, 다시 말해 당대 인간 발레 마스터들(당대 춤의 '입법자'들)이 가르치는 춤보다 더 현명하고 더 정당하고 더 큰 춤이 있다고 믿었다. 이처럼 정치와 법, 예술에서의 진보와 혁신은 때때로 존재하는 형식보다 더 현명하고 더 큰 무엇이 있다는 믿음에 의해 추동된다.

그러나 역사가 보여주듯이, 기계적인 합법성에 갇히지 않는 정당성에 대한 믿음은 때로 우리를 폐쇄적인 정체성 정치로 몰고 가고, 그때 '우리'가 아닌 자들에게 폭력을 가하기도 한다. 이 함정에 빠지지 않으려면 정당성의 원천을 '우리'로만 한정해서는 안 된다. 동질적인 '우리'는 너무 매력적이라 도취되기 쉽다. 어릴 때 나는 장애인 친구들과 "비장애인들이 만든 더러운 세상!"을 외치며 휠체어를 타고 거리를 질주했는데, 그 해방감은 이루 말할 수 없었다. 인류 역사를 살아온 '병든 몸'들의 역사를 찾고, 그들의 삶을 추적할 때면 먼 옛날부터 이어온 어떤 슬픔과 분노, 수치심, 동시에 그에 맞서며 쟁취한 해방과 자유의 감각이 뒤섞인 공동체에 접속하는 기분을 느낀다. 정당활동부터 아이돌 팬클럽, 종교단체, 평평한 지구를 믿는 컬트적 공동체에 이르기까지 '우리'가 되는 강렬한 체험은 기존의 주류적 질서/규칙/안무/법이라는 형식에 맞서며 거대한 시스템 속 부품으로 살아가는 평범하고 소심한 개개인을 전에는 이르지 못한 시스템의 외부로 데려간다. 그러나 '우리'가 이른 곳이 자칫 시스템의 바깥이 아닌 더 작은 세계, 끼리끼리 모여 나머지 세계 전부를 적으로 돌린 음습한 공동체일 수도 있다. 세상의 주된 질서에, 전통과 권위에 힘입은 안무에, 늘 존재해온 도덕과 관습과 법의 명령에, 즉 합법성에 맹목적으로 포획되지 않으면서도 '우리'가 주는 정당성에만 매혹되지 않으려는 노력이 필요하다.

춤을 위한 접근성

몇 년 전부터 장애인과 비장애인이 참여하는 '춤(움직임) 워크숍'을 기획하고 진행한다. 아직은 배우고 연구할 것이 산더미지만 좋은 동료들이 있다. 이 워크숍은 낯선 사람과 어떻게 만나 춤을 출 수 있을까 하는 물음에서 출발했다. 누구든 낯선 이를 만나 평소와 다른 방식으로 몸을 움직이려면 그에 필요한 조건이 있다. 장애인 참가자가 있다면 더 적극적으로 고려할 요소들이 있을 테다. 일련의 환경과 실천, 절차를 통해 다양한 몸이 함께 춤출 수 있는 조건이 마련되는 것을 여기서는 '춤을 위한 접근성'이라고 불러보자.

일단 나를 위한 접근성을 먼저 생각한다. 엘리베이터 없는 곳 2층에서 워크숍을 할 수는 없다. 우리가 참가자들과 함께할 프로그램은 두 발로 서거나 뛰지 않아도 가능해야 한다. 참가신청자 가운데 시각장애인이 있다면, 이제 워크숍 장소뿐 아니라 프로그램을 시각이 아닌 감각으로도 접근하도록 구성할 필요가 있다. 5장에서 공연계를 중심으로 여러 공연 접근성(배리어프리 공연)에 관한 사례를 소개한 바 있다. 그 가운데 음성해설을 이 워크숍에서도 우선 떠올린다. 공간의 전체적인 특징, 참가자들의 대략적인 외관을 말로 제공하며 우리는 워크숍을 시작한다.

때때로 음성해설은 충분하지 않다. 영국에서 캔두코 무용단을 창단한 안무가 애덤 벤저민의 워크숍 프로그램 '선을 넘기Crossing the Line'로 예를 들어보자. 규칙은 간단하다. 워크숍 공간을 반으로 나누고, 한쪽은 무대로 다른 한쪽은 객석으로 설정한다. 사람들은 우선 객석에 모여 있다가 언제든 자신이 원할 때, 원하는 방식으로, 원하는 무대 위치로 나갈 수 있다. 나가서 뭐든 해도 좋다. 누군가는 노래를 부르고 누군가는 잠을 자고, 누군가는 팔다리를 내키는 대로 흔든다. 규칙은 객석과 무대를 가르는 '선'을 둔다는 것뿐이다. 시각장애인 참가자는 이 프로그램에 접근이 가능할까? 물론 원할 때 무대로 나가서 하고 싶은 일을 할 수 있지만(무대와 객석을 가르는 선을 발바닥으로 느낄 수 있는 테이프 등으로 표시할 수 있다), 다른 사람이 무대에서 무엇을 하는지는 알기 어렵다. 진행자인 우리는 객석에서 음성해설을 한다. "A가 무대로 나가서, 오른쪽 구석에서 빙글빙글 돌고 있어요." 이 해설은 시각장애인 참가자의 접근성을 높이지만 아쉬움이 남는다. 한번은 진행자 중 한 사람이 시각장애인 참가자 옆에서 무대 위 참가자의 움직임을 그대로 따라 했다. 시각장애인 참가자의 손을 자기 몸에 대고서. 무대는 더 접근 가능하게 되었다. 다만 여러 명이 각자의 충동에 따라 무대에서 움직일 때 그 모습들이 만나 전체 무대를 이루는 특별한 순간을 전달하기에는 여전히 부족했다. 다음해 열린 워크숍에서 우리는 프로그램을 약간 변형했다. 객석에 있는 사람들이 '무대'에서 일어나는 일을 말로 묘사할 수 있다는 (해도 좋고 안 해도 좋다) 안내를 추가한 것이다. 객석에 앉아 있던 참가자들이 이제 무대에 나간 참가자들을 바라보며 말한다. "A는 서 있는 B에게 선물을 주려는 것처럼 B를 올려다보고 있어요." "C는 꼭 D를 기다리고 있는 거 같네요." 다양한 장면이 여러 목소리를 통해 '음성해설' 되며 무대에서 벌어지는 상황을 오케스트라처럼 들려준다.

더 나은 접근성이 무엇인지 답은 없다. '오케스트라'라도 결국 음성해설은 시각을 사용하지 못하는 사람들에게 제한적이므로, 촉각으로 참여가 가능한 프로그램을 늘리는 것이 낫지 않을까? 그렇기도, 아니기도 하다. 일본의 시각장애인 시라토리 겐지는 1997년 봄 현대미술을 전시하는 일본 미토시市 미토예술관에 전화를 걸어 물었다. "저는 전맹이지만, 작품을 보고 싶습니다. 누군가 안내를 해주면서 작품을 말로 설명해주었으면 합니다." 시라토리는 1990년대 중반부터 이미 여러 미술관에 전화를 돌리던 참이었다. 미술관들은 모두 난색을 표하며 그런 서비스는 제공하지 않는다고 답했다. 일부 조각품은 만져보기라도 하겠지만 눈이 전혀 안 보이는 사람이 무슨 수로 회화에 '접근'한다는 말인가. 미토예술관도 정답은 없었지만, 전화를 받은 담당자는 일단 와보시라고 말했다. 미술관 직원은 시라토리와 함께 전시실을 나란히 걸으며 나름대로 전시된 작품들에 관해 이렇다저렇다 안내를 해주었다. 시라토리 겐지는 현대미술에 그렇게 '접근'하기 시작했다. 그는 미술품을 직접 만지는 것보다 다른 이들과 함께 미술관에 가서 다양한 사람이 하나의 작품에 대해 각자의 관점으로 전해주는 설명을 듣는 방식으로 작품에 접근하기를 즐긴다. 2024년 현재 그는 일본 전역의 미술관은 물론 서울에서도 여러 사람과 함께 전시를 관람하는 워크숍을 진행한다.[21]

접근성을 위한 실천은 모종의 규칙들로 정리할 수 없는, 수영이나 자전거 타기처럼 '육성'되는 기술이다. 또한 이 기술은 혼자서 일정한 루틴과 범례에 맞춰 훈련하는 것만으로는 통달할 수 없다. 구체적인 개개인과의 만남을 통해 각각의 개별적인 접근성이 어떻게 확보될 수 있는지 경험을 쌓고, 그 각각의 다른 경험을 상호 연결하고 통합해야 탁월함에 근접할 수 있다. 이 기술을 익힌 구성원이 사회에 많아진다면, 장애인을 포함해 다양한 조건을 가진 사람들은 여러 분야에 더 깊이 통합될 것이다. 이뿐만이 아니다. 이 기술은 우리가 더 나은 공동체를 만들고 지속하는 데 근본적으로 필요한 기예art의 바탕이 된다.

'접근성'을 의식하면 어디를 가든 나와 다른 몸의 존재 방식을 상상한다. 어떤 지인은 휠체어를 타는 나를 알게 된 후 "가게에 턱이 있는지 엘리베이터는 있는지 이런 거 계속 생각하게 되었다"고 말해주었다. 연극 연출가 구자혜는 2018년 공연팀이 상주하는 극장 근처의 시각장애인복지관에서 관람 온 것을 계기로 "구체적인 관객"을 의식하기 시작했다고 말한다.

> 구체적으로 어떤 관객이 올 거라는 것을 예측하고 만든 적이 처음이었던 거예요. 그전까지 저한테 관객은 그냥 관객, 그리고 다 개개인이니까 좀 추상성을 가진 존재였는데 실체로서의 관객이 온 거죠. 뭉뚱그려서 생각하겠다가 아니라 누가 온다, 어떤 관객이 온다는 걸 알고 시작한 첫 공연이었어요. (……) 시각장애인 관객이 실제로 왔고, 거칠게 얘기

하면 그때 이후로 접근성이 정말 피부에 와닿는 실제로 온 거죠. 내가 만드는 연극이 누군가한테는 애초에 접근성 자체가 차단되어 있다는 걸 정말 그 공연을 통해서 절감한 거죠.[22]

그후 구자혜 연출이 속한 '극단 여기는 당연히 극장' 팀은 거의 모든 공연에서 배우들이 시작하기 전 무대 상황과 자기 모습에 대해 상세한 음성해설을 진행하고, 수어통역사가 공연 내내 무대 위에 같이 오르고, 공연일마다 대사가 무대 위 스크린에 문자로 송출된다. 평균 수준 이상의 청력을 지닌 사람에게 문자통역은 공연을 방해하는 요소로 여겨지기도 한다. 솔직히 말하면 나도 문자통역이 나오는 공연에 익숙하지 않다. 구자혜도 이를 알고 있고 그런 문제를 제기한 관객도 있었다. 하지만 자신의 공연을 보러 오는 관객 가운데 수어나 문자통역, 음성해설이 필요한 어떤 관객이 있을지도 모른다는 사실을 의식한 후부터 이 관객들의 접근성을 공연제작 과정에서 고려하지 않을 수가 없었다. 연극 연출가 이연주와 신재도 비슷한 이야기를 한다. 장애인 야학에서 일하거나 장애인극단의 배우들과 작업을 함께 하다가, 어느 순간 자신이 그간 만들었던 공연을 애초에 보러 올 수 없는 사람들이 있다는 사실이 이들에게 육박해왔다. 이 생각은 추상적인 도덕적 추론의 결과가 아니라 구체적인 사람들에게서 비롯되었다. "야학에서 만난 학생분들이나 활동가분들"(신재), 장애가 있는 "극단 대표"(이연주), 그 개별적인 몸들이 말 그대로 바짝 다가

온 것內薄이다.[23]

누구도 이 세상의 모든 시공간에, 모든 종류의 경험에 완벽히 접근할 수 없다. 나는 관악산 정상을 내 다리로 등반하는 경험을 할 수 없을 것이다. 내 '접근성'을 위해 관악산 주위를 빙글빙글 둘러 경사로를 만들라고 주장할 생각은 없다. 시각적 체험이 중요한 어떤 공연은 시각장애인에게 접근이 제한될 것이다(물론 지금까지 장애인들은 너무 많이, 지나치게 많은 곳에 접근하지 못했으므로 접근이 가능한 공간과 경험의 절대량을 늘리는 노력은 중요하다). 어떤 공연예술가는 장애인 접근성을 고려하기 위해 자기 창작물을 변형하거나 어떤 창작적 시도를 포기할 수는 없다고 주장한다. 접근성을 여러 측면에서 고려한 공연을 보는 관객 중 일부는 접근성을 높이려는 의도는 좋지만 "비장애인 관객의 관람을 너무 방해한다"며 극장 측에 문제를 제기한다. 구체적인 사안에 따라 토론할 부분이 많을 테지만, 이런 의견을 내는 사람들을 "장애인이 배제되는 현실을 이해하지 못하는 몰지각한 사람들"이라는 식으로 비난하면 안 된다고 생각한다. 접근성은 삶의 여러 분야를 규율하는 특정한 형식의 집합이 아니며 모종의 이념도 아니다. 접근성을 높인다는 건 애초에 너무 다양한 사례와 존재에 관련한 실천이므로 일련의 규칙도 체계적인 논리나 이념의 목표가 되기 어렵다. 오히려 반대다. 접근성은 우리가 어떤 압도적인 이념에 매혹될 때, 우리가 자칫 세상에 존재하는 다른 구성원이나 다양한 맥락에 대해 문을 닫고 자아도취적(집단도취적) '황홀경'에 빠져 어딘가로 떠밀려갈 때 우리를 붙잡는 닻이다.

자기 작품, 예술적 신념, 예술에 생명까지 바치는 파우스트적인 예술가상이 유행하던 시대에 세계가 어떻게 파국으로 치달았는지 생각해보라.

내밀한 공간에서 여러 사람이 모여 몸으로 함께 움직이는 워크숍이 잘 진행되면, 사람들은 평소와 다른 모습을 보인다. 그들은 타인에게 손을 내밀고, 어제 처음 만난 사람의 이야기를 듣고 그 사람에게 꺼내기 어려운 이야기를 들려준다. 바닥을 함께 구르다가 자신도 모르게 눈물을 보이기도 한다. 평소 우리는 타인과의 접촉을 극도로 꺼린다. 우리에게 낯선 접촉은 불쾌한 경험일 뿐이다. 자의식의 경계를 완화해 낯선 타인을 받아들이고, 그 사람의 물리적 몸을 만지고 그 몸에 기대는 경험은, 예민하고 고립된 삶에 작은 경이wonder를 창출한다. 우리가 경이로움을 느끼는 순간은 단독자로서의 '나'에서 해방되어 나보다 더 큰 세계의 일부가 된다고 느낄 때, 나와 분리된 타자와 깊이 연결되며 하나가 된다고 느끼는 순간 찾아온다. 어떤 종교단체의 수련회에서는 참가자들이 자신의 내밀한 죄를 고백하고 신앙을 간증하며 다 같이 엉엉 운다. 아이돌에 대한 열정적인 팬덤 안에서 개인들은 억눌린 감정을 분출하고 일체감을 느끼며 고양된다. 이런 경험이 그 자체로 나쁠 이유는 없다. 다만 자의식에 사로잡혀 있던 우리 개개인이 모종의(정치적, 종교적, 예술적) 이유에서 점차 해방되어 하나가 될 때, 집단적 총체성이 주는 고양된 경이감과 폭력 사이의 거리가 종이 한 장이 되는 시점이 온다. 1960년대 미국의 히피문화가 융성하고 극단화될 때, 춤을 이유로 모인 공동체 가운데는 이러한 워크숍이 집단적인 종교적 제의처럼(어떤 경우에는 집단적인 성적 접촉으로) 수행되었다.• 이럴 때 우리는 자칫 온전히 참여하기를 거북해하는 어떤 사람을 억지로 끌어들이고, 그가 불쾌해하는데 몸을 만질 수도 있다. 최악의 경우 높은 수준의 동질성을 경험하는 그 집단이 적대하는 외부인을 향해 증오를 증폭시키는 계기가 될 수도 있다. 개인을 숭배하는 폐쇄적인 사이비 종교집단을 떠올려보라. 가장 극단적인 사례를 우리는 앞에서 보았다. 바로 나치당이다. 극장처럼 설계된 베를린의 연설대 위에서 히틀러가 독일 민족과 아리아인의 위대함, 서구식 이념에 맞서는 독일적 정신, 유대인과 장애인 등 비아리아인적인 신체를 일소해야 할 이유를 극적으로 설파할 때, 독일 청년들은 공허하고 고립된 현대적 단독자에서 벗어나 오래된 민족 신화 속에 자아를 통합했다.

춤 워크숍에 조금 심취한다고 사이비 종교나 전체주의까지 들먹이는 건 과하다. 다만 이질적인 몸들이 서로를 존중하며 자유롭게 어울리는 기술은 분명 우리가 직면할지 모르는 공동체 수준의 폭력을 예방하는 데 도움이 될 것이다. 춤 워크숍은 몸을 가진 개별적인 존재들이 작은 공동체를 잠시 이루고, 그 안에서 자신을 열고 낯선 타인을 만나며 새로운

• 이런 시도는 1910년대 안무가 루돌프 라반까지 거슬러올라간다. 라반은 스위스의 한 지역에 춤 공동체를 만들고 거기서 무용수들과 함께 머물며 춤을 통해 하나의 공동체가 되는 삶을 추구했다. 마리 비그만도 이 공동체에서 춤을 연구하고 배웠고, 이사도라 덩컨, 버나드 쇼 등은 단골손님이었다. 피터 왓슨, 『무신론자의 시대』, 정지인 옮김, 책과함께, 2016, 62~70쪽.

자신도 만나는 시간이다. 이 시간을 충만하게 누리면서도, 혹시나 과잉된 고양감에 빠져 실수를 저지르지 않는 좋은 방법 중 하나는 접근성을 의식하기다. 예를 들어, 당신은 '선을 넘기' 프로그램에 푹 빠졌다. 난생처음 나를 이해하는 낯선 타인을 만났고, 용기를 내어 '무대'로 뛰어나가 이런저런 재밌는 동작을 만들며 신나게 몰입하고 있다. 그때 어딘가에서 시각장애인을 위해 그 모습을 음성해설 하는 소리가 들린다. 이 소리는 당신의 몰입을 방해할 수도 있고, 오히려 당신의 움직임을 시적으로 해명한다고 느껴질 수도 있다. 어찌되었든 그 소리는 내가 눈을 감고 주관적으로 도취되어서는 결코 알 수 없는, 내 몸을 일정 부분 그의 질서를 위해 내주어야 할 다른 (구체적인) 누군가가 있음을 상기시킨다.

이번에는 당신이 BTS를 10년간 열렬히 사랑한 팬이라고 해보자. 당신은 드디어 생애 첫 현장 콘서트 티켓을 구했다. 매일매일 기다리며 잠을 이루지 못하다가, 마침내 그날이 왔다. 10만 명은 돼 보이는 관중이 거대한 스타디움을 가득 채우고, 이곳에 모인 모든 사람과 한마음이 되어 BTS의 춤과 음악을 즐기고 그들을 응원할 생각에 극도로 흥분해 있다. 그런데 당신 앞에 휠체어를 탄 10대 소년이 보인다. 당신이 직업을 이유로든 친구가 있어서든 장애인의 문화·예술 접근성, 이동권 등의 문제에 관해 알고 있고, 평소 그것을 의식하는 사람이라고 하자. 공연이 시작되고, 점점 열기가 고조되어 절정을 향한다. 당신은 너무 행복하고, 세상의 모든 구속에서 해방된 느낌을 즐긴다. 무대 위로 뛰쳐나가고 싶다. 다른 사람들도 그런 마음이 아닐까. 당신이 그 충동에 압도될 때 앞에 10대 소년의 휠체어가 보인다. 그는 휠체어 위에서 BTS의 노래와 춤을 따라 하고 있다. 당신이 너무 흥분하면 휠체어에 부딪히고, 이는 큰 사고로 이어질지 모른다. 당신에게 앞에 보이는 소년의 휠체어는 어떤 의미에서 완전한 해방과 일체감을 방해하는 요소지만, 그것은 다른 한편 당신을 붙잡아주는 '구체적인 존재'(닻)다. 그의 존재는 영화 〈인셉션〉에서 꿈속의 꿈속의 꿈속을 향해 가라앉을 때 꿈꾸는 자를 현실에 붙들어놓는 팽이다. 소년은 대만에서 BTS의 공연을 보러 한국에 왔다고 한다. 그는 BTS의 춤을 휠체어 위에서 자신만의 방식으로 상당히 그럴듯하게 춘다. 그럴 리 없지만, 만에 하나 공연장에서 사람들이 너무 흥분한 나머지 누군가 다칠지도 모르는 상황까지 치달을 때, 당신이 BTS의 춤을 자신만의 방식으로 추는 대만의 10대 소년을 거대한 BTS 팬공동체의 일원으로 인식하는 이상, 그 위험한 흥분이 당신을 압도할 수 없을 것이다.•

춤의 역사에서 우리가 살펴본 혁신가들은 파국적인 시대에 각자의 자리에서 맞서다가 바이마르공화국과 함께 사라졌다. 이사도라 덩컨은 1927년 프랑스에서 자동차 바퀴에 스카프가 감기는 비극적인 사고로 사망했다. 너무 순식간에 벌어진 일이었다. 세르게이 댜길레프는 자신이 사랑하던 베네치아에서 1929년 죽었고 그와 함께 발레뤼스도 역사 속으로 사라졌다(후에 발레뤼스의 이름을 앞세운 2세대, 3세대 무용단들이 등장했다). 바츨라프 니진스키는 제1차세계대전중 잠시 발레뤼스에 합류해 몇 번쯤 공연을 했지만 끝내 댜길레프와 완전히 결별했고, 1919년 몬테비데오에서의 자선공연을 끝으로 영원히 다시 춤추지 못했다. 조현병이 발병한 그는 같은 해 정신병원에 수용되어 평생을 입원과 퇴원을 반복하다 1950년 4월 8일 영국의 한 정신병원에서 세상을 떠났다. 아내 로몰라가 곁을 지켰다. 1930년대 말까지 유럽과 미국의 무대에서 자신만의 조선 춤을 추었던 최승희는 제2차세계대전이 끝난 후 북한에 정착하며 세계 무용계에서 영영 사라졌다. 문화사학자 피터 게이는 바이마르공화국을 두고 "짧고 열에 들뜬 것 같지만 매혹적인 생애를 보냈다"고 평가했다.[24] 춤을 혁신한 이 예술가들의 삶도 그러했다.

이들의 춤과 사상은 아돌프 히틀러 같은 인물에게 의도치 않게 에너지를 공급했을지 모르지만, 그때와 같은 파멸에 이르지 않을 힘도 우리에게 남겨주었다. 20세기의 후반전은 그 힘 위에서 새로운 춤을 탄생시켰고, 그 춤의 일부는 여러

• K팝 산업에서 형성된 팬덤은 현실에서 종종 이 고양된 총체성에 몰입한 나머지 누군가를 공격하는 방향으로 나아간다. 연애를 시작한 아이돌이 자신들을 배신했다며 비난하고, 성범죄에 연루된 아이돌 멤버를 옹호하는 과정에서 피해자에게 이차 가해를 한다. 그러나 이 팬덤의 구성원들 개개인에게도 언제나 '구체적인 존재들'이 있고(예를 들어 성폭력 피해를 당한 자신의 친구 등), 그것이 이 공동체를 향한 사랑을 '망설이게' 만든다. 인류학 연구자 안희제는 K팝 산업이 촉발하고 유튜브 '사이버 렉카'들과 언론이 가세해 가중시키는 이 위험한 집합적 열정의 한가운데에서도, 개개인의 팬들이 어떻게 아이돌에 대한 사랑과 윤리적 입장을 조율하기 위해 분투하는지 보여준다. 안희제, 『망설이는 사랑』, 오월의봄, 2023.

문화권에서 다양한 장애인의 몸을 통해 계승되고 재발명되는 중이다.

"헐렁한 거적을 뒤집어쓴 기묘한 모습의 무용수들이
무대 위에 둥글게 서서 아래위로 뛰며 바닥을 쿵쿵 울린다.
늙은 여인의 모습을 한 무용수가 그 앞을 오가는데,
등은 굽고 손은 경직되어 비틀거린다.

〈봄의 제전〉의 무용수들, 1913

목관이 꽥꽥거리고 무용수들도 경련하듯 움직인다.
무용수들은 바닥에 쓰러지고, 허리를 굽혔다 펴고,
두 그룹으로 나뉘어 드럼 소리에 맞춰 들어왔다 나가고,
여성들을 폭력적으로 붙잡는다.
그렇게 1부를 마치고 2부에 접어들면 '제의'가 시작된다."

무용수 되기

아홉 번째

키 작은 무용수 씨

토마스 만의 초기 단편 「키 작은 프리데만 씨」에 등장하는 요하네스 프리데만은 어린 시절 탁자에서 떨어져 영구적인 척추 손상을 입는다. 남편을 일찍 잃은 그의 어머니와 세 명의 누이는 프리데만을 정성껏 돌보았다. 그는 살아남았지만, 키 작은 요하네스는 아름답지 않았다. "톡 튀어나온 가슴, 펑퍼짐하게 돌출한 어깨, 지나치게 길고 여윈 두 팔을 하고 의자에 쪼그리고 앉아 기민한 동작을 하려고 애를 쓰며 호두를 까고 있는 모습이란 대단히 진기한 광경이었다."[1]

'가슴이 불거지고' 목은 어깨 사이에 파묻힌 키 작은 성인으로 자란 프리데만은 불행하지 않았다. 결혼하지 않은 세 명의 누나가 곁에 있었고, 목재업을 하는 직업인으로서 생활했다. 그가 일로 만나는 사람들도 그를 존중했고 최소한의 예의를 지켰다. 프리데만의 삶은 문화적으로 풍요로웠다. 독서를 즐겼고 바이올린을 연주했으며, 특히 연극을 좋아해서 극장에 마련된 지정석에서 자주 그리스비극을 관람했다. 어머니가 돌아가신 날 그는 큰 슬픔을 겪지만, 삶에 어떤 좌절이나 불행한 경험을 마주하더라도 "모든 것이 다 즐길 수 있는 것이며, 행복한 체험과 불행한 체험을 구별한다는 것이 거의 허무맹랑한 것이라는 사실을" 터득했다.

평온하고 규칙적으로 흘러가던 프리데만의 삶에 폭풍이 일어난 건 서른 살이 된 때였다. 그가 사는 마을에 새로운 중령 부부가 전임을 오면서다. 프리데만은 거리에서 마차를 직접 몰고 지나가는 중령의 부인 게르다 폰 린링엔을 보고 첫눈에 마음을 빼앗긴다. 어느 날 극장에서 우연히 폰 린링엔 부인의 옆자리에 앉게 되었을 때, 프리데만은 부인의 자태와 향기에 완전히 매혹되어 뛰는 가슴을 부여잡고 극장을 나와야 했다. 열에 들뜬 밤을 보낸 후 그는 중령의 집으로 찾아가 부인에게 정식으로 자신을 소개했다. 부인은 프리데만을 정중히 대하지만 그는 부인의 시선, 작은 친절과 미소 사이에 자신을 조롱하는 듯한 태도가 녹아 있다고 느낀다.

프리데만은 중령 부부의 저택에서 열린 사교 파티에 초대를 받았다. 거대한 식당에 수십 명이 둘러앉아 식사를 하는 가운데, 비단 쿠션을 여러 겹 깐 의자 위에 올라앉은 프리데만에게는 나이 많은 교장 부인 외에 아무도 관심을 보이지 않았다. 수학을 전공하는 젊은 대학생, 변호사, 상인의 딸들이 활발하게 대화를 나누었다. 식사가 거의 끝날 무렵, 폰 린링엔 부인이 프리데만에게 먼저 말을 걸었다. 잠시 뒤 커피를 마시기 위해 사람들이 모두 밖으로 이동하자 프리데만에게 다가온 부인은 정원을 산책하자고 제안한다. 두 사람은 함께 정원 앞 가로수를 지나 호수 쪽으로 걸었다. 달이 비치는 강물이 부드럽게 빛나고 있었고 귀뚜라미들이 울어댔다. 호숫가에 놓인 벤치에 나란히 앉았을 때 부인이 그에게 물었다.

"프리데만 씨, 당신은 언제부터 불구의 몸이 되셨어요?"

(……)

"어릴 적에 보모가 저를 마룻바닥에 떨어뜨렸습니다. 그래서 이렇게 된 것이지요."

"그럼 지금 연세가 어떻게 되시죠?" (……)

"서른 살입니다, 부인."

"서른 살이라." (……) "그래서 지난 30년 동안 당신은 행복하지 못했지요?" (……)

"그래요, 행복하지 못했습니다." (……) "그건 허위요, 망상이었습니다."

소설은 이제 극도로 비참한 몰락으로 달려간다. 프리데만은 갑자기 몸을 떨며 자리에서 일어난 후, 뭐라고 알 수 없는 말을 하며 부인 앞에 무릎을 꿇는다. 부인의 손을 잡고는, 말을 더듬으며 눈물을 터뜨린다.

"당신도 아시지 않…… 저로 하여금 고백하게 해…… 저는 더이상 어떻게 할 수…… 제발…… 제발……"

부인은 미동도 하지 않은 채 그를 지켜보다가, 프리데만의 손을 홱 뿌리쳤다. "짤막하고도 오만하게 경멸적인 웃음을 터뜨리며" 그를 내동댕이친 후, 후딱 일어나 가로수 사이로 사라졌다. 프리데만은 풀숲에 얼굴을 처박은 채 그대로 있다가, 굴욕과 증오에 휩싸여 호수에 스스로 얼굴을 박고 죽는다. 귀뚜라미가 무심히 울었고 멀리서는 파티장 사람들의 웃음소리가 들려오고 있었다.

이 짧은 소설을 처음 읽었을 때 조금 충격을 받았다. 지극히 개인적이고 현실적인 이야기로 다가와서다. 나에게 프리데만이라는 인물은 토마스 만이 자신의 주제의식을 표현하기 위해 창조한 문학적 상징이 아니었다. 가족의 돌봄, 친구들과의 우정 가운데서 성장하고 연극을 좋아하며 한 사람의 직업인으로 살아가는, '가슴이 불거진' 구체적인 인간이었다.

1990년대 말부터 2000년대 후반까지 한국에서는 장애인 권리운동이 급진적으로 전개되었다. 이 시기 나는 강원도의 시골 마을을 떠나 특수학교 중학부에 입학하고, 거기서 김태훈을 비롯해 다양한 장애인 친구들을 만났다. 졸업 후 고등학교 과정은 일반 학교로 진학했는데, 진학을 시도하던 초기에는 입학을 거부당했다. 휠체어를 탄 학생이 학교와 기숙사에 접근하기 어렵다는 것이 이유였다. 그때 학교측의 논리에 맞서 나를 도운 사람은 당시 불붙은 장애인 권리운동 전면에서 활동하던 젊은 장애인 사회복지사였다. 우여곡절 끝에 고등학교에 입학한 후에는 천명륜을 만나고, 그를 비롯한 여러 친구의 몸에 기대어 졸업을 했다. 대학은 또다른 세상이었다. 인문대학 건물 1층에서 열리는 교양수업이 아니라면 수업을 신청조차 하지 못했고, 학생회관 3층의 총연극회 문도 두드리지 못했다. 그때 대학 안으로 불어든 장애인 권리운동의 목소리가 나를 붙잡았다. 교육과 이동, 문화에 대한 접근성을 고민하는 동료와 친구를 만났다. 그들을 통해 나의 자리를 찾기 시작했다. 학교 밖에서는 중증장애인들이 거리에서 싸웠다. 10대 후반에서 20대 중반이 되는 그 시기 동안 수많은 중고등학교와 대학교 건물에, 지하철역에 엘리베이터와 장애인 화장실이 생겼다. 그 변화의 힘을 온몸으로 경험한 나는 이 운동의 '전위부대'는 아니었지만, 언제나 내가 있는 모든 위치에서 이 운동을 지지했다. 글과 말을 통해 증언을 하고 변론을 했다.

장애인 권리운동은 '가슴이 불거진' 내 몸을 추하고, 안쓰럽게 여길 필요가 없다고, 내게 보내던 세상의 시선을 향해 당당히 고개를 쳐들고, 내 몸을 결핍이 아닌 자부심의 하나로 끌어안으라고 격려했다. 가슴이 불거지지 말라며 기도하던 할머니를 다시 만난다면, "할머니. 가슴이 좀 불거지면 어때. 괜찮아요. 나를 이상하게 보는 세상 사람들에게 지지 말자!"라고 말할 수 있는 용기를 주었다.

……그런가? 그런 용기가 있었는가?

대학 장애인권동아리 안에서, 휠체어를 타거나 보청기를 낀 대학생이던 우리가 한껏 장애 정체성이나 인권, 소수자 정체성의 자부심에 대한 글을 주섬주섬 읽고는 뒤풀이 자리로 이동할 때마다 우리는 느리고, 투박하고, 부산스러웠다. 좁은 공간으로 휠체어가 들어가기 위해 문을 넓게 열어야 했고, 청각장애인 친구에게 문을 열어달라고 부탁하기 위해 내가 소리를 질러도 그는 잘 듣지 못했다. 모두가 우왕좌왕했다. 장애가 없는 동아리 구성원이 그 자리에 있는 날이면 이 모든 상황은 손쉽게 정리되었다. 그는 내 목소리를 듣고 달려가 청각장애인 친구에게 말을 전한 후 직접 문을 열고 내 휠체어를 살짝 들어올려 진입을 도왔다. 그들의 움직임은 얼마나 민첩하고 효과적이고, 생산적이던지. 우리는 모두 평등하고 우리 몸의 차이는 그저 가치중립적일 따름이며, 지금 우리가 처한 이 지리멸렬한 현실은 저 술집의 진입로가 휠체어에 친화적이지 않기 때문이라는 이념과 태도를 방금 끝난 세미나 시간에 나누었지만, 나는 어떤 조건에서도 효율적이고 재빠른 저 몸들을 내 몸과 비교할 수밖에 없었다. 나는 장애인권동아리의 '장애가 없는' 구성원이고 싶었다.

그 몸들은 또한 아름다웠다. 스무 살에서 스물다섯 살 사이에 있던 나의 (비장애인) 친구들은 모두 아름다웠다. 직립보행은 우아하기 그지없었다. 그들의 움직임은 언제나 효과적이었고, 말끔했다. 가슴이 톡 튀어나오거나 어깨가 넓적한 인간은 그중에 없었다. 긴 목, 탄탄한 허벅지, 넓은 어깨, 정수리부터 엉덩이까지 떨어지는 척추의 곡선을 지켜볼 때, 나는 그러한 몸에 대한 욕망을 감추지 못했다. 나는 '장애인 권리운동'이 폭발적으로 성장하는 시대 한가운데를 살며 그 운동이 만들어내는 사회 변화 속에서 숨쉬고, 싸우고, 성장하는 장애 청년이었다. 장애인과 비장애인 간에는 그 어떤 윤리적 우열뿐 아니라, '미학적' 우열도 있어서는 안 되었다. 그런 것이 설령 있더라도 이는 우리 시대가 만들어낸 차별적인 구조, 소비자본주의 시대 미디어가 생산하는 획일적인 미의 기준에 따른 상상이므로 우리가 맞서야 할 마음의 경향일 뿐이었다(우리의 평등은 절대로 허위나 가상일 수 없었다). 실제로 나는 어떤 장애가 있는 사람이든 다른 사회구성원과 동등한 시민적 권리를 가졌다는 데 한 치의 의심도 없었다. 하지만 여전히 두꺼운 책을 깔고 그 위의 한 점('푸앵트')에 앉아 있었고, 커다란 바지 속 무릎 위로 플라스틱 파일 커버를 둘러서 다리가 굵고 길어 보이게 위장한 채였다.

2019년 서울변방연극제에 올릴 공연을 준비하면서 다리에 착용하던 벨크로('찍찍이')를 오랜만에 다시 구했다. 녹색 줄무늬 위에 '무재해'라고 쓰인 벨크로로 플라스틱 파일 커버를 다리에 둘러 고정하고, 통이 넓은 바지를 입어 다리를 길고 튼튼해 보이도록 조형했다. 연극 〈사랑 및 우정에서의 차별금지 및 권리구제에 관한 법률〉[2]은 모든 인간이 동등한 권리를 가진 존재이며 따라서 차별금지법이 왜 중요한지를 관객들에게 강의하는 인물(법률가)이 등장하며 시작된다. 인물은 인간의 존엄성과 평등을 보장하기 위한 법률의 중요성을 관객에게 강의한다. 이때 이 인물의 강의에 반론을 펴는 관객이 등장한다(일인이역을 했다). 관객은 차별을 금지해야 하는 법규범이 있어봐야, 우리가 연인을 만나거나 친구를 사귈 때처럼 실제 삶의 중요한 여러 영역에서는 아무 쓸모가 없다고 지적하면서, 공연에서도 마찬가지가 아니냐고 묻는다.

> 연극을 본다고 가정해보세요. 어떤 배우의 움직임은…… 분명 보기 더 편안하고…… 더 아름답죠. 반면 어떤 배우의 몸은 불편하고, 추하죠. 그러니까 우리의 선호, 욕망, 사랑에 관해 생각해보면, 결국 우리는 차별적일 수밖에 없어요.

이 무대가 가능했던 이유 중 하나는, 장애인의 권리를 법률에 명시한 장애인 권리운동이 있어서다. 그런 움직임이 없었다면 나와 같은 장애인들이 세상으로 나와서 서울 한복판의 공연장에서 연극할 기회를 얻기란 거의 불가능했을 것이다. 경제, 정치, 문화 등 삶의 여러 핵심적 요소에 대한 '접근성'의 근간에는 새로운 법-권리의 질서가 놓여 있다. 기존의 주문order을 전복하고 새롭게 쓴 질서는 무대로 가는 길을 열어주었다. 하지만 그다음은, 공연자와 관객에게 달렸다. 어떤 배우/무용수의 몸이 보기 불편하다면, 어떤 몸으로 무대에 설 자신이 도무지 없다면, 그것은 법이 해결할 수 없다. 당신과 내 몸이 '합법적'으로 무대에 오를 기회가 주어지더라도, 당신이나 내가 스스로 춤을 추는 일을 '정당하다'고 믿는 건 다른 문제다. 당신은(나는) 무슨 자격으로 그 무대에 있는가?

공연이 후반부에 들어서면 휠체어에 앉아 있던 강연자는 몸에 걸친 것들을 하나씩 벗겨낸다. 사이즈가 큰 구두와 통이 넓은 바지를 벗고, 바지 속 허벅지 위에 둘렀던 벨크로를 풀어 플라스틱 파일 커버를 떼어낸다. 불거진 가슴, 휘어진 척추, 짧고 가느다란 다리를 드러내고 휠체어에서 내려와 바닥에 앉는다. 무대 바닥 중앙에 앉아 아주 작은 움직임을 시작한다. 팔로 바닥을 짚어 몸 전체로 조금씩 나아간다. 그러다 점점 동작이 커진다. 이제 네발로 기어서, 관객들이 내려다보는 가운데, 작은 직사각형 방에서 혼자 축구를 하고 농구를 하고 발레를 추던 움직임을 아무렇게나 한다. 의자에 앉은 관객의 종아리가 보인다.

10분 정도 약간의 정해진 동작을 제외하고는 제멋대로 바닥에서 움직인 후 잠시 앉아서 숨을 돌린다. 그리고 바닥에서 관객을 향해 손을 내민다. 휠체어 위로 올라가기 위해 도움을 청하는 것으로 보인다. 어떻게 할지 망설이는 관객들 사이에서 한 사람이 앞으로 나와 손을 잡아준다. 휠체어로 앉을 수 있게 내 팔을 붙잡고 몸을 끌어올릴 때, 내가 관객을 바닥으로 이끈다. 관객은 어리둥절한 표정으로 바닥으로 이끌려내려온다. 우리는 같이 손을 잡고 바닥에 엎드린 다음, 함께 굴렀다(무대 바닥이 좀 더러웠다. 같이 굴러준 2019년의 관객들에게 감사와 미안함을 전한다).

손을 잡고 바닥을 구른 관객의 얼굴과 표정, 잡은 손의 느낌을 모두 기억한다. 그중 한 사람을 이야기한다면 팟캐스터이자 작가 김하나다. 이 공연을 하기 약 3개월 전 나는 김하나 작가를 한 도서 팟캐스트에서 처음 만났다. 20대 중반 출판했던 첫번째 에세이의 개정판 출간을 계기로 한 자리였다. 팟캐스트 진행자로서 초대된 저자의 책을 정확히 읽고 책이 담은 중요한 주제들에 관해 물음을 던지는 김하나 작가와 대화를 나누면서, 나는 시간 가는 줄 몰랐다. 우리는 먼저 세상을 떠난 천명륜에 대해 이야기했고, 어린 시절 모두가 수영하러 갈 때 나 혼자만 그 직사각형 방에 남겨지는 걸 우려한 친구가 "피부관리 해야 해"라는 얼토당토않은 핑계를 대며 수영을 가지 않으려 한 기억을 나누었다.

녹음 후반부 김하나 작가가 다음 책으로 무엇을 쓰고 싶냐고 물었다. 그날 나는 그 팟캐스트 녹음이 끝나면 대학로에서 진행된 무용 워크숍에 참석할 예정이었다. 춤을 추고, 춤에 관해 쓰고 싶다고 이야기했다. 내가 2016년 워크숍에 참석하며 알게 된 독일의 장애여성 안무가 게르다 쾨니히를 언급하며, 언젠가 그 사람처럼 춤과 장애인의 권리를 함께 가르치고 배우는 워크숍을 열고 싶다는 계획도 밝혔다.• 하지만 내가 춤에 대해 쓸 수 있을까? 아니, 춤을 출 수 있을까? 장애인의 권리와 존엄에 대해 말하면서도 정작 장애가 있는 몸을 열등하고 추하고 비효율적이라고 생각하기를 멈추지 못했던 내게 그럴 자격이 있을까? 나는 그런 주제를 다룰 수 있는지 의심된다는 취지의 말을 했다. 그러자 김하나 작가가 말했다. "제가 이런 말을 하고 싶네요. '원영아. 너는 너무 자신에게 엄격해'."[3]

토마스 만의 소설에는 시민적 질서와 교양, 문화로 규율되는 평온하고 질서정연한 삶(그러나 어딘가 덜 진실한 삶)과 매혹적이고 생생하지만 주인공을 파멸로 이끄는 삶 사이에서 갈등하는 인물들이 자주 등장한다.•• 초기 토마스 만은 니체의 영향을 크게 받았다. 니체는 『차라투스트라는 이렇게 말했다』에서, 광장에서 외줄을 타다 추락해 죽어가는 곡예사의 삶을 위대하고 진실한 삶의 사례로 제시한다. 곡예사는 바닥에 누워 악마가 자신을 지옥으로 끌고 가려 하니 막아달라

• 전동 휠체어를 이용하는 중증장애 여성 게르다 쾨니히Gerda König는 1995년 무용팀 'DIN A 13'을 창단했으며 현재까지 독일 쾰른을 거점으로 활동중이다. 'DIN A 13'은 2005년부터 '춤이 차이를 만나다Dance meets differences'라는 프로젝트를 통해 세계 여러 지역에서 춤 워크숍과 인권 교육을 병행하며 현지의 장애인/비장애인 무용수들과 함께 공연을 만든다. 게르다는 2016년 대한민국 장애인국제무용제의 초청을 받아 서울 서대문구의 서울무용센터에서 워크숍을 열었고 나도 이 워크숍에 참여했다.

고 차라투스트라에게 부탁한다. 차라투스트라는 곡예사 옆에 무릎을 꿇은 채, 악마도 지옥도 존재하지 않는다고 단호하게 말한다. 곡예사는 자신이 이렇게 죽으면 재주를 부리라고 사육당한 뒤 죽는 동물과 뭐가 다르냐며 회한에 찬다. 차라투스트라는 그처럼 아무것도 없는 이 세계에서, 그 위험한 일을 운명으로 받아들이고 천직으로 삼아 광장에서 외줄을 탄 그의 삶을 긍정해준다(이런 인물을 니체는 초인이라고 부른다). 그는 곡예사의 시신을 직접 거둔다.[4] 고도로 합리화된 사회시스템, 대중의 취향과 여론에 기계부품처럼 휩쓸리는 삶 속에서, 파멸과 추락의 위험을 감수하고도 진실한 삶을 위해 한 걸음을 내디뎌야 하는지 갈등하는 인물의 이야기는 토마스 만의 중요한 관심사였다. 1914년 전쟁이 일어났을 때 토마스 만이 열광했던 이유다. 프리데만 씨 역시 이러한 삶의 가운데에서 몰락

•• 그의 대표적인 중편 「베네치아에서 죽다」도 같은 주제를 다룬다. 노년에 접어든 위대한 작가 구스타프 폰 아셴바흐는 베네치아로 휴가를 떠나고, 거기서 어린 폴란드 소년에게 매혹된다. 평생을 절제와 규율 속에서 작품활동을 해온 이 노작가는 콜레라가 확산하는 가운데 도시가 곧 폐쇄될 것을 인지하지만 소년이 떠날 때까지 휴양지를 뜨지 못한다. 그는 결국 소년이 떠나는 모습을 바라보며 해변가 의자에 앉아 생을 마감한다. 한편 이 소설의 주인공 아셴바흐는 세르게이 댜길레프를 연상시킨다. 발레뤼스를 창조한 위대한 창작자이면서 베네치아를 사랑했고 니진스키를 포함해 여러 젊은 남성과 연인 관계를 지속한 댜길레프도 베네치아에서 죽었다. 그러나 토마스 만은 댜길레프를 만난 적이 없고 이 소설은 1912년 출간되었으며 댜길레프가 생을 마감한 때는 1929년이다. 댜길레프는 이 소설을 잘 알고 있었으므로 아셴바흐의 죽음을 염두에 두었을지도 모르지만, 실제 창작자로서 그의 가장 중요한 롤모델은 리하르트 바그너였다. 아셴바흐의 실제 모델은 구스타프 말러로 알려져 있다. Sjeong Scheijen, *Diaghilev: A life*, Oxford: Oxford University Press, 2009, p.4.

의 위험을 감지하고도 그 몰락을 향해 나아간다. 그러나 프리데만은 니체가 말하는 초인, 추락해 죽어가는 곡예사처럼 전혀 보이지 않는다. 그는 삶의 진실 앞에서 무력하고 우스꽝스럽게 파멸하는 평범한 개개인의 '불구적인' 형상일 뿐이다.

어느 날 나한테도 몸을 덜덜 떨며 어처구니없는 고백을 하는 저 '불구화된' 몸의 파멸을 반복할 시점이 찾아오는 건 아닐까? 언젠가 내가 하는 모든 활동에 대해서, 누군가가 솔직하게 말해준다며 비참하고 굴욕적인 반응을 보인다면 어떨까? 중학교에 입학한 이후 휠체어 밑에 깔고 앉던 책은 한 권씩 늘어났다. 바지를 크게 입는 전략은 나중에는 '무재해' 벨크로와 플라스틱 파일 커버로 다리를 아예 조형하는 방법으로 발전했다. 일반 고등학교에 진학하고, 대학을 가고, 직업을 얻고, 내게 주어진 무엇을 해내든 나는 그것이 프리데만의 멋진 신발이나 모자처럼 우스꽝스럽고 어색해 보이지 않을까 전전긍긍했다. 내 삶은 진정한 생의 의지를 억누른 채 허약한 가상 위에서 전개되고 있는 게 아닐까?

몸을 온전히 드러내고 휠체어에서 바닥으로 내려와 춤을 추기로 한 것은, 말하자면 정면승부였다. 언제까지 그렇게 살 수는 없으니까. 춤을 춘다는 건 인권, 평등, 교양, 문화 등의 이름으로 구조화된 삶의 밑바닥을 가장 노골적으로 들춰내는 것이다. 나는 장애를 주제로 삼아 (지금처럼) 꽤 그럴듯한 글을 쓰고, 장애인 인권에 대한 강의를 할 수도 있다. 이 활동들이 가치 있다고 믿지만 그것은 장애가 있는 몸을 진실로 긍정하는 일과는 거리가 있어 보였다. 언어와 규범, 각종 상징을 통해 장애에 거대한 휘장을 두르고 그곳에 빛을 쏘아 로이 풀러처럼 춤추는 것에 가깝다고 생각했다. 춤을 춘다면 장애를 숨기거나 가릴 방법이 없다. 파멸의 위험을 감수하고 삶의 진실을 마주해야 한다고 믿었고, 두려웠다.

그러나 막상 해보니, 장애가 있는 몸을 온전히 드러내고 춤을 춘다는 건 사실 특별히 위험한 일도 대단한 일도 아니었다(휠체어에서 내려 지하철 바닥을 맨몸으로 기어가는 장애인들을 마주하면 더 그렇다). 우리 모두 남보다 더 용기를 내야 하는 삶의 영역이 있기 마련이다. 내게는 공연, 그중에서도 신체적 표현을 주요한 방법으로 삼는 춤이 그중 하나였을 뿐이다. 여기에 거창한 실존적 의미는 없었다. 나는 점점 그냥 하게 되었다. 어느 날은 잘하고, 어느 날은 못했다. 다리에 착용했던 벨크로와 파일 커버를 떼어내는 일은 막상 하고 보니 아무것도 아니었다. 휠체어에서 처음 내려오기는 어려웠지만 곧 익숙해졌다. 〈사랑 및 우정에서의 차별금지법〉을 공연할 때 큰 용기가 필요했지만, 공연을 했을 때 관객은 앞으로 나와서 손을 잡아주었다. 국내외에서 여러 차례 공연을 한 〈무용수—되기〉에서는 바닥 움직임을 정밀하게 안무했다. 안무가 라시내, 최기섭은 바닥에서 내가 잘 움직인다는 것을 알았고, 그에 가장 적합한 좋은 춤을 구성했다. 이 과정에서 감수해야 할 무슨 실존적 위기나 거대한 창조적 도약 같은 것은 없었다. 지루하고 때때로 흥미로운 연습시간이 있었을 뿐이다.

장애가 있는 몸이 분투하는 모습은 종종 절박하고 처절한 인정투쟁의 상징으로, 혹은 인간의 우스꽝스럽고 무용한 시도로 해석된다.• 이 의미와 상징들에 사로잡혀야 할 필연적인 이유란 없다.•• 토마스 만이 프리데만을 묘사한 방식이 얄팍하다고 느끼면서도, 한편으로 이 소설이 지닌 주제의식과 그 소설적 상징을 온몸으로 받아들인 건 나 자신이었다. 공연과 춤에 부여된 상징적 의미에서 자유로워질수록, 오히려 그 안에서 만나는 경이로운 순간들을, 더 나은 공동체를 위해 필요한 작은 훈련의 방식을 마주한다.

그렇다고 "가슴아 불거지지 마라"라는 오래된 명령을 그저 자연스럽고 사소한 계기들을 거치면 누구나 벗어날 수 있다고 말하는 건 아니다. 우리 모두 하나의 공동체를 지배적으로 규율하는 사회적 안무의 영향을 받으며, 그 힘에서 벗어나기란 간단하지 않다. 외줄 앞에서 추락을 감수하는 결의까지 필요하지는 않지만, 기존의 '안무'에 저항하고 새로운 춤을 추기 위해 우리 몸은 변해야 한다. 그 변화는 어떻게 일어나는 걸까? 아마도 우리가 만난 구체적인 몸들이 얼마나 우리에게

• 한때 유행한 '병림픽'이라는 단어를 떠올려보라. 그것은 '병신의 몸이 경쟁하는 올림픽'을 줄인 말이다. 무용하고 쓸데없고 어리석은 일을 비참하게도 반복하는 인간 일반에 대한 비하를 위해 장애인 스포츠선수의 몸이 동원된 것이다.

•• 프리데만의 몸은 존 윌리엄스가 1960년대에 쓴 소설 『스토너』에서도 특정한 인간 유형을 형상화하는 장치로 작동한다. 특별한 야망도 열정도 없지만 묵묵히 직업으로서 문학을 연구하는 주인공 스토너의 삶은 세계대전의 혼란, 우울증에 걸린 아내와의 불화 가운데서도 성실하고 담담하게 흘러간다. 이때 스토너를 평생 위협하고 괴롭히며 파멸을 상기시키는 인물로 설정된 로맥스는 척추장애인이다. 그에 대한 묘사를 보면 마치 프리데만이 폰 린링엔 부인에게 사랑을 고백한 후에도 죽지 않고 분노를 품은 채 살아가는 모습 같다.

'깃들어' 있느냐에 달려 있을 것이다. 여러 한계와 논쟁에도 불구하고 우리가 살펴본 춤의 혁신가들을 떠올려보라. 공옥진의 춤에 깃든 몸들, 니진스키에게 깃든 실재하는 '유령들'의 흔적을. 최승희는 그저 제국의 타자로서만 훌륭했던 것이 아니라 제국의 주변부에 연결되어 있었기에 춤을 혁신할 수 있었다. 김태훈과 307호에서 보낸 시간이, 천명륜이 나를 안고 뛰었던 날이, 지하철역 바닥을 기어가는 장애인들의 몸이, 손을 잡고 바닥을 굴러준 관객이 없었다면 휠체어에서 바닥에 내려와 춤을 추는 일이 가능했을 리 없다.

무용의 역사에 장애가 있는 몸들이 진입하는 계기도 그렇게 시작되었다. 엄청나게 혁명적인 장애인 무용수가 실존을 건 용기 있는 도전으로 기회를 열어젖힌 것이 아니었다. 위대하고 영웅적인 천재 예술가들의 시대가 저물던 20세기 중반, 무용수들은 서로의 몸을 '타고' 춤추기 시작했다. 장애인 무용수들은 일상적으로 이 '타기'의 전문가였기에 무용계 진입의 문을 열 수 있었다. 혼자 열에 들떠 파멸로 달려가다 강물에 빠져 죽는 예술가 대신 타인의 손을 잡고 파도를 타는 사람들이 등장했다. 서로에게 적극적으로 깃들기 시작하자 어느새 무대가 열렸다.

파도 위에서

접촉 즉흥Contact Improvisation은 두 사람(또는 세 사람

이상)이 신체의 한 점을 접촉한 채 상대의 몸에 반응하며 즉흥적으로 움직이는 춤이다. 접촉하는 지점은 어디든 가능하다. 서로 손가락 끝을 연결하거나, 머리를 맞대거나, 등을 맞붙이거나, 팔꿈치나 팔뚝을 맞댈 수도 있다. 한 사람의 손가락과 상대방의 이마가 만날 수도 있다. 그 상태로 각자 자유롭게 움직이면 된다. 유일한 규칙은 접촉한 면이 떨어져선 안 된다는 것이다. 각각 왼쪽과 오른쪽 팔꿈치 바깥 부분을 접촉하고 나란히 서 있는 두 사람을 상상해보라. 한 사람이 오른쪽 팔을 들어올리면 옆에 서 있는 사람도 접촉면을 유지하기 위해 왼손을 들어야 한다. 한 사람이 앞으로 걸어가면 따라서 걸어가고, 누군가가 바닥에 누우면 같이 눕거나 적어도 자세를 크게 낮춰야 한다. 미리 정해진 어떤 계획도 없이 즉흥적으로 서로의 몸에 반응하면 되는데, 보통 두 신체의 무게중심이 상호작용하면서 발생하는 예상하기 어려운 역학적 효과가 다양한 움직임을 촉발한다. 이 과정에서 접촉한 신체 면이 달라질 수 있고 잠시 물리적으로 떨어지기도 하지만, 기본적으로 두 신체는 하나 이상의 접점을 통해 계속 연결되어야 한다.

이 춤의 원리를 정립하고 '접촉 즉흥'이라 이름을 붙인 미국 안무가 스티브 팩스턴Steve Paxton, 1939~2024은 1960년대 서구 사회를 중심으로 전개된 이른바 '68혁명' 가운데 무용수로 활동했다. 유럽이 전쟁으로 폐허가 된 동안 미국 뉴욕은 춤의 중심지가 되었고• 이 문화적 용광로에서 미국인 이사도라 덩컨이 유럽에서 시작한 새로운 춤의 사조, 모던댄스가 정점에 이르렀다. 권위와 전통, 엄격한 규율에 맞서며 탄생한 모던댄스는 20세기 중반이 되자 어느덧 또하나의 거대한 예술적 전통이자 권위가 되어 있었다. 미국 모던댄스를 상징하는 안무가 마사 그레이엄Martha Graham, 1894~1991의 무용단에서 활동한 머스 커닝햄Merce Cunningham, 1919~2009은 의문을 품었다. 그레이엄은 인간의 움직임이 어떤 '의미'를 표현한다고 말하는데 정말 그런가? 왜 춤이 어떤 의미나 정서를 표현하는 수단이어야 하는가? 커닝햄은 특별한 '스타' 예술가가 의미들로 가득한 움직임을 고안하고 그것을 무용수들이 몸에 익혀 관객에게 표현하는 춤을 거부했다. 의미나 감정 따위를 배제하고 춤을 순수한 동작의 흐름으로 만들고자 했다. 음악은 최소화했고 주사위를 던져 그날의 춤출 파트를 정하는 식으로 춤에 우연성을 도입했다. 커닝햄에게 모든 움직임은 춤이 될 수 있었다.[5] 접촉 즉흥의 창시자 스티브 팩스턴은 1961년부터 머스 커닝햄의 무용단에서 무용수로 활동하며 커닝햄의 혁신적인 관점을 이어받았다.

그러나 팩스턴은 더 '평등한' 춤을 원했다. 춤을 통해 사람들이 만나는 민주적인 '춤의 공동체'를 지향했다. 팩스턴이 보기에 커닝햄은 여전히 무용단의 리더이자 특별한 권위를 가진 예술가의 지위를 누렸다. 커닝햄은 춤에 '우연'을 도

• 1920년대 이후 소비에트 정부를 피해서 러시아 예술가들이 미국으로 건너왔다. 나치당이 장악한 독일에서 추방당한 독일과 오스트리아의 수많은 예술가들도 미국에 도착했다. 발레뤼스의 무용수이자 안무가 게오르게 발란친, 〈봄의 제전〉을 작곡한 스트라빈스키가 러시아 발레의 위대한 요소들을 품에 안고 미국에 왔고, 독일 모던댄스에서 가장 중요한 인물 마리 비그만의 제자 한야 홀름이 뉴욕에 정착해 독일 표현주의 무용을 전파했다.

입했지만 즉흥 춤은 거부했고 무용수들은 커닝햄이 만든 짜임새 있는 안무를 따라 움직였다.[6] 팩스턴은 춤을 특별한 스타 예술가의 창조적 산물이 아니라 모든 사람에 의해 창조되고 향유되는 인간의 활동으로 만들고 싶어했다. 이러한 배경 속에서 1972년 접촉 즉흥이 탄생한 것이었다. 그 이념이나 춤의 특성이 장애인들에게 무용계로 진입하는 문을 열어주었다. 접촉 즉흥을 추는 안무가들 일부가 장애인들을 워크숍에 초대하기 시작했고 1980년대부터 본격적인 시도가 일어난다. 스티브 팩스턴과 그의 동료 앤 킬코인Anne Kilcoyne도 1986년 접촉 즉흥을 할 때 사람들이 자연스럽게 눈을 감는 것에 주목해 영국에서 시각장애인을 위한 정기적인 접촉 즉흥 워크숍을 시작했다.[7] 타인의 신체와 접촉해서 그 움직임에 반응하며 무게를 주고받는 접촉 즉흥의 기본 원리는 시각장애인이 춤을 연마하고 표현하기에 적합했다.

접촉 즉흥은 시각장애인도 가능한 춤일 뿐 아니라, 시각장애인의 일상적인 움직임 원리가 접촉 즉흥 안에 깃들어 있기도 하다.• 일본의 연구자 이토 아사는 시각장애인의 다양한 일상 움직임을 '타다'(자동차를 타다, 파도를 타다, 말을 타다)

• 여기서 말하는 '시각장애인'이란 구체적으로 다양한 신체적·감각적 조건의 개인들을 어느 정도 일반화한 것이다. 선천적으로 시각을 사용하지 못하는 사람과 시각을 사용했지만 후천적으로 사용하지 못하게 된 사람의 경험은 같지 않다. 또한 빛을 거의 분별하지 못하는 시각장애인과 빛과 사물의 윤곽을 감지하지만 세부적으로 인식하기는 어려운 저시력 장애인 간에도 차이가 있다. 이하에서의 논의는 사물을 거의 시각으로 인식하지 못하는 사람들 일반을 '시각장애인'으로 지칭한다. 이는 아래 이토 아사의 논의에서도 마찬가지다.

라는 동사로 묘사한다. 접촉 즉흥은 그야말로 타인의 몸을 '타는' 춤이다. 타기란 어떤 외부의 존재 위에 체중을 싣고 그 존재와 하나가 되어 움직이는 행위다. 익숙하지 않은 대상을 탈 때 우리가 어떻게 움직이는지 생각해보라. 예를 들어 해안에 밀려오는 파도나 낯선 놀이기구, 비포장도로를 이동하는 경운기, 공중에 걸린 외줄, SF영화 〈듄〉에서처럼 모래 밑에 사는 거대한 벌레를 타려는 사람은 먼저 손이나 발을 내밀어 그 존재의 운동성과 안정성을 탐지한다. 그런 후 적정한 위치를 잡거나 밟고서 몸 전체를 끌어당겨 그 위에서 균형을 잡는다. 시각장애인의 경우 대상을 눈으로 확인하기 어렵기에 일상 대부분의 움직임을 낯선 존재를 탈 때처럼 수행한다. 계단을 오를 때는 "처음에 발가락 끝이 계단에 닿으면 우선 계단의 폭이 어느 정도인지 탐색"하고 "폭이 좁다고 파악되면 발꿈치에 체중이 실리지 않도록 무게중심을 앞으로 이동시킨다". 이때 발은 일종의 탐조등이다. 대상과 접촉해서 몸의 무게중심을 어떤 속도로, 대상의 어느 부분에 집중해 실으며 올라탈지 파악한다.•• 접촉 즉흥을 하는 두 사람은 익숙하지 않은 계단을 오르고 이동하는 차를 타는 시각장애인들처럼(공중에 걸린 외줄을 타는 곡예사처럼, 파도를 타는 보더들처럼, 거칠고 강력한 생명체에 올라타는 부족의 영웅처럼) 접촉한 신체의 한 부분

•• 이토 아사, 『눈이 보이지 않는 사람은 세상을 어떻게 보는가』, 박상곤 옮김, 에쎄, 2016, 113~150쪽. 이토 아사는 "눈이 보이지 않는 사람의 몸은 탐색 능력과 균형감각을 매일 단련하는 신체"라고도 말한다. 그렇다고 이토 아사가 시각장애인의 신체나 움직임을 쉽게 일반화하거나 과도하게 의미를 부여하는 것은 아니다.

을 탐조등 삼아 상대방의 움직임과 무게, 균형을 살피며 자신의 무게를 건네준다. 상대방도 같은 방식으로 내 몸을 '탄다'. 조금씩 자기 몸의 무게를 더 많이 건네주거나 상대방의 무게를 더 많이 지탱해도 되는 정도와 위치를 말없이 합의해가며, 다양한 방향과 형태의 움직임으로 나아간다. 의식적인 결정이 아니라 각자의 몸이 애초에 가진 무게로 밀고 누르고 맞서고 지탱하면서 발생하는 역학이 춤을 만든다. 어떤 몸가짐을 하라는 사회적 명령(안무)의 영향이 줄어들고 접촉 즉흥을 추는 두 사람의 관계성이 중심에 온다. 체중의 차이, 키의 차이, 근력과 신체의 세부적인 특징, 호흡의 패턴 등 두 사람 사이에만 존재하는 모종의 차이들이 구축한 협상의 규칙 위에서 춤이 추어진다. 접촉 즉흥은 다른 존재와 만나 규칙을 만들고 갱신하고 폐기하는 과정의 연속이다.

'무게를 준다'고 하여 몸 전체를 상대에게 내던질 필요는 없다(초기 접촉 즉흥은 이런 식으로도 수행되었다). 신체 움직임에 제약이 큰 사람도 접촉 즉흥을 통해 춤을 출 수 있다. 이토 아사는 2023년 12월 서울에 와서 '보이지 않는 사람들의 나라를 상상하기'라는 워크숍을 개최했다. 그 워크숍에 초대받은 한국의 무용수 정지혜는 '보이지 않는 나라'의 사람들에게 춤이란 무엇일지, 어떤 형태일지를 연구하고 발표했다. 간단하지만 흥미로운 이 춤을 독자 여러분도 한번 추어보라. 우선 조용한 장소에 두 사람이 가까이 붙어앉거나 서 있어보자(누워도 된다). 같이 눈을 감는다. 각자 자신의 손가락 하나로 자기 귓구멍을 살며시 막는다. 잠시 가만히 있으면 어떤 리듬이 느껴질 것이다. 외부 조건에 따라 약간 웅웅대는 소리가 들릴 수도 있다. 1분 정도 손가락 끝에 주의를 집중하고 감지한다. 이제 각자의 귀에서 손을 떼고, 앞에 있는 상대방과 한 손 또는 두 손의 손가락 끝을 서로 맞붙여보자. 방금 내가 손가락 끝으로 인지했던 내 안의 리듬을 내 손가락 움직임을 통해 상대방에게 전달해보자. 톡톡톡 치거나, 꾹꾹 누르거나, 어떤 식이든 가능할 것이다. 이제 역할을 바꾼다. 상대방의 리듬을 들을 차례다. 손가락 끝에 주의를 집중해 상대방이 보내는 리듬에 올라타보라. 이번에는 각자의 리듬을 동시에 보내보라. 손가락과 손가락은 서로 힘을 주고받는다. 당신은 당신의 리듬을 전달하려고 하는 동시에 상대방의 리듬에 반응하며 움직일 것이다. 이 간단한 춤은 우리 각자의 몸속에서 울리는 고유한 박동을 타인의 박동에 접속시킨다. 이 춤은 눈이 보이지 않는 사람과 보이는 사람, 손가락만 움직일 수 있는 사람과 몸 전체를 움직이는 사람도 각자의 리듬을 계기로 함께 춤추는 작은 예다. 심장이 뛰고 신체 일부로 타인을 만지고 타인에게 만져질 수 있는 모든 존재는 신체의 운동성과 무관하게 춤을 출 수 있다.

역사 속에서 춤의 혁신을 말하는 어떤 예술가들도 장애인 무용수를 상상하지 못했다. 발레의 규범을 깬 이사도라 덩컨의 무용학교에도, 바닥을 기며 '마녀'를 춤춘 마리 비그만의 표현주의 무용학교에도, '모든 움직임은 춤이 될 수 있다'던 머스 커닝햄의 무용단에도 장애인 무용수가 존재했다는 기록은 없다. 니진스키는 〈봄의 제전〉에서 장애가 있는 사람의 신체 움직임에 착안한(그렇게 추정되는) 안무를 도입했고 한국의 전통 병신춤은 아예 병든 몸, 즉 장애인의 몸을 그 움직임의 원리이자 소재로 삼지만 장애인이 직접 춤추지는 않았다. 1980년대 접촉 즉흥이 미국 전역과 유럽의 여러 나라에서 활발히 수행되면서, 각 지역의 장애인들이 워크숍을 통해 춤의 세계에 참여하기 시작했다.•

요하네스 프리데만은 자신이 폰 린링엔 부인에게 다가가면 파멸을 맞이할 거라는 사실을 직감하고 두려워한다. "도저히 피해 갈 수 없는 저 너무나도 강력한, 가학적이면서도 감미로운 힘에 복종하면서 저기 저 뒤에서 입을 딱 벌리고 있는 심연 앞에서 그만 두 눈을 감아버리고만 싶었다."[8] 프리데만은 사춘기 시절 누군가와의 사랑이 자신을 고통스럽게 한다는 사실을 경험한 이후 그런 종류의 행복을 자기 삶에서 완전히

• 2016년 내가 참여했던 워크숍에서 만난 독일의 안무가 게르다 쾨니히는, 심리학을 전공하는 대학생이던 1991년 안무가 알리토 알레시의 접촉 즉흥 워크숍에 참여한 것을 계기로 무용을 시작했다. 접촉 즉흥은 2020년대인 현재에도 장애인들이 함께 춤추기 효과적인 형식이며 공연을 창작하는 주요 방법론이다. 그러나 한계도 있고 그 의미를 둘러싼 논란이 없지 않다. 접촉 즉흥 워크숍을 여는 안무가들이 많고 접촉 즉흥 춤 축제도 열리지만, 그런 자리에 당연한 듯 장애인이 참가하기에는 아직 벽이 높다. 다른 한편에 장애인이 접근 가능하다는 이유로 안무가들이 장애인 무용수와 창작작업을 할 때 접촉 즉흥에만 의지하고, 특정한 움직임을 정교하게 몸에 익히는 다양한 방법론을 개발할 시도는 하지 않는다는 비판도 있다. Sarah Whately, "Transcending Boundaries", *The Oxford Handbook of Improvisation in Dance*, Vida L. Midgelow, ed., Oxford: Oxford University Press, 2019, pp.416~417.

몰아낸다. 어머니의 죽음을 계기로는 불행한 경험도 한발 떨어져서 관조한다면 즐길 수 있음을 깨닫는다. 그는 연극을 보고, 바이올린을 연주하고, 문학을 읽고, 불행도 기쁨도 멀리서 바라본다. 그는 "향락주의자"라고 토마스 만은 쓴다. 하지만 그것들을 남들과 나눌 일은 없었다. 그 때문일까. 그는 오직 반응할 줄만 안다. 프리데만이 폰 린링엔에게 매료될 때 그 과정은 그저 반응의 연속이다. 마차를 끌고 가는 부인의 자태에 즉각적으로 반응하고(사로잡힌다), 극장 옆자리에서 나는 부인의 향기에 강렬하게 반응한다. 그는 두근거리는 가슴을 안고 집에 돌아와서도, 폰 린링엔의 반응에 대해서만 반응한다. "그녀가 그를 어떻게 바라보았던가! 그녀는 그로 하여금 눈을 내리깔도록 강요했었지? 그녀는 자기 시선으로 그의 기를 꺾어놓지 않았던가?"[9] 폰 린링엔이라는 개인에 대한 어떤 궁금함도, 그에 대한 더 큰 이해나 폭넓은 연결로 나아갈 의지도 여력도 그에게는 보이지 않는다. 한편 폰 린링엔 부인은 꽤 방탕하고 젊은 여성으로 암시된다. 부인은 프리데만을 뚫어져라 보고, 그의 시선에도 아랑곳하지 않는다. 여러 상황을 보건대, 아마도 부인은 프리데만을 조롱하거나 기만하고 있음이 틀림없다. 폰 린링엔 역시 프리데만의 '추하고 기이한' 면모에 반응할 뿐이다.

이 인물들은 토마스 만이 짧은 이야기 안에서 주제의식을 드러내기 위해 형상화한 상징 덩어리들이지만, 나는 이런 상상을 해본다. 프리데만이 폰 린링엔 앞에서 무릎을 꿇고 몸을 벌벌 떨며 어처구니없는 고백을 하기 전, 타인과 함께 춤을 추어본 경험이 있었다면 어땠을까. 이를테면 접촉 즉흥을 말이다. 그는 사람들이 단지 타자에게 반응하기만 하는 존재가 아니라는 점을 배울 수도 있었을 것이다. 대다수의 사람은 프리데만을 보고 그의 몸이 기이하고 추하다고 반응할 수 있다. 그러나 반응은 일시적이고 제한적이다. 반응은 외부 자극에 대해 사회적·생물학적으로 정해진 몇 가지 표준적인 형식을 신속하고 효율적으로 취사선택하는 우리의 전략적 대응책이다. 출근길 지하철에서 장애인들이 시위를 하는 동안 지하철이 연착되면 사람들은 크게 화를 낸다. 전국장애인차별철폐연대 시위 현장을 담은 영상을 보면, 어떤 사람들은 몸을 부들부들 떨며 잔인할 정도의 욕설을 퍼붓는다. 이것은 '감정적 반응'의 한 예다. 하지만 이 반응이 곧 이 사람들의 마음 전부는 아닐 것이다. 그들 중 일부는 지하철에서 내린 후 얼마간 시간이 지나고, 그동안 다른 여러 경험을 반추하고, 자신의 평소 가치관을 검토하며, 그 현장에서 자신이 한 욕설은 너무 심했다고 후회할 수 있다. 그중 누군가는 자신의 분노에도 불구하고 그 시위는 정당한 면이 있다고 생각할 수 있다. 상대의 반응에만 집중하면 나 역시 그 반응에 그저 반응하기 쉽다. 누군가는 분명 나의 몸을, 당신의 배경을, 조건을, 정체성을 보고 비웃을 수 있다. 그 반응에 대한 우리의 반응으로 가능한 선택지는 '상대를 공격하기' 또는 '자기를 파괴하기'일 것이다. 때로는 노골적인 응시 앞에서 속절없이 공격과 자기파괴(수치심)로 반응할 수밖에 없다. 하지만 우리는 거기서 멈추지 않을 수 있다. 더 폭넓게 현실의 여러 면모를 고려하고 존재의 더 큰 부분을 (여러) 타인과 접속한 채, 정형화되고 제한적인 선택지를 벗어날 수도 있다. 이것을 반응react과 구별하여 대응response이라고 해보자.[10]

접촉 즉흥 춤을 추는 두 사람은 반응하기에서 대응하기로 옮겨간다. 요하네스 프리데만과 게르다 폰 린링엔이 어린 시절 어떤 기회로 만나 춤을 춘다고 상상해보라. 둘은 한쪽 손을 맞대고 천천히 움직이기 시작한다. 처음 게르다는 프리데만의 기이한 몸을 보고 비웃을지도 모른다. 프리데만은 게르다의 매력적인 외모에 사로잡혀 아무 생각도 못한다. 그런 두 사람이 손끝을 살짝 맞대고, 천천히 움직이기 시작한다. 프리데만의 작은 키와 불거진 가슴 위로 두 사람의 마주한 손이 스쳐지나간다. 게르다는 약간 조롱하는 태도로 자신의 팔을 위로 뻗어 프리데만을 당혹스럽게 할지도 모른다. 하지만 키가 작은 프리데만은 의외로 팔이 길어서, 게르다의 팔 높이를 거의 쫓아가고, 게르다의 팔목 부분에 그의 손을 걸친다. 이제 프리데만은 바닥을 향해 몸을 낮추고, 게르다가 그를 따라간다. 톡 튀어나온 가슴 뒤로, 게르다는 "손발은 약하게 생기고 빈약했고 두 눈은 크고 연한 밤색을 띠고 있었으며 입은 윤곽이 부드러웠고 섬세한 머리카락은 담갈색인"[11] 프리데만을 목격할 수도 있다. 어느덧 둘의 속도는 비슷해지고, 같이 움직이기 편한 높이에서 움직임이 조율된다. 프리데만은 이제 게르다가 매력적인 성적 대상이 아니라 고유한 리듬으로 움직이는 하나의 세계라는 사실을 언뜻 깨닫는다. 아마 그 춤은 짧고 대단치 않게 끝날 테지만, 두 사람은 자신과 다른 구체적인 타자를 만나기 시작했다.

이제 십수 년의 세월이 지나 두 사람은 다시 만나게 된다. 프리데만은 폰 린링엔 부인을 보자마자 매혹되지만 그저 도취적인 반응만 하지는 않을 것이다. 그는 신중하게 다가가고, 주위를 살피며, 그녀의 더 넓은 부분에 대해 사랑에 빠질 것이다. 그녀는 이번에도 프리데만의 사랑 고백을 거절할지 모른다. 하지만 조롱하거나 모욕하지는 않을 것이다. 프리데만은 좌절하지만 호수에 빠져 죽지는 않을 테다. 그는 자신이 사랑과 애정으로 가득한 좋은 삶을 살기엔 쉽지 않은 조건임을 인정할 테지만, 여전히 잘 살 수 있다고 믿을 것이다.

잘 산다고 좋은 삶을 살 수는 없다. 좋은 삶이라고 잘 사는 삶은 아니다. 둘은 관련되어야 한다. 잘 추는 춤과 좋은 춤의 관계도 그렇다.

잘 추기와 좋은 춤

〈현실원칙〉[12]은 2023년 8월 무대에 오른 10분짜리 솔로 공연이다. 무대 바닥에서 80센티미터 정도 높이로 객석과 무대 끝을 가로지르는 고무줄을 설치하고, 팔로 체중을 지탱해 양발로 고무줄을 타듯이 움직인다. 외줄타기를 거꾸로 하는 모양새다. 휠체어 없이 혼자 무대 바닥에 앉은 채로 시작해 고무줄로 다가가 외줄을 타고, 그대로 바닥에서 공연이 마무리된다. 이 공연을 만드는 과정에서 직면했던 도전은 퇴장을 어떻게 할 것인지였다. 시작부터 끝까지 무대 바닥에서 발을 사용해 이런저런 움직임을 다 하고서는, 공연이 끝나자마자 휠체어에 사뿐 올라앉아 관객에게 인사를 하고 무대를 나가버리는 것이 어색했다. 공연을 위해 바닥에 '짠' 하고 내려온 걸로 보일 테다. 물론 '짠' 하고 내려온 건 맞다. 평소 휠체어를 타고 이동하지 사람들 앞에서 기어다니지는 않으니까. 공연은 어디까지나 가상이다. 그러나 진실과 깊이 매개되지 않은 가상은 한낱 거짓에 불과할 것이다. 바닥에서의 내 몸 자체는 가상이 아니다. 짧은 거리를 움직이기 위해 휠체어를 무대 스태프가 가져다주고, 그 위에 올라앉아 인사하고 퇴장하는 건 방금까지 공연하던 몸에 매개된 진실성을 굳이 삭제하는 것 같다.

"아무리 그렇더라도 기어서 성큼성큼 나가는 것도 좀 이상하지 않나?"

그렇다. 부끄러운 말이지만 아직도 나는 이 꺼림칙함을 완전히 떨치지 못했다. 어느 연습시간 무용을 전공한 한 동료에게 물었다.

"유라씨는 그동안 무용수로 작업할 때 말이야. 사람들 시선 앞에서…… 성적 대상화가 되기 쉬운 상태에 놓인다거나 뭐, 그런 안무가 있으면 어떻게 했어?"

학생 시절부터 20년간 춤을 추어온 현대무용가 박유라는 그런 고민을 할 때가 있다며 잠시 생각에 잠기더니, 곧 웃음기 섞인 특유의 말투로 눈을 동그랗게 뜨고 말했다.

"그런 거 있어…… 있는데. 근데 나는, 또 확, 그냥 그런 걸 잘해버리는 것도 멋지더라."

춤을 "잘해버리는 것"은 뭘까? "멋진" 춤이란 무엇일까? 잘 추면 다 멋진(좋은) 춤일 수 있을까? 법철학자 로널드 드워킨은 삶을 잘 살기having lived well와 좋은 삶having a good life이라는 두 개념으로 나누어 자신의 도덕철학을 탐구한다. 그에 따르면 '잘 살기'란 자신에게 주어진 인생을 하나의 가치 있는 무엇으로 여기고, 최선을 다해 그 가치를 구현하는 삶이다. 마치 누군가가 '삶'이라는 가치의 덩어리를 우리 각자의 손에 맡겨둔 듯, 잘 사는 삶은 그 삶을 책임 있게 사는 것과 관련이 있다. 삶을 잘 사는지 여부는 내가 책임지지 못하는 인생의 우연한 사건들, 타고난 조건들에 좌우되지 않는다. 반면 '좋은 삶'은 우리 각자의 인생을 가치 있게 만드는 여러 요소로 채운 삶이다. '좋은 삶'은 내가 어쩔 수 없는 세상의 수많은 우연에 좌우될 수 있다. 오랜 전쟁으로 피폐한 분쟁지역에서 자란다면 좋은 삶을 살기는 무척이나 어렵다.[13] 이 논의를 참고해보자. 춤을 '잘 추기dancing well'와 '좋은 춤 추기having a good dance'로 잠시 나누어 생각해보려 한다.

춤을 잘 추는 사람은, 마치 누군가가 어떤 춤을 그 사람의 몸에 조심스럽게 맡겨놓은 것처럼 춤에 다가간다. 이런 사람은 자기 몸으로 도달할 수 있고 자기 몸에서 원리적으로 구현 가능한 요소들을 세심하게 탐구하며 온몸으로 춤을 육성한다. 춤을 잘 추기란 자신에게 맡겨진 그 '몸'에 대한 책임과 관련이 있기에, 외부적인 변수나 우연에 좌우되지 않는다. 예를 들어, 당신은 무용수를 꿈꾸는 스물두 살의 예술대학 학생이다. 어느 날 한쪽 다리 근육이 불규칙하게 떨림을 느끼고, 어떤 동작은 수행하지 못하여 병원에 가본 결과 루게릭병이 발병했음을 알게 된다. 루게릭은 운동 세포가 점차 소멸하며 종국에는 거의 움직일 수 없는 병이다. 당신은 어린 시절부터 늘 춤을 잘 추고 싶었다. 루게릭에 걸린 당신은 이제 몸을 움직일 수 없으니 춤을 잘 추기란 영영 불가능할까? 그렇지 않다. 당신이 춤을 잘 추는 일은, 최선을 다해 당신의 그 몸으로부터만 육성되는 가치를 구현하는 것이다. 객관적으로 힘든 조건에 있다 해도 여전히 춤을 '잘' 추는 일은 그러므로 불가능하지 않다.• 가령 당신은 안구마우스를 이용해 자음과 모음을 한 글자씩 타이핑해 시를 쓰고, 동료들의 몸에 연결된 채, 당신이 쓴 시가 낭독되는 가운데서 공간을 특정한 방향으로 가로지르는 식의 춤을 출 수 있다. 그 춤을 보는 사람들은

• '프로젝트 이인'의 안무가 라시내 역시 '잘 춘다'는 것을 무용수 개개인의 '한계'에 의존하지 않는 '역량'의 문제임을 강조한다. 즉 "가능과 불능의 문제인 한계와 달리, '역량'은 몸이 무엇을 할 수 있는가의 문제, 예컨대 춤을 얼마나 잘 출 수 있는가의 문제다. 문제는 장애에 대한 우리의 사유가 너무나도 자주 장애를 곧 불능의 문제로 생각하며, 그리하여 몸의 한계와 역량을 혼동하거나, 역량의 차원 자체를 간과한다는 것이다. (……) 모두에게는 어떤 한계가 있다. 그 한계로 인해서 많은 것을 할 수 없을 것이고, 많은 것을 포기하거나 잃어버려야 할 것이다. 하지만 한계가 우리의 역량을 결정할 수는 없다." 라시내, 「모든 움직임은 모든 몸에게 열려 있는가: 김원영×프로젝트 이인 〈무용수—되기〉」, 서울문화재단 웹진 〈춤IN〉, 2020.12.15. http://choomin.sfac.or.kr/zoom/zoom_view.asp?type=OUT&zom_idx=630&div=03 (최종접속 2024.5.4.)

좋다 나쁘다 여러 반응을 보이겠지만, 그 춤은 당신이 '잘 춘' 춤일 수 있다.•• 반대로 당신이 아무리 팔다리가 길고, 장애가 없고, 필요한 부분에 근력이 넘쳐서 각각의 춤 장르가 요구하는 어떤 기술이든 완벽히 익힐 수 있더라도 당신은 춤을 못 출 수 있다. 당신이 그다지 원하지 않음에도 동시대 사람들이 열광하고 칭찬하는 기술과 표현 방식에 사로잡혀 기계처럼 움직일 뿐이라면, 관객의 반응과 무관하게 당신은 잘 추지 않은 것이다.

좋은 춤은 '잘 추기'와 달리 그 춤을 '좋은 것'으로 만드는 다양한 가치, 미적 평가들, 타자의 '시선'에 깊이 관련된다. 루게릭병에 걸린다면 좋은 춤을 추기란 아주 어려울 것이다(어떤 사회에서는 아예 불가능할 것이다). 나는 좋은 발레를 추지 못하고, 이 글을 읽는 독자 대부분은 BTS의 안무를 따라 '좋은 커버댄스'를 추지 못할 것이다. 우리가 좋은 춤을 출 수 있는가 없는가는 타고난 신체조건, 어린 시절 춤을 접하고 연마할 기회 여부, 어떤 춤을 추는 그 공연날 무대 스태프나 동료 무용수의 컨디션, 관객의 매너, 한 시대가 '좋다'고 평가하는 춤의 다양한 기준에 달려 있다. 좋은 춤은 그 춤을 추는

•• 이 관점이 20세기 모더니즘의 무용관과 관련이 없음을 유의하라. 외부의 규칙과 질서, 전통을 거부하고 자신만의 원리, 내면성, 영혼에 집중하는 것은 '잘 추는 춤'과 관련이 없다. 전통적인 고전발레의 범례와 규칙, 기술을 완벽히 연마하려 애쓰며, 자기 몸에서 그 규칙이 구현하는 최선의 움직임을 향해 보수적이고 엄격한 장인적 삶을 살아가는 발레무용수도 '잘 추기' 위해 그런 삶을 선택할 수 있다(그 과정에서 무용수가 관절을 다치더라도, 여전히 그가 '잘 추기' 위한 훈련을 계속할 수 있음은 물론이다). '잘 추는' 춤은 우리 몸에 맡겨진 춤을, 삶을, 최선을 다해 구현하려는 책임에 기반한다.

무용수에게도, 마치 자신을 압도하는 아름다운 춤을 운좋게 목격한 관객에게 그러하듯 삶에 '찾아오는' 선물 같은 것이다.

어떤 사람들은 장애인의 춤을 볼 때, 앞서 말한 의미에서 '잘 추는지'만을 생각한다. 각자가 자신의 (장애라는 어려운) 조건에서, 자기 몸을 책임지고 가치 있는 무엇으로 만들겠다는 의지로 최선을 다해 춤을 추었으면 그걸로 충분하다는 것이다. 자기 인생을 진정성 있고 책임감 있게 대한다면 우리 모두는 모든 분야에서 다 평등하게 가치 있다는 이런 접근은 평등주의적이지만 개개인의 차이를 소거할 수도 있다.

내가 바라는 세상은 루게릭병이 상당히 진행되어 안구마우스로 의사소통을 하는 사람도 실제로 '좋은 춤'을 출 가능성(다시 말해 '좋은 춤'이라는 선물을 받을 기회)이 열린 세계다. 일단 그 사람이 '잘' 추기 위해 애써야 함은 물론이다. 그 사람은 자기 몸에 어떤 병이 있든, 어떤 배경에 있든, 어떤 조건에 있든 자신에게 주어진 '몸'을 가장 잘 움직이기 위해 책임을 다하는 무용수여야 한다. 이런 무용수가 있다면 이제 그 무용수가 얼마나 '좋은' 춤을 출 수 있는지 여부는 주변 사람들에게, 그가 속한 공동체에 달렸다. 그 공동체는 춤을 위한 접근성을 얼마나 다채롭게 상상할 수 있는가? 접근성에 관해 숙련된 기술을 연마한 사람은 얼마나 있는가? '좋은 춤'에 대한 편협한 기준을 성찰하고, 중증장애가 있는 사람도 자신을 표현하고 기존에 존재하는 예술에 대한 담론·전통·역사에 자기 경험과 한계를 적절히 통합하는 훈련 기회를 어느 만큼 얻을 수 있는가? 개개인을 바로 그 사람으로 만드는 것은 막

연한 공감이 아니라 그의 탁월성에 주목하는 시선이다.• 이때 탁월성은 평등의 반대말도, 성찰 없는 능력주의와도 관련이 없다. 탁월성은 자신에게 주어진 조건 안에서, 자신만이 가능한 가치를 육성하고자 책임을 다하는 사람에게 열린 세계가 우리 모두에게 주는 선물이다.

드워킨은 좋은 삶과 잘 사는 삶이라는 두 개념을 상호통합적으로 해석하는 것이 중요하다고 강조한다. 좋은 삶과 무관한 잘 사는 삶은 폐쇄적이다. 히틀러도 잘 살기 위해 최선을 다했다고 주장할 수 있다. 그런 삶은 너무나 나쁜 삶인데, 그럼에도 (자기 책임을 다했으니) 잘 사는 삶이기는 하다고 인정할 수는 없을 것이다. 어떤 사람이 제주도 몽돌해변의 모래알갱이를 하나하나 손수 세는 일을 평생의 소명으로 생각하고 그 일을 해냈다고 하자. 이는 '잘 산' 삶인가? 한 사람이 해내기 아주 어렵고 구조적으로 복잡한 일을 책임감 있고 성실하게 해내더라도 그 일이 외부와 연결되지 않는다면, 어떤 의미도 가지지 못할 것이다. 반면 좋은 삶이 무엇인지에 대해서도 우리는 잘 사는 삶의 개념을 통합해 해석해야 한다. 우리에게 완벽한 쾌락과 행복을 제공하고, 심지어 뿌듯하고 보람 있는 경험까지 제공하는 고도의 가상현실VR에 접속한 채 평생을 보내는 걸 '좋은 삶'이라고 선뜻 말해도 될까? 잘 사는

• 철학자 매슈 크로포트는 개개인을 존중하는 방식이란 주의를 기울여 개인들이 "특정한 탁월성이나 기술을 연마함으로써 가치 있는 존재가 되고자 애쓴 바로 그 측면"을 주목하는 것이라고 강조한다. 매슈 크로포트, 『당신의 머리 밖 세상』, 노승영 옮김, 문학동네, 2019, 344쪽.

삶, 즉 자기 삶에 대한 책임과 무관한 좋은 삶의 개념관은 불충분하기 짝이 없다.

좋은 춤과 잘 추는 춤에 대한 생각 역시 상호 관련되어야 할 것이다. 만약 우리가 어떤 춤이 좋다고 말할 때, 어떤 무용수가 자신의 신체적·정신적 조건, 그로부터 비롯된 고유한 춤의 스타일을 책임감 있게 구현하려 분투한 흔적을 전혀 고려하지 않는다면 어떻게 될까? 오직 외부에 드러난 고난도의 기술과 시각적 형상으로만 좋은 춤과 나쁜 춤을 분별한다면, 테슬라의 7세대 로봇이 등장할 즈음 인간 무용수는 전혀 쓸모없는 존재일 것이다. 더 복잡하고 기교적인 동작을 완벽히 수행하는 로봇이 있고 몇 분 만에 고전발레 레퍼토리의 한 장면을 거의 완벽히 재현하는 가상의 무용수를 창조하는 시대에, 인간 무용수가 무슨 소용이겠는가? 다행히 어떤 춤을 '좋은 춤'이라고 느낄 때 우리는 분명 개별 무용수들의 테크닉이나 동작의 집합(앞서 언급한 '복잡한 종이접기' 같은 것)으로 환원할 수 없는, '잘 추려는 개인'의 존재에 영향을 받는다. 내가 상상하는 세계에서, 중증장애인 무용수는 잘 추려고 노력하기에 좋은 춤을 추고, 좋은 춤을 추는 데 필요한 경험과 기술을 연마할 기회를 가지기에 더 잘 출 것이다. 그 가운데서 그 무용수만의 '탁월성'이 발현된다. 이런 세계에서는 테슬라의 20세대 로봇도 루게릭병을 가진 탁월한 무용수를 쉽사리 대체하지 못할 것이다.

나의 동료는 내게, 사람들의 시선 앞에 자기 몸이 어떻게 보일지 고민하지만 그럼에도 '확 잘해버리는 것도 멋질 수' 있다고 말했다. 그 말은 '네가 바닥을 기어서 무대 밖으로 당당히 나가는 것이 잘 추는 것이면서 동시에 멋진(좋은) 춤일 수도 있다'는 뜻으로 들렸다. 장애인의 신체로 표현하기에 '나쁘다'고 생각하는 수많은 종류의 움직임은 실제로 그리 나쁘지 않을지도 모른다. 진정으로 '잘 추기' 위해 다양한 사람이, 즉 프릭쇼의 공연자들이, 제국 무대에 선 식민지의 무용수들이, 서양의 '문명' 앞에 선 동양의 예술가들이, 정상성과 대칭과 우아함이라는 기준으로 무장한 사람들 앞에 등장한 장애인 배우들과 무용수들이 그 단단한 시선에 대응하며 '좋은 춤'의 기준 자체(시선 자체)를 변화시켰기 때문이다. 〈현실원칙〉에서 나는 공연이 끝난 후 바닥을 기어서 그대로 밖으로 퇴장했다. 나가는 중에 무대를 가로질러 설치한 고무줄을 피하려고 고개를 살짝 옆으로 숙여 그 밑으로 통과했다. 관객들은 그저 박수를 치며 웃었다. 거기에 나를 '추락'시키는 어떤 필연적인 운명의 힘도 없었다.

우리 할머니와 어머니는 30년 전쯤 불거진 가슴으로 바닥을 기어다니는 아이를 기이하고 의심스럽게 바라볼 무수한 시선들을 우려했다. 2020년대는 달랐다. 어떤 시선들은 여전하지만, 약간 시선을 바꾼 몸들이 그 약간의 시선에 힘을 받아 더 빨리 바뀌었고, 그렇게 바뀐 몸이 더 많은 시선을 급진적으로 바꾸고 있다. 자신에게 맡겨진 그 몸으로 책임을 다해 잘 추려는 사람들이 좋은 춤의 의미를 확장했고, 확장된 좋은 춤의 기준 속에서 더 잘 추는 사람들이 나타났으며, 그 사람들이 다시 좋은 춤이 무엇인지에 대한 우리 시대의 가치관을 재구성한다. 당당히 권리를 주장하고, 기꺼이 사랑하고, 마음껏 춤추더라도 당신과 나의 삶이 파멸할 일은 없을 것이다. 그러므로 온전히 평등하고, 지극히 차별적인 존재가 되어야 할 과제만이 우리 앞에 있다.

"〈현실원칙〉에서 나는 공연이 끝난 후
바닥을 기어서 그대로 밖으로 퇴장했다.
나가는 중에 무대를 가로질러 설치한 고무줄을 피하려고
고개를 살짝 옆으로 숙여 그 밑으로 통과했다.
관객들은 그저 박수를 치며 웃었다.
거기에 나를 '추락'시키는 어떤 필연적인 운명의 힘도 없었다."

목상훈 작가, KIADA2023

김원영, 〈현실원칙〉, 2023

감사의 말

이 책을 쓰는 데 긴 시간이 걸렸다. 내가 학생 시절 배우지 않은 여러 주제를 다루었고, 무엇보다 실제로 춤을 추는 '무용수'가 되어야 이 글을 쓸 수 있다고 믿어서다. 약 4년 동안 이 책의 한 챕터를 쓰고 공연을 하고, 한 챕터를 쓰고 또 공연을 했다. 생각이 바뀌고 경험도 늘어났다. 그럴수록 글을 쓰기는 점점 더 어려웠다. 잘 모를 때보다 어설프게 알 때 사람들은 가장 아는 척을 잘한다. 덜 어설프게 알면 말하기가 두렵다. 그런 상태로 춤에 대해 썼다. 전문가들의 조언을 받았다. 소중한 의견을 주신 무용학자 손옥주, 미학자 전예완 선생님께 감사드린다. 남은 오류는 나의 탓이다.

오랜 시간을 기다리며 작업을 뒷받침해준 출판사 문학동네와 담당 편집자 권한라님께 미안함과 감사의 인사를 전한다. 동료 무용수, 배우들과 공연을 보러 와주는 관객들께 깊이 감사드린다. 오늘도 '경이로운' 삶의 순간을 나눠주는 가족과 연인, 친구들의 손을 잡고 춤을 춘다.

미주

1부 빛 속으로

첫번째. 외줄 위에서

1 필리프 프티의 이야기는 올리비에 푸리올, 『노력의 기쁨과 슬픔』(조윤진 옮김, 다른, 2021, 39~58쪽)에서 참조했다.
2 휴버트 드레이퍼스·숀 켈리, 『모든 것은 빛난다』, 김동규 옮김, 사월의 책, 2013, 15~18쪽.

두번째. 프릭쇼

1 이사도라 덩컨, 『이사도라 나의 사랑, 나의 예술』, 유자효 옮김, 고요아침, 2018, 87~88쪽.
2 도윤정, 「벨 에포크*Belle Epoque*의 춤: 춤 언어 탐구의 시작」, 『불어문화권 연구』, 제23호, 2013, 139쪽.
3 Isadora Duncan, "The Dancer of the Future", *The Twentieth Century Performance Reader*, Michael Huxley and Noel Witts, eds., London and New York: Routledge, 1996, p.159.
4 피터 커스, 『이사도라 던컨, 매혹적인 삶 1』, 이나경 옮김, 홍익출판사, 2003, 293쪽.
5 Isadora Duncan, ibid., p.157.
6 피터 커스, 같은 책, 48쪽.

7 이사도라 덩컨, 『이사도라 덩컨의 영혼의 몸짓』, 서나연 옮김, 이다북스, 2022, 42~43쪽.

8 이사도라 덩컨, 같은 책, 127쪽.

9 Sadiah Qureshi, "Displaying Sara Baartman, the 'Hottentot Venus'", *History of Science*, 42(2), 2004, p.236.

10 Ibid., pp.236~237.

11 Nadja Durbach, *Spectacle of Deformity: Freak Shows and Modern British Culture*, Berkeley: University of California Press, 2010, pp.2~3.

12 스티븐 제이 굴드, 『플라밍고의 미소』, 김명주 옮김, 현암사, 2013, 386~387쪽.

13 Nadja Durbach, ibid., p.7.

14 Robert Bogdan, *Freakshow: Presenting Human Oddities for Amusement and Profit*, Chicago: University of Chicago Press; Reprint edition, 1990, p.97.

15 Nadja Durbach, ibid., p.9.

16 Robert Bogdan, ibid., p.97.

17 Ibid., pp.216~219. 앤이 작성한 문구 일부에 대한 번역은 일라이 클레어, 『망명과 자긍심』, 전혜은·제이 옮김, 현실문화, 2020, 161쪽을 인용.

18 Jackie Mansky, "P.T. Barnum Isn't the Hero the 'Greatest Showman' Wants You to Think", *Smithsonian magazine*, 2017.12.22.

19 David. A. Gerber, "The 'Careers' of People Exhibited in Freak Shows", in *Freakery: Cultural Spectacles of the Extraordinary Body*, Rosemarie Garland Thomson, ed., New York: NYU Press, 1996, pp.42~50.

20 Rachel Adams, *SIDESHOW USA: Freaks and the American Cultural Imagination*, Chicago: the University Chicago Press, 2001, pp.217~227.

21 Robert Bogdan, "The Social Construction of Freaks", in *Freakery: Cultural Spectacles of the Extraordinary Body*, Rosemarie Garland Thomson, ed., ibid., p.35.

22 Nadja Durbach, ibid., pp.17~18.

23 일라이 클레어, 같은 책, 186~189쪽.

1 스티븐 에스크릿, 『아르누보』, 정무정 옮김, 한길아트, 2002, 11~12쪽.

2 메리 매콜리프, 『새로운 세기의 예술가들: 피카소, 스트라빈스키, 프루스트, 퀴리와 친구들 1900~1918』, 최애리 옮김, 현암사, 2020, 37~50쪽.

3 스티븐 에스크릿, 같은 책, 11쪽.

4 이사도라 덩컨, 같은 책, 80쪽.

5 이하 사다야코와 가와카미 오토지로에 관한 기본 사실들은 Yoko Kawaguchi, *Butterfly's Sisters*, New Haven: Yale University Press, 2010, pp.165~188 및 손옥주, 「일본 춤의 발견」, 『인문연구』 제74호, 313~340쪽을 참조한 것이다.

6 Kano Ayako, *Acting Like a Woman in Modern Japan: theater, gender and nationalism*, New York: Palgrave, 2001, p.85; 손옥주, 같은 글, 323~324쪽에서 재인용.

7 Henry Fouquier, "Sada Yacco", *Le Theatre*, 44, October 1900; Yoko Kawaguchi, ibid., p.174, note.38에서 재인용.

8 Yoko Kawaguchi, ibid., pp.173~174.

9 Naiara Mussnich Rotta Gomes de Assuncao and Nina Ingrid Caputo Paschoal, "Orientalism in motion: representations of 'belly dance' in paintings and travel literature (19th century)", *Revista Brasileira de Estudos da Presenca* [Online], 12(1), 2022.3., p.11.

10 Loïe Fuller, *Fifteen years of a dancer's life, with some account of her distinguished friends*, London: H. Jenkins limited, 1913, pp.207~208.

11 Son Okju, "Zwischen Vertrautheit und Fremdheit: Modernismus im Tanz und die Entwicklung des koreanischen Sinmuyong; Between Familiarness and Alienness: Modernism in Dance and the Development of the Korean Sinmuyong", Berlin: Freie Universität(Doctoral Thesis), 2014, p.31; 손옥주, 같은 글, 324쪽에서 재인용.

12 Rosemarie Garland Thomson, "Dares to Stares: Disabled Women Performance Artists & the Dynamics of Staring", *Bodies in Commotion : Disability & Performance*, Carrie Sandahl & Philip Auslander ed., Ann Arbor MI: the University of Michigan Press,

2003, p.32.

13 이를 박진수는 "근대 일본의 조선 붐"이라고 명명한다. 박진수, 「동아시아 대중음악과 근대 일본의 "조선 붐"」, 『아시아문화연구』 제29집, 2013, 166쪽.

14 최승희에 대한 전기적 사실은 별도의 인용 표시가 없는 한 그의 자서전을 참고한 것이다. 최승희, 『崔承喜, 나의 자서전』, 권상혁 옮김, 청색종이, 2023.

15 마리 비그만과 표현주의 무용에 관해서는 3부에서 좀더 다룰 것이다.

16 이진아, 『네이션과 무용』, 선인, 2021, 66~70쪽.

17 정병호, 『춤추는 최승희: 세계를 휘어잡은 조선여자』, 현대미학사, 1995, 80쪽.

18 高嶋雄三郎·鄭炳浩 編著, 『世紀の美人舞踊家 崔承喜』, エムティ出版, 1994, p.146; 이진아, 같은 책, 76쪽에서 재인용.

19 이진아, 같은 책, 77쪽.

20 최승희의 해외공연 당시 이미지를 담은 포스터는 다음 기사 "[모던 경성] 피카소도 반한 최승희의 '월드 투어'"(조선일보, 2022.8.1.)에서 잘 소개하고 있다. https://www.chosun.com/culture-life/culture_general/2022/07/30/4N77A7DZOJCRTJSZC7LRIHN3ZY/(최종접속 2023.5.20.)

21 이진아, 같은 책, 110쪽에서 재인용.

22 한설야, 「무용사절 최승희에게 보내는 書」, 『사해공론』, 1938.7.; 이혜진, 『제국의 아이돌』, 책과함께, 2020, 42쪽에서 재인용.

23 『三千里』, 제18권 12호, 1936년 12월, 204, 206쪽; 이진아, 같은 글, 100쪽에서 재인용.

네번째. 병든 몸病身들의 춤

1 김민제, 「한예종의 편견… 장애인 없는 과 "이성적 작업 못해서"」, 한겨레, 2022.10.6. https://www.hani.co.kr/arti/society/schooling/1061556.html (최종접속 2024.4.23.)

2 김미숙·박원모, 『밀양백중놀이』, 국립문화재연구소, 2004, 146쪽.

3 이상헌, 「전통 민속춤 속 장애인 모방춤(병신춤) 비판과 대안에 관한 연구: 장애인 당사자 관점에서 비판과 예술적 변형 가능성 (1)」, 댄스포스트코리아. https://dancepostkorea.com/new/board/work/focus_

view.php?b_idx=765 (최종접속 2024.4.23.)

4 채희완, 「한국춤의 전승과 미적체계」, 『민족미학』, 제13권 1호, 2014, 203쪽.

5 박희병, 「'병신'에의 視線」, 『고전문학연구』 제24권, 한국고전문학회, 2003, 335쪽.

6 https://www.youtube.com/watch?v=znnA83bLcK4&t=2195 (최종접속 2023.7.1.)

7 김미숙·박원모, 같은 책, 152~162쪽.

8 김효성, 「공옥진 병신춤의 장애-모방 연구: 일인창무극 〈심청전〉을 중심으로」, 서울대학교 공연예술학협동과정 문학석사논문, 2019, 46쪽.

9 〈HARMONIA〉, Choreography: Adrienn Hod, Hodworks; Artistic Crew, Team: Yanel Barbeito, Aaron Samuel Davis, Florent Devlesaver, Gabrio Gabrielli, Carolin Hartmann, Paulina Porwollik, Leisa Prowd, Tamara Rettenmund, Nora Ronge, Andor Rusu, Young-Won Song; Dramaturgy: Gregor Runge; Produced by Theater Bremen.

10 강보람의 말, 한국장애인문화예술원 주관, 김원영·손나예·하은빈 기획 및 진행 〈되기—기억하기—함께 움직이기〉 워크숍에서, 2022.12.22.

2부 닫힌 세계를 열다

다섯번째. 장벽이 없는 극장

1 한국보건사회연구원, 「2005년도 장애인 실태 조사」, 보건복지부, 2006, 265쪽.

2 이 이미지는 2013년 서울의 대표적인 공연장 한 곳에서 직접 촬영한 것이다.

3 「장애인·노인·임산부 등의 편의증진 보장에 관한 법률 시행규칙」, 별표 1, 제20호.

4 Uniform Federal Accessibility Standards, article 4.33.3, "Placement of Wheelchair Locations". 원문은 다음과 같다. "Wheelchair areas shall be in integral part of any fixed seating plan and shall be dispersed throughout the seating area. They shall adjoin an accessible route that also serves as a means of egress in case of emergency and

shall be located to provide lines of sight comparable to those for all viewing areas."

5 이 역사에 관하여는 이 책을 참조할 것. 주디스 휴먼·크리스틴 조이너, 『나는, 휴먼』, 문영민·김채원 옮김, 사계절, 2022.

6 「장애인·노인·임산부 등의 편의증진 보장에 관한 법률 시행규칙」 별표1.

7 제니퍼 호먼스, 『아폴로의 천사들: 발레의 역사』, 정은지 옮김, 까치, 2014, 44쪽.

8 같은 책, 80쪽.

9 Susan. L. Foster, *Reading Dancing: Bodies and Subjects in Contemporary Dance*, California: University of California Press, 1986, p.134.

10 오구니 시로, 『주문을 틀리는 요리점』, 김윤희 옮김, 웅진지식하우스, 2018.

11 연출 이진엽, 극작 공동창작, 출연 김가은·김경림·김민서·김시락·박규민·박하늘·이애리·이진엽·장영·조재헌·최선애·최원석. https://www.sfac.or.kr/theater/WZ020400/webzine_view.do?wtIdx=12754

12 두산인문극장 2024: 권리 〈인정투쟁: 예술가 편〉 포스터에서 발췌.

13 선명수, 「"암전 속에 공연을 한다고? '보는 것' 넘어 함께 '만드는' 공연, '커뮤니티 대소동'」, 경향신문, 2022.4.6. https://www.khan.co.kr/culture/performance/article/202204051419001 (최종접속 2024.4.23.)

여섯번째. 고도를 기다리지 않는다

1 김소연, 「왜? 내 몸을 사랑하니까!: 백우람 '극단 애인' 배우」, 웹진 〈이음〉, 2018.12.26. https://www.ieum.or.kr/user/webzine/view.do?idx=278 (최종접속 2024.3.10.)

2 최순화, 「경쟁하고 고민하며 함께 가야 할, 뜨거운 여정: 백우람 배우×전박찬 배우」, 웹진 〈이음〉, 2023.8.23. https://www.ieum.or.kr/user/webzine/view.do?cnd1=6&idx=544 (최종접속 2023.9.17.)

3 클로이 쿠퍼 존스, 『이지 뷰티』, 안진이 옮김, 한겨레출판, 2023, 302~304쪽.

4 채지민, 「자유를 찾아 떠난 내 인생, 이제 곧 목적지에 도착한다. 연극배우 백우람」, 함께걸음, 2017.11.20. https://www.cowalknews.co.kr/bbs/board.php?bo_table=HB13&wr_id=96&page=2 (최종접속

2023.9.21.)

5 백우람, 김원영과 나눈 대화에서. 2024.6.15. 서울 종로.

6 채지민, 같은 기사.

7 극단 애인, 「장애배우의 훈련법과 연기방법론 구축을 위한 연구」, 2022, 18쪽.

8 에리카 피셔리히테, 『수행성의 미학』, 김정숙 옮김, 문학과지성사, 2017.

9 김슬기 글·김지수 말, 『농담, 응시, 어수선한 연결』, 가망서사, 2022.

10 김만리, 『꽃은 향기로워도』, 정미영 옮김, 도서출판 품, 2020, 170~173쪽.

11 같은 책, 50~51쪽.

12 같은 책, 94~95쪽.

13 같은 책, 164쪽.

14 DV8 Physical Theatre, 〈Cost of living〉, 2004. 이 작품은 온라인에서 쉽게 볼 수 있다. https://www.youtube.com/watch?v=QgUT0Ufmkbk

15 Adam Benjamin, *Making and Entrance: Theory and Practice for Disabled and Non-Disabled Dancers*, London: Routledge, 2001, p.6.

16 "The Big Interview: David Toole. David Toole isn't really supposed to be doing what he does", *The Yorkshirepost*, 22 April 2013. 이후 이어지는 데이비드 툴의 이야기도 별도의 인용 표시가 없는 한 이 인터뷰를 참조한 것이다. 인터넷에서 인터뷰 전문을 확인할 수 있다.

17 Owen Smith, "Shifting Apollo's Frame: Challenging the Body Aesthetic in Theater Dance"; Carrie Sandahl & Philip Auslander ed., *Bodies in Commotion*, Ann Arbor: University of Michigan Press, 2005, p.73.

18 Michael Scott, Vancouver Sun, May 20, 1999, Owen Smith, ibid., p.80에서 재인용.

19 Davide Toole, "A personal review", in 〈People Dancing: the foundation for community dance〉 web page, 2022.

20 Ann Cooper Albright, *Choreographing Difference : The Body and Identity in Contemporary Dance*, Middletown, Conn.: Wesleyan University Press, 1997, pp.77~80.

21 Brian G. Cooper, *The Stage*, 1996.8.16. 극단 타이헨의 홈페이지에 소개된 것을 재인용. http://taihen.o.oo7.jp/past-pf/bloom/bloom_

review.htm (최종접속 2023.9.28.)

22 김슬기 글·김지수 말, 같은 책, 82쪽.

23 같은 책, 89쪽.

24 金滿里, 『劇団態変の世界』, 論創社, 2017, p.11; 이성곤, 「자이니치 코리안 극단 '타이헨'의 미학연구」, 일본학 제54집, 2021, 58쪽에서 재인용.

25 김슬기 글·김지수 말, 같은 책, 118쪽.

26 같은 책, 118쪽.

27 David Toole, 같은 글.

28 김희국, 「밀양의 여름을 접수한 장애인극단 '애인': 밀양여름공연예술축제 대상, 연출상, 남자연기상 휩쓸어」, 국제신문, 2013.8.5. https://www.kookje.co.kr/news2011/asp/newsbody.asp?code=0500&key=20130806.22020191410 (최종접속 2023.10.9.)
밀양연극제의 이 심사평이 당대 연극계의 인식 수준을 보여준다는 점에 관하여는 다음 논문을 참고할 것. 최희범, 「연기자 현존의 관점에서 본 장애인 연극 연구: 극단 애인의 〈고도를 기다리며〉와 극단 백투백의 〈Ganesh versus the Third Reich〉를 중심으로」, 서울대학교 대학원 협동과정 공연예술학전공 석사학위논문, 2016, 37쪽.

29 당시 우리의 연구 및 조사 내용은 다음의 책으로 출간되었다. 장애문화예술연구소 짓, 『무대 위 장애예술 그 해석과 제안』, 2013.

30 사뮈엘 베케트 원작, 이연주 각색.

31 최희범, 같은 글, 48쪽.

3부 무용수가 되다

일곱번째. 봄의 폭발

1 제니퍼 호먼스, 같은 책, 301~303쪽.

2 올랜도 파이지스, 『나타샤 댄스』, 채계병 옮김, 이카루스미디어, 2005, 487~488쪽.

3 제니퍼 호먼스, 같은 책, 308~311쪽.

4 같은 책, 350쪽.

5 리처드 버클, 『니진스키: 인간을 넘어선 무용』, 이희정 옮김, 을유문화사, 2021, 128쪽.

6 다만 첫 공연일이 12월 26일인지는 확실치 않다. 리처드 버클은 같은 책에서 12월 26일로 기록하고 있지만 12월 13일이라는 기록도 있다. Francis Steegmuller, *Your Isadora: The Love Story of Isadora Duncan & Gordon Craig*, New York: Vintage Book, 1974, p.38.

7 피터 커스, 같은 책, 206~207쪽에서 재인용.

8 이사도라 덩컨, 같은 책, 176쪽.

9 Elena Yushkova, "Isadora Duncan's Dance in Russia: First Impressions and Discussions. 1904~1909", *Journal of Russian American Studies* 2.1, May 2018, pp.16~17.

10 막시밀리안 볼로신의 말, 같은 글, p.19에서 재인용.

11 타마라 카르사비나, 1954년 11월 런던 포브스 하우스에서 열린 댜길레프 전시회 오프닝에서 한 연설. 리처드 버클, 같은 책, 103쪽에서 재인용.

12 리처드 버클, 같은 책, 128~129쪽.

13 제니퍼 호먼스, 같은 책, 355~356쪽.

14 이사도라 덩컨, 같은 책, 179쪽.

15 리처드 버클, 같은 책, 131~132쪽.

16 도리언 세이건·타일러 볼크, 『죽음과 섹스』, 김한영 옮김, 동녘사이언스, 2012, 28쪽.

17 당시 크레타섬 유적 발굴을 총괄한 크리스 에번스는 자신이 '미노스문명'이라고 이름 붙인 이 유적지를 낭만적으로 재탄생시켰다는 평을 받지만, 다른 한편 그 발굴 자체는 의외로 섬세하고 빈틈없이 이뤄졌다는 의견도 있다. 참고로 이사도라 덩컨은 크레타섬에서 발굴 작업중이던 에번스를 찾아갔고, 크노소스궁전 유적 앞에서 춤을 추었다는 이야기가 전한다. 메리 비어드, 『고전에 맞서며』, 강혜정 옮김, 글항아리, 2020, 52~61쪽.

18 올랜도 파이지스, 같은 책, 402쪽.

19 같은 책, 473~474쪽.

20 리처드 버클, 같은 책, 63~73쪽.

21 같은 책, 949쪽.

22 같은 책, 79쪽.

23 같은 책, 259쪽.

24 같은 책, 136쪽.

25 같은 책, 377쪽.

26 제니퍼 호먼스, 같은 책, 366쪽.

27 Carl Van Vechten, *Dance Writing of Carl Van Vechten*, New York:

Dance Horizons, 1974; 바슬라프 니진스키, 『니진스키 영혼의 절규』, 이덕희 옮김, 푸른숲, 2002, 34쪽, 역자 해설에서 재인용.

28 Bronislava Nijinska, *Early Memoirs*, London: Faber & Faber, 1982, p.293.

29 리처드 버클, 같은 책, 703쪽.

30 제니퍼 호먼스, 같은 책, 372쪽.

31 리처드 버클, 같은 책, 704~707쪽.

32 모드리스 엑스타인스, 『봄의 제전』, 최파일 옮김, 글항아리, 2022, 30~40쪽.

33 슈테판 츠바이크, 『어제의 세계』, 곽복록 옮김, 지식공작소, 2014, 159~160쪽.

34 제니퍼 호먼스, 같은 책, 375쪽.

35 Peter Ostwald, *Vaslav Nijinsky: A Leap into Madness*, London: Robson Books, 1991, pp.57~58.

36 Bronislava Nijinska, ibid., p.110.

37 Peter Ostwald, ibid., 58쪽.

여덟번째. 춤의 민주주의

1 리처드 버클, 같은 책, 828쪽.

2 슈테판 츠바이크, 같은 책, 281쪽.

3 같은 책, 282쪽.

4 모드리스 엑스타인스, 같은 책, 98쪽.

5 피터 게이, 『모더니즘』, 정주연 옮김, 민음사, 2015, 29쪽.

6 Bruno Walter, *Theme and Variation*, pp.268~269; 피터 게이, 『바이마르 문화』, 조한욱 옮김, 교유서가, 2022, 248쪽.

7 Carol Poore, *Disability in Twentieth-Century German Culture*, Ann Arbor, MI: the University of Michigan, 2007, pp.56~61.

8 카를 슈미트, 『합법성과 정당성』(김도균 옮김, 도서출판 길, 2016)에 실린 김도균의 역자 해설, 201~205쪽.

9 칼 슈미트, 『정치신학』, 김항 옮김, 그린비, 2010, 16쪽.

10 카를 슈미트, 『정치적인 것의 개념』, 김효전·정태호 옮김, 살림, 2012; 카를 슈미트, 『합법성과 정당성』에 실린 김도균의 같은 글, 259쪽.

11 Dieter Grimm, *Constitutionalism: Past, Present, and Future*, Oxford:

Oxford University Press, 2016, pp.118~124.

12 카를 슈미트, 『합법성과 정당성』, 231~232쪽.

13 Carol Poore, ibid., pp.71~75.

14 Ibid., pp.85~87.

15 미국 홀로코스트 메모리얼 박물관 웹자료, '장애인 살해' 페이지를 참조했다. https://encyclopedia.ushmm.org/content/en/article/the-murder-of-people-with-disabilities

16 니체와 전쟁의 연관성에 관한 논의는 이 책을 참조했다. 뤼디거 자프란스키, 『니체: 그의 사상의 전기』, 오윤희·육혜원 옮김, 꿈결, 2017, 428~431쪽.

17 리처드 버클, 같은 책, 829쪽.

18 모드리스 엑스타인스, 같은 책, 97~98쪽.

19 오히려 '원시적인' 부족 공동체 내에서 영아 살해의 가장 빈번한 이유는 아기의 장애다. 예를 들어 다음의 인류학 연구를 보라. Glenn Hausfater, *Infanticide: Comparative and Evolutionary Perspectives*, Sarah Blaffer Hrdy, ed., Hawthorne NY: Aldine De Gruyter, 1984, pp.349~362.

20 대법원 2018.11.1. 2016도10912 병역법위반. 다수의견에 대한 대법관 권순일, 대법관 김재형, 대법관 조재연, 대법관 민유숙의 보충의견.

21 가와우치 아리오, 『눈이 보이지 않는 친구와 예술을 보러 가다』, 김영현 옮김, 다다서재, 2023.

22 이은경, 「배리어프리가 일깨우는 불편한 감각에 대하여」, 구자혜·신재·이연주 인터뷰, 『연극평론』 제105호, 2022, 99~100쪽.

23 이은경, 같은 글, 99~101쪽.

24 피터 게이, 같은 책, 23쪽.

아홉번째. 무용수 되기

1 토마스 만, 「키 작은 프리데만 씨」, 『토니오 크뢰거, 트리스탄, 베네치아에서의 죽음』, 안삼환 외 옮김, 민음사, 1998, 289쪽. '키 작은 무용수 씨' 장에 직접 인용한 문장은 이 책의 286~330쪽에 걸쳐 있다.

2 연출 신재, 극작 김원영, 출연 김원영, 제19회 서울변방연극제.

3 김하나 작가와 다음 방송에서 한 이야기를 인용한 것이다. 〈책읽아웃 81-1, 김하나의 측면돌파: 김원영 변호사 "법 대신 춤, 사진 대신 초상

화"〉, 2019.5.2.

4 프리드리히 니체, 『차라투스트라는 이렇게 말했다』, 장희창 옮김, 민음사, 2004, 25~27쪽.

5 수잔 오, 『발레와 현대무용: 서양 춤예술의 역사』, 김채현 옮김, 시공아트, 2018, 193~199쪽.

6 Cynthia J. Novack, *Sharing the Dance: Contact Improvisation and American Culture,* Madison, Wis.: University of Wisconsin Press, 1990, pp.27~28.

7 Steve Paxton, Anne Kilcoyne and Kate Mount, "On the Braille in the Body: An Account of the Touchdown Dance Integrated Workshops with the Visually Impaired and the Sighted", Dance Research: *The Journal of the Society for Dance Research*, Vol. 11, No. 1 (Spring, 1993), pp.3~51.

8 토마스 만, 같은 책, 321쪽.

9 같은 책, 307쪽.

10 반응과 대응에 관해서는 다음을 참조. 로버트 노직, 『무엇이 가치 있는 삶인가』, 김한영 옮김, 김영사, 2015, 58~59쪽.

11 토마스 만, 같은 책, 289쪽.

12 안무·출연 김원영, 프로듀서 장수혜, 구성 협력 박유라·손나예, 미술 여혜진, 의상 정호진, 아르코예술극장 소극장, 2023.8.19.

13 로널드 드워킨, 『정의론』, 박경신 옮김, 민음사, 2014, 318~340쪽.

온전히 평등하고
지극히 차별적인
몸을 위한 변론

1판 1쇄 2024년 7월 1일
1판 2쇄 2024년 7월 10일

지은이 김원영
책임편집 권한라 편집 김정희 이희연 황문정
디자인 이보람 저작권 박지영 형소진 최은진 오서영
마케팅 정민호 서지화 한민아 이민경 안남영 왕지경 정경주 김수인 김혜원 김하연 김예진
브랜딩 함유지 함근아 고보미 박민재 김희숙 박다솔 조다현 정승민 배진성
제작 강신은 김동욱 이순호 제작처 영신사

펴낸곳 (주)문학동네 펴낸이 김소영
출판등록 1993년 10월 22일 제2003-000045호
주소 10881 경기도 파주시 회동길 210
전자우편 editor@munhak.com
대표전화 031) 955-8888 팩스 031) 955-8855
문의전화 031) 955-2696(마케팅) 031) 955-1905(편집)
문학동네카페 http://cafe.naver.com/mhdn
인스타그램 @munhakdongne 트위터 @munhakdongne
북클럽문학동네 http://bookclubmunhak.com

ISBN 979-11-416-0645-9 03300

• 잘못된 책은 구입하신 서점에서 교환해드립니다.
기타 교환 문의 031) 955-2661, 3580

www.munhak.com